Paulo C. Chagas

Zwischen Klängen und Apparaten

Zur Theorie und Praxis der elektronischen Musik

Paulo C. Chagas

Zwischen Klängen und Apparaten

Zur Theorie und Praxis der elektronischen Musik

Rediroma-Verlag

Bibliografische Information der Deutschen Nationalbibliothek:
Die Deutsche Nationalbibliothek verzeichnet diese Publikation in der Deutschen Nationalbibliografie; detaillierte bibliografische Daten sind im Internet über http://portal.dnb.de abrufbar.

ISBN 978-3-98527-167-2

www.rediroma-verlag.de
16,95 Euro (D)

Für Volker Müller (1942-2021) in Erinnerung an unsere gemeinsame Zeit im elektronischen Studio des WDR, mit Dankbarkeit für seinen freien Geist, seine Großzügigkeit und Kreativität.

Einleitung

Zwischen Klängen und Apparaten: Zur Theorie und Praxis der elektronischen Musik

Die Praxis der elektronischen Musik ist ein besonders geeignetes Feld für die Ausübung der Kulturkritik der Gegenwart. Die Fragen, mit denen sich dieses Buch befasst, lassen sich wie folgt zusammenfassen: Wie werden heute musikalische Informationen erzeugt? Dies ist offensichtlich ein grundlegendes Thema der elektronischen Musik, aber es betrifft alle zeitgenössischen Musikschöpfungen. Die Antwort stellt uns vor eine doppelte Herausforderung: Einerseits müssen wir die Konzepte der postindustriellen Gesellschaft, ihre Geräte und Programme kritisieren; andererseits müssen wir methodisch nach Lösungen suchen, um Informationsstrukturen aufzuklären und zu fördern. Während der zehn Jahre (1990-1999), die ich als Klangregisseur im Studio für elektronische Musik des WDR in Köln arbeitete, hatte ich die Gelegenheit, mich aktiv an einer Struktur zu beteiligen, deren Arbeitsphilosophie als historische Referenz zu betrachten ist, und zwar nicht nur für die Produktion elektronischer Musikwerke, sondern als Modell für künstlerische Kreativität überhaupt.

Seit seiner Gründung in den frühen 1950er Jahren förderte das Kölner Studio eine enge und intensive Zusammenarbeit zwischen Technikern und Künstlern. Die Komponisten, die im Studio arbeiteten, hatten die breite und uneingeschränkte Unterstützung von technischen und künstlerischen Assistenten, die eine viel wichtigere Beteiligung am Schöpfungsprozess hatten als es in den historischen Aufzeichnungen erscheint. Es ist keine Übertreibung, diese kollektive Struktur als „dialogische Schöpfung“ zu bezeichnen. Dies mag für diejenigen radikal klingen, die künstlerisches Schaffen als einen Prozess der Individualisierung, eine Vergöttlichung der kreativen Person verstehen. Der Mythos des „Künstlers“, ein Überbleibsel einer bis heute versteinerten romantischen Konzeption des künstlerischen Prozesses, verhindert, dass die Frage nach musikalischen Informationen klar erkennbar wird. Daher verstehe ich es als unsere Aufgabe, diese romantische Vorstellung von ihrem traditionalistischen Schleier zu befreien und die Strukturen der Kreativität in der heutigen Gesellschaft mit zeitgenössischen Konzepten zu beleuchten, um die revolutionären Möglichkeiten des technologischen Wandels im künstlerischen und musikalischen Universum transparent zu machen.

Der Apparat ist ein Schlüsselkonzept für das Verständnis der zeitgenössischen künstlerischen Kreativität. Der Begriff des Apparats ist nicht auf die Technik von Objekten beschränkt, sondern umfasst Subjektivierungsprozesse. Wie Agamben behauptet, haben Apparate „die Fähigkeit, Gesten, Verhaltensweisen, Meinungen oder Diskurse von Lebewesen zu erfassen, zu orientieren, zu bestimmen, abzufangen, zu modellieren, zu kontrollieren oder zu sichern."[1] Alle Arten von sozialen Instanzen wie Gefängnisse, Schulen, Fabriken, juristische Maßnahmen, aber auch Literatur, Philosophie, Kunst, Unterhaltung, Computer, Telefone, Rassismus und Sprache selbst sind Apparate. Das Wachstum von Apparaten im Kapitalismus kann durch die Multiplikation von Subjektivierungsprozessen verfolgt werden. Agamben definiert die gegenwärtige extreme Phase des Kapitalismus als eine massive Anhäufung und Verbreitung von Apparaten. Apparate wurzeln im Wesen der Humanisierung und stellen die Trennung dar, die das Lebewesen von sich selbst und seiner Umwelt trennt: „Die Wurzel jedes Apparats ist ein allzu menschliches Verlangen nach Glück. Die Erfassung und Subjektivierung dieses Wunsches in einer separaten Sphäre bildet die spezifische Kraft des Apparats."[2]

Mit elektronischer Musik bauen wir die Fähigkeit auf, Geräte zu verwenden, um Geräusche in Räumen zu erzeugen und zu bewegen. In diesem Sinne stellt die elektronische Musik einen Paradigmenwechsel dar, da die Art und Weise beeinflusst, wie wir die Welt sehen und wie wir uns als Menschen definieren. Wir sind von der Interpretation von Bedeutung durch Philosophie, Poesie und Hermeneutik zum Denken in Bezug auf Kybernetik, Informationstheorie und stochastische Systeme übergegangen. Wir haben uns von der zentralen Position der menschlichen Subjektivität entfernt, um eine Art Maschinenobjekt zu werden, das unabhängig von menschlicher Handlungsfähigkeit arbeitet. Ein umfassender Ansatz der elektronischen Musik sollte daher vielschichtige Einblicke in die Natur der Apparate liefern, nicht nur mit analytischen und synthetischen Ansätzen zur Klangwahrnehmung und -komposition, sondern auch deren symbolische Funktion als kulturelle Paradigmen untersuchen.

---

[1] Giorgio Agamben: *The Signature of All Things* (Übers. L. D'Isanto / K. Attel), New York: Zone Books, 2009, S. 14.

[2] G. Agamben, op. cit. S. 17.

„Ein Überblick über die wichtigsten Geräte“ ist eine Einführung in die Apparatur des elektronischen Studios, die 1990 geschrieben wurde mit dem Ziel, die Komponisten mit der Hybridausrüstung des Studios vertraut zu machen. Es gehörte zur Philosophie des WDR-Studios, sich nicht auf eine Technologie zu beschränken, sondern die Vorteile der verschiedenen analogen und digitalen Systeme auszunutzen und Verbindungen zwischen ihnen zu schaffen. Der Text lässt sich heute quasi wie eine archäologische Betrachtung der damaligen Apparatur und ihrer künstlerischen Möglichkeiten lesen. So werden ausführlich beschrieben: der *Fairlight III* als Prototyp von Computermusiksystemen, der *Akai S1000* Sampler, der frühere Yamaha-Digital-Musiksynthesizer *DX7 II* und *TX 802*, der emblematischen *EMS Synth 100*, ein Synthesizer der 70er Jahrer, der das Prinzip der Steuerspannung (Control Voltage) in einer umfangreichen und mannigfaltigen Ausführung verwirklicht, und der EMS Vocoder, ein analoges Gerät, das grundsätzlich zur Bearbeitung von Sprache konzipiert wurde, aber im Studio als wichtiger Apparat für die Bearbeitung von Klängen und Klangstrukturen diente.

Der Wandel von analog zu digital bei der Produktion elektronischer Musik im WDR-Studio ist das Thema von „Ein Regler ist nicht ein Regler ist nicht ein Regler“. Der Text wurde als Brief an Karlheinz Stockhausen 1998 formuliert, anlässlich seiner Entscheidung, die Produktion seines elektronischen Werkes im Studio abzubrechen. Die Produktionsmethoden der 90er Jahre werden detailliert beschrieben und die Struktur der „dialogischen Schöpfung“ enthüllt, die bezeichnend für die Arbeit des Studios gewesen ist. Natürlich verlaufen die menschlichen Beziehungen nicht geradlinig und werden mit vielfältigen, wechselwirkenden Emotionen geladen. Daher wäre es verlockend, diesen in einem leichten und humorvollen Ton verfassten Text als Kritik an Stockhausen zu interpretieren. Aber das war keinesfalls meine Absicht. Ich wertschätze Stockhausens große Leistung und seine Vorreiterrolle bei der Entwicklung der elektronischen Musik sehr, aber in dem Aufsatz wollte ich die Aufmerksamkeit vor allem auf die neue Realität der digitalen Apparate und ihre radikalen Auswirkungen auf das künstlerische Schaffen lenken.

„Der Pluralistische Raum“ ist eine dreiteilige Dokumentation der Produktion des Studios für elektronische Musik des WDR in den 90er Jahren, die teilweise in Zusammenarbeit mit dem Toningenieur Volker Müller entstanden ist. In Teil I werden die räumlichen und technischen Einrichtungen des WDR-Studios beschrieben, das grundlegende Arbeitskonzept vorgestellt, und die Werke, die im Studio produziert wurden, zusammengestellt. In den folgenden Teilen werden die Werke der Komponisten einzeln betrachtet: in Teil II die Stücke von Jean-Claude Eloy, Denys Bouliane, Luc Ferrari, Michel Waisvisz, Jörg Birkenkötter und Younghi Pagh-Paan; in Teil III die Stücke von York Höller, Jonathan Harvey, John McGuire, Paulo C. Chagas, Marco Stroppa, Mauricio Sotello und Karlheinz Stockhausen. Die Ästhetik und die Produktionsmethoden der Werke sind Ausgangspunkt für einen kritischen, analytischen Einblick in das weite Feld der elektronischen Musik. Es wird gezeigt, wie die elektronische Musik der 90er Jahre eine enge Beziehung zur Instrumentalmusik pflegte. Sie ist sowohl Ausgangspunkt für die Annäherung an die Elektronik als auch Ziel einer Ästhetik, in der elektronische Klänge vorwiegend im Zusammenwirken mit traditionellen Instrumenten ihre Berechtigung überhaupt finden. Bei der näheren Betrachtung der Werke wird versucht, Ansätze der sogenannten Live-Elektronik zu beschreiben und Kategorien aufzudecken, die einen dialogisierenden Prozess in der Auseinandersetzung mit den Apparaten der elektronischen Musik kennzeichnen. Die Zusammenstellung der Apparatur des Studios für elektronische Musik – in Teil II – verschafft einen Einblick in der Technik der 90er Jahre.

Mit der Krise des elektronischen Studios, die am Ende der 90er Jahre voll im Gang war und dem Prozess, der zur Schließung des WDR-Studios in 2001 führte, setzen sich die kurzen Essays „Paradoxien der elektronischen Musik" und „Zur Zukunft des elektronischen Studios" auseinander. Als ein Medienapparat in traditioneller Hinsicht, wurde die historische Rolle des Studios durch die Digitalisierung und Vernetzung der Gesellschaft in Frage gestellt. Anfang des 21. Jahrhunderts fand eine öffentliche Diskussion über die Zukunft des Studios mit der Beteiligung von Journalisten, Musikkritikern, Komponisten, WDR-Funktionären und Musikinteressenten im Allgemeinen statt. Mein Interesse an dieser Debatte als ehemaliger Studiomitarbeiter, Komponist und Forscher bestand hauptsächlich darin, Fragen zu stellen, um einen Dialog zu fördern. Das Schicksal des Studios weist auf die Medienentwicklung der Gesellschaft und die Transformation von Werten hin, auf einen Prozess, der gerade erst beginnt und für den die Auflösung des Studios eine symbolische Bedeutung hat. Die ganze Diskussion drückt das Bewusstsein aus, dass neue ästhetische Kategorien zum Ausdruck gebracht werden müssen. Die Frage, die sich in diesen Essays stellt, ist immer noch sehr aktuell: Wie sollen wir den künstlerischen Herausforderungen entgegentreten?

Der Aufsatz „Virtualität und Metadesign: Die Klangkunst im Zeitalter ihrer Vernetzbarkeit" von 2003 reflektiert die neuen Technologien der Informationsgesellschaft und die Entwicklung neuer künstlerischer, musikalischer und klanglicher Felder. Die neuen Medien treiben den Prozess der *Ausdifferenzierung* des Kunstsystems durch die Entstehung von neuen Formen voran, in dem die Musik eine Vorreiterrolle spielt, wie man im Internetboom zu Beginn des 21. Jahrhunderts beobachtet hat. Der Artikel setzt sich mit der Entstehung einer Techno-Kultur auseinander und den unterschiedlichen Auffassungen, die diese Entwicklung begleiten: einerseits mit der Begeisterung für die neue Möglichkeiten der Netzwerk-Kommunikation, welche die Utopie der telematischen Gesellschaft verkörpert; andererseits mit der Skepsis über die Fähigkeit der Technologie, unser Dasein als Mensch zu verändern. Aus einer interdisziplinären Perspektive, die Begriffe von Kunst, Kultur und Technologie in Zusammenhang bringt, werden zusammenfassend Modelle der Entwicklung der Klangkunst im Medienzeitalter vorgeschlagen.

Die zeitgenössische europäische Musik der Nachkriegszeit und die Blütezeit der ersten Phase der elektronischen Musik in den 1950er und 1960er Jahren ist mit der Figur mehrerer Komponisten verbunden, die diese Welt im frühen 21. Jahrhundert verlassen haben – unter ihnen Karlheinz Stockhausen und Henri Pousseur. Es war mir eine große Ehre, diese beiden Komponisten persönlich kennenzulernen und die Möglichkeit zu haben, eng mit ihnen zusammenzuarbeiten. Noch unter der Resonanz ihres Todes schrieb ich die Texte „The Great Trickster of Electronic Music" (Stockhausen 1928-2007) und „Die Naivität eines Kindes" (Pousseur 1929–2009). Sie sind posthume Hommagen und Ausdruck meiner Dankbarkeit an diese bedeutenden Persönlichkeiten, deren Ideen meine künstlerische Orientierung beeinflusst haben. Meine Erinnerungen an Stockhausen sind geprägt von seinem Charisma und seinem feinen Sinn für Humor, seiner Fähigkeit, Menschen mit seiner Musik und Fantasie zu verführen und zu begeistern. Mit Pousseur pflegte ich eine jahrzehntelange Freundschaft. Er faszinierte mich durch seinen Sinn für Humanismus und seine Fähigkeit, historische Tradition und kulturelle Vielfalt in musikalische „harmonische Netzwerke" zu integrieren.

„Pulsierende Knoten" präsentiert eine Retrospektive von Konzepten und Themen, die in früheren Texten behandelt wurden und hier unter neuen ganzheitlichen Gesichtspunkten überarbeitet wurden. Die Geschichte der elektronischen

Musik aus der Sicht des Studios von Köln und Paris sowie die ästhetischen Grundlagen, die sich den 1950er und 60er Jahren der *elektronischen Musik* und der *musique concrète* widersetzten, werden verglichen und analysiert. Der Text konzentriert sich insbesondere auf die Kreativität des Kölner Studios. Es zeigt die Rolle des Radios als Propagandawerkzeug während des NS-Regimes und wie elektroakustische Technologie und Medieninteraktionen die Ästhetik elektronischer Musik beeinflussten. Das Studio wird als autopoetisches Modell präsentiert, das das Prinzip der kybernetischen Zirkularität in weitesten Sinne verwirklicht hat. Die neue Ära der digitalen Kreativität wird unter Bezugnahme auf Attalis Verständnis von Musik als wirtschaftspolitisches Instrument analysiert. Schließlich wird auf der Grundlage semiotischer Ausarbeitungen der Postmoderne ein musikalisches Kreativitätsmodell vorgeschlagen, um Trends in der zeitgenössischen Kunst zu artikulieren.

Der Aufsatz „Die kybernetische Zirkularität in der elektronischen Komposition“ ist meinem Werk *Projektion 12-kanalige elektronische Musik* gewidmet, das im Studio für elektronische Musik des WDR realisiert wurde, kurz bevor das Studio seine musikalische Produktion einstellte. *Projektion* setzt sich mit einigen Ideen und Visionen der Analog-Ära der elektronischen Musik auseinander, u.a. mit den Konzepten der „parametrischen“ Komposition und der Klangraum-Komposition, die mit digitalen Apparaten realisiert wurden. Das kybernetische Prinzip der Zirkularität und das Konzept von nichttrivialen Maschinen werden in der Komposition angewendet für die Erschaffung eines virtuellen 12-kanaligen Klangraums. Auf der Grundlage des Fragments eines Sprachklanges wurden mehrere 12-kanalige Strukturen erstellt durch Transformationsverfahren wie z.B. Rückkopplung (Feedback), Verzögerung (Delay) und Filter, die zusammengesetzt wurden für die Komposition des Stückes *Projektion 12-kanalige elektronische Musik*. Darüber hinaus wurde das Konzept der zirkulären Klangraums und die Ästhetik der Immersion durch die Klanginstallation *Projektion 12-kanalige Klanginstallation* weiterverfolgt.

Der brasilianische Komponist Gilberto Mendes (1922-2016) spielte eine wichtige Rolle bei der Einführung der Avantgarde-Musik in Brasilien in den 1960er Jahren und durch die Gründung des „Festival Música Nova“, eines der wichtigsten Ereignisse für zeitgenössische Musik in Brasilien. Seine Karriere entwickelte sich parallel zu den europäischen Komponisten seiner Generation, obwohl er Santos, seine Heimatstadt am Meer, nie verließ. Der am Tag seines Todes verfasste Text, „Segeln im Meer der Kreativität“, ist ihm gewidmet.

Während meiner langjährigen Freundschaft mit Gilberto Mendes habe ich die Originalität seines musikalischen Denkens und seiner unglaublichen Fähigkeit, das Absurde und das Komische zu erkennen, bewundert. Dies sind einige der Eigenschaften, die sich in seinem umfangreichen musikalischen Werk widerspiegeln.

Der letzte Aufsatz des Buches „Revolt and Ambivalence“ beschäftigt sich mit der dunkleren Seite des elektroakustischen Paradigmas, nämlich der Ära der Musik als Folterapparat. Er untersucht die Komposition meines Digitalen Oratoriums *The Refrigerator* von 2014 – für zwei Sänger, Instrumentalensemble, elektronische Klänge und visuelle Projektion –, in dem ich meine persönlichen Erfahrungen mit Folter verarbeite. Ich war 17 Jahre alt, als ich 1971 in Brasilien aufgrund meiner politischen Aktivitäten gegen die brasilianische Militärdiktatur in Militärhaft kam und viele Tage lang mit elektronischen Klängen brutal gefoltert wurde. Die Erfahrung der Folter wird betrachtet aus der Perspektive der Absurditätsphilosophie von Camus und seine Interpretation des Mythos von Sisyphos, der die Absurdität sowohl durch seine Leidenschaft als auch durch sein Leiden verkörpert. In dem Aufsatz werden Brücken zwischen der existenziellen Erfahrung von Folter, der elektronischen Musikkomposition und der Technologie der Klangsynthese geschlagen. Die Praxis der Folter mit elektronischen Klängen zeigt, dass innerhalb des elektroakustischen Paradigmas ein vibrationszentriertes Modell existiert, das das Vorhandensein einer allgegenwärtigen, unsichtbaren Vibrationskraft erzeugt, die die physische Kraft besitzt, menschliche Subjektivität und Freiheit zu eliminieren.

Die Artikel wurden zwischen 1990 und 2016 geschrieben. Sie werden in chronologischer Reihenfolge präsentiert und der Originaltext wurde so weit wie möglich beibehalten.

Riverside (CA), 10.02.2021
Paulo C. Chagas

Inhaltsverzeichnis

1. Ein Überblick über die wichtigsten Geräte

Studio für elektronische Musik des Westdeutschen Rundfunks (1990)[1]

1. Einleitung

Diese Einführung soll dazu dienen, den Komponistinnen und Komponisten einen Überblick über die Geräte des Studios für elektronische Musik des WDR zu geben. Es ist nicht unsere Absicht, die technischen Eigenschaften der Geräte ausführlich zu beschreiben, sondern vielmehr das Ganze aus einem musikalischen und praktischen Blickwinkel zu betrachten.

Die Erfahrung hat gezeigt, dass die verfügbaren Geräte in elektronischen Studios sehr oft auf unorthodoxe oder unvorhergesehene Weise benutzt wurden und werden. So sind z.B. in den fünfziger Jahren Geräte der Mess- und Prüftechnik zu wichtigen „Instrumenten" der elektronischen Musik geworden. Die analogen Synthesizer der siebziger Jahre, die speziell für elektronische Musik konzipiert wurden, haben nichts Neues im Bereich der Klangerzeugung gebracht. Sie haben vor allem die Arbeit wesentlich erleichtert und dadurch neue kompositorische Prozesse ermöglicht. Doch in der Praxis wurden sehr oft Verfahren entwickelt, in denen die Bausteine dieser Geräte (Oszillatoren, Filter usw.) für andere als die tatsächlich gedachten Zwecke benutzt wurden.

Mit der digitalen Technik ist es nicht anders. Die heutzutage verfügbaren MIDI-Synthesizer, Sampler und Computersysteme sind vorwiegend für kommerzielle Musik konzipiert, was einerseits zu immer leistungsfähigeren und benutzerfreundlichen Geräten führt, aber andererseits eine Konfektionierung der Klänge und Standardisierung des musikalischen Ausdruckes verursacht. Die elektronische Musik kann und soll von den Produkten der Musikindustrie profitieren, gleichzeitig aber muss sie sich darüber hinaus weiterentwickeln, wenn sie ihre eigene Identität behalten und ihrer Bedeutung für gegenwärtiges und zukünftiges Musikschaffen gerecht werden will.

---

[1] Erstveröffentlichung.

2. Zur Apparatur

Das elektronische Studio bietet den Komponistinnen und Komponisten grundsätzlich immer eine flexible Arbeitsumgebung und eine Vielfalt an Möglichkeiten hinsichtlich Apparatur und technischen Einrichtungen an. Wir wollen uns nicht auf eine bestimmte Technologie beschränken, sondern die Vorteile der verschiedenen analogen und digitalen Systeme ausnutzen und Verbindungen zwischen ihnen schaffen.

Die komplette Apparatur des Studios kann man aus der von Volker Müller aufgestellten Liste über die technischen Geräte (Stand Februar 1990) entnehmen.[2] In dieser Einführung wollen wir einen Blick auf die wichtigsten Geräte werfen, die direkt mit der Klangerzeugung und -bearbeitung zu tun haben. Jedes dieser Geräte hat seine eigene Welt und verlangt eine andere Denkweise, was nicht ausschließt, dass man sie miteinander kombinieren kann. Sie lassen sich in drei Gruppen zusammenfassen:

Sampler:
Fairlight III
Akai S1000

FM-Synthesizer:
Yamaha DX7 II
Yamaha TX 802

Analoge Klangerzeugung und -verarbeitung:
EMS Synthi 100
EMS Vocoder

3. Der Fairlight III

Der Fairlight III ist ein Computersystem, das speziell für Musik entwickelt wurde. Er ist grundsätzlich als eine sogenannte Audio-Post-Production-Einheit für den Studiobetrieb konzipiert worden. Mit Audio-Post-Production ist gemeint, dass theoretisch alle Bereiche einer Musikproduktion abdeckt werden: digitale Aufnahme (= Sample) von Klangmaterial (von einzelnen Klängen bis

[2] Vgl. „WDR - Studio für elektronische Musik, Studio-Apparatur", S. 94-100.

zu längeren Stücken), Zusammenstellung, Bearbeitung und Transformation von Klängen, Herstellung von musikalischen Strukturen (durch die Anwendung von Sequencern) und Synchronisation mit Mehrspur-Tonbandmaschine (durch SMPTE).

Das ganze Potenzial des Fairlight III hier darzustellen, würde den Rahmen dieser Einführung sprengen. Auf der Grundlage der konkreten Möglichkeiten der im Studio vorhandenen Hardware und Software soll eine Beschreibung des Systems gegeben werden.

3.1. Die Hardware

Die Hardware des Fairlight III besteht aus vier Komponenten:
- der Zentraleinheit, in der sich der größte Teil der Elektronik befindet,
- der alphanumerischen Computer-Tastatur mit integriertem Grafik-Tablett,
- dem Monochrom-Monitor,
- und dem musikalischen Keyboard.

Man braucht die System-Architektur nicht im Detail zu verstehen, aber es erscheint wichtig, die Funktion einiger Elemente klar darzustellen. Die Steuerung des Fairlight III erfolgt über mehrere Mikroprozessoren, die verschiedene Aufgaben übernehmen. Den Kern des Systems bildet der 68.000-Waveform-Prozessor, der die eigentlichen Klangdaten verwaltet.

Zwei für den Umgang mit dem Fairlight III wesentliche Komponenten sind das **Waveform-Memory** und die **Kanal-Karte**: Das Waveform-Memory ist der interne Speicher (RAM), über den alle die Klänge betreffenden Operationen laufen müssen (außer direct to disc recording). Seine Größe bestimmt die Länge des Klanges oder der Anzahl von Klängen, die darin verwaltet werden. Aber ist die Länge auch abhängig von der Samplingrate, mit der die Klänge aufgenommen wurden. 2 MByte RAM entsprechen maximal 24 Sekunden Mono bei einer Samplingrate von 44,1 kHz (CD-Qualität).

Die Kanal-Karte ist der Prozessor, der den Klang hörbar macht. Die Anzahl von Kanal-Karten bestimmt die Anzahl der polyphonen Stimmen, die gleichzeitig gespielt oder von einer externen Quelle gesteuert werden können, wobei ein Kanal gleich einer Stimme ist.

Das Studio für elektronische Musik des WDR besitzt zwei komplette Fairlight III-Systeme: ein großes mit 14 Megabyte RAM und 8 Kanal-Karten und ein kleines mit lediglich 2 Megabyte RAM und 2 Kanal-Karten. In dem großen Fairlight kann man also 8-stimmig spielen und in dem kleinen 2-stimmig.

Mit unserem großen Fairlight III ist es z.B. möglich, einen Klang von maximal fünf Minuten Länge im RAM zu bearbeiten und achtstimmig spielbar zu machen, oder umgekehrt bis zu acht verschiedene Einzelklänge, deren Gesamtlänge fünf Minuten nicht überschreiten, jeweils als einzelne Stimmen wiederzugeben. Selbstverständlich gibt es innerhalb dieser Grenzen auch noch andere Möglichkeiten der Zuordnung der Klänge zu den Kanälen (z.B. zwei Klänge: vier- und vier-stimmig, drei Klänge: vier-, drei- und einstimmig etc.). Jede Kanal-Karte ist mit einem Einzelaudioausgang gekoppelt, sodass sich die Klänge separat im Mischpult behandeln lassen.

Der Fairlight III ist mit drei verschiedenen Massenspeicher-Einheiten ausgestattet: einem 8 Zoll /1,2-MByte-Disketten-Laufwerk, einer Harddisk (oder Festplatte) und einem Streamer-Tape. Wegen ihrer Größe und Schnelligkeit wird die Harddisk als Speichereinheit bevorzugt. Unser großes System besitzt eine 190-MByte-Harddisk und unser kleines eine 110-MByte-Harddisk. Eigentlich ist die Speicherkapazität nicht besonders groß; ganz schnell sammelt man eine beachtliche Anzahl von Klängen und die Festplatte ist voll.

Über die MIDI-Schnittstelle (4 x MIDI IN/OUT) kann der Fairlight III mit der MIDI-Welt (Synthesizer, Computer und Peripherie) kommunizieren. So kann man z.B. die einfache Tastatur des Fairlight durch ein MIDI-Masterkeyboard ersetzen. Sämtliche Controller können über MIDI übertragen werden und lassen sich innerhalb des Fairlight beliebig umwandeln.

Zur Synchronisation dient die SMPTE-IN/OUT-Schnittstelle. Der Fairlight III ist in der Lage, SMPTE-Code (Time Code) zu generieren und zu empfangen, was sehr nützlich für die Arbeit mit Mehrspurverfahren ist. So lassen sich komplexe Strukturen, die auf mehrere Spuren des Tonbands verteilt sind, übereinanderschichten. Solche Strukturen können z.B. in dem Fairlight wieder gesampelt werden und als Grundlage für neue Klänge (oder Strukturen) dienen.

3.2. Die Software – Version 5.4 von 1988

3.2.1. Die Sample-Struktur

Hinsichtlich der internen Organisation der Samples hat der Fairlight III eine hierarchische Struktur. Die grundlegende Einheit ist die **„Voice“**, die sich in bis zu 63 **„Subvoices“** unterteilen lässt. Eine Subvoice ist im Prinzip ein einzelnes Sample. Man kann die Subvoices beliebig über das Keyboard verteilen. Dabei ist keine Überlappung möglich, d.h. es können nicht zwei Subvoices ein und derselben Taste zugeordnet werden.

Die nächste Stufe ist das **„Instrument“**, das eine oder mehrere Voices enthalten kann. Damit eine Voice (Klangfarbe) überhaupt klingt, muss sie mindestens einer polyphonen Stimme (Kanal-Karte) zugeordnet werden. In unserem „großen“ Fairlight lassen sich Instruments mit maximal acht Voices bilden. Ein Instrument mit einer Voice hat eine Klangfarbe und kann achtstimmig gespielt werden; ein Instrument mit acht Voices hat acht Klangfarben die einstimmig zusammenklingen, wenn eine Taste gedrückt wird. Natürlich sind auch andere Kombinationen möglich.

Es lassen sich auch Instruments ohne zugehörige Samples kreieren, was sehr praktisch ist, um externes MIDI-Equipment wie andere Synthesizer mitzuverwalten. Das Zusammensetzen mehrerer Voices zu einem Instrument ist eine einfache Methode, komplexe Klänge zu bauen.
Die höchste Ebene der Sample-Struktur ist das **„System“**. Es enthält eine Instrument-Liste, in der bis zu 80 Instruments gespeichert werden können, die MIDI-Input/Output-Konfiguration und die System-Parameter, die den Voices zugeordnet werden können.

3.2.2. Die Pages

Die verschiedenen Funktionen des Fairlight sind auf die sogenannten **Pages** verteilt. Eine detaillierte Beschreibung des Aufbaus aller Pages würde den Rahmen dieser Einführung überschreiten. Wir versuchen, die Pages unter bestimmten Kategorien zusammenzufassen und auf einige Funktionen aufmerksam machen.

3.2.2.1. System-Verwaltung

Alle auf der Harddisk befindlichen Daten wie Voice-, System-, Sequenzer-Files usw. sind auf der **Directory**-Page aufgelistet. Hier kann man Klänge direkt von der Harddisk hören und sämtliche Informationen über die Struktur des Samples abrufen.

In der **System Configuration**-Page kann man die Zuordnung der Voices und der Instrumente programmieren. Hier wird bestimmt, welche Voice zu welchen Audio-Outputs geht und die MIDI-Konfiguration (MIDI-IN/OUT) festgelegt.

3.2.2.2. Sampling-Aufnahme und -Bearbeitung

Der Sampling-Vorgang wird in der **Sampling-Page** bestimmt. Samples können Mono oder Stereo aufgenommen werden. Die Sampling-Rate lässt sich zwischen 5 und 50 kHz einstellen (Default ist 44,1 kHz). Die Samplingzeit lässt sich genau einstellen. Die maximale Samplingzeit hängt von der Samplingrate und dem vorhandenen freien RAM-Speicher ab (2 MByte RAM entsprechen etwa 24 Sekunden bei 44,1 kHz).

Nachdem das Sample aufgenommen worden ist, muss es geschnitten und in der Lautstärke optimal eingestellt werden. Dies erfolgt in der auf dem Monitor sichtbaren **Edit-Page**, wo man mit dem Grafik-Pen einen direkten Zugriff zur Wellenform hat. Man kann Ausschnitte des Samples anwählen, sie vergrößern und auf verschiedene Art und Weise hörbar machen. Zahlreiche Funktionen in dieser Page ermöglichen bereits auf dieser Ebene eine kreative Bearbeitung des Klanges.

Mit der Loop-Funktion kann man Klänge statisch machen. (Man wählt einen Ausschnitt des Klanges und lässt ihn permanent wiederholen). Es gibt mehrere Möglichkeiten, eine Loop zu setzen, wobei bestimmte Verfahren wie z.B. Crossfading und Blend den Klang wesentlich verändern können. Zum Experimentieren dienen auch andere Funktionen, die auf das ganze Sample oder auf angewählte Ausschnitte einwirken. Mit der Fader- und der Reverse-Funktion (rückwärts spielen) kann man z.B. Überblendungen programmieren. Sample-Stücke können herausgeschnitten und mittels der Copy-, Cut- und Paste-Funktionen wieder zusammengefügt werden. Damit kann man z.B. mit einem einzelnen Klang schon eine komplexe Klangstruktur aufbauen.

Es gibt auch eine Reihe von Funktionen, die die Tonhöhe beeinflussen, wie Transpose-Sample, Sample-Rate-Convertion und Sweep-Command. Dadurch lassen sich alle möglichen Manipulationen auf der Ebene der Frequenz programmieren, wie z.B. mikrotonale Verstimmungen innerhalb der Wellenform.

In der **Mix-Page** kann man Klänge mischen. Bis zu 64 Wellenformen lassen sich in dem sogenannten Mix-Pot ablegen; dort werden sie auch graphisch dargestellt. Zuerst müssen eine Zielwellenform (destination) und die Quellenwellenformen (source) definiert werden. Danach können frei ausgewählte Ausschnitte der Quellenwellenformen in die Zielwellenform eingefügt (insert) oder durch Crossfades überblendet werden. Mit diesem Verfahren lassen sich komplexe, aus mehreren Wellenformen zusammengesetzte Klänge aufbauen. Man kann z.B. aus mehreren Klängen einen neuen Klang aufbauen, dessen Klangfarbe sich mit der Zeit kontinuierlich verändert.

In der **Flanger-Page** lassen sich Flanging-Effekte erzeugen. Flanging wird produziert, indem zu dem originalen Klang eine verzögerte (delayed) Version addiert und die Verzögerungszeit (delay) variiert wird. Auf Grund der eingestellten Parameter – Delay (bis zehn Sekunden), Width (Delay-Variation), Rate (Delay-Modulation), Depth, Wet und Dry (Verhältnis Original/Effekt) – errechnet der Fairlight eine neue Wellenform, die als neues Sample verwendet werden kann.

3.2.2.3. Fast Fourier Transformation

In der **Fast Fourier Transform-Page** hat man direkten Zugriff auf die harmonische Struktur des Klanges. Nach dem FFT-Prinzip wird der Klang in Segmente, die eine bestimmte Anzahl von Samples beinhalten, unterteilt und analysiert. Der Fairlight analysiert die Amplitude und die Phase der ersten 255 Obertöne des Klanges und stellt das Resultat graphisch dar. Mit dem Grafik-Pen kann man die Amplitude und die Phase von jedem Oberton verändern (redrawing) und das Resultat in Form einer Resynthese errechnen lassen.

Es gibt grundsätzlich zwei Wege, die Möglichkeiten der FFT-Page auszunutzen: Entweder geht man von einem bestehenden Klang aus, den man durch Analyse, Wiederzeichnen und Resynthese transformiert, oder man nimmt einfache Wellenformen (wie z.B. Sinus) als Ausgangspunkt und baut damit allmählich seinen eigenen Klang auf. Beide Verfahren erfordern allerdings ein sehr zeitaufwendiges Experimentieren, ehe man zu einem interessanten Resultat gelangt.

3.2.2.4. Die Abspiel-Parameter

Nachdem man die Samples aufgenommen, transformiert und als Voice und Subvoice definiert hat, bietet der Fairlight eine Reihe von Abspielparametern, die das Sample beeinflussen und je nachdem stark verändern können. Die Einstellung dieser Parameter erfolgt in der **FX-Page**; dabei muss man zwischen einem Voice- und einem Subvoice-Modus unterscheiden.

Zu den Subvoice-Parametern, die nur die gewählte Subvoice beeinflussen, zählen insgesamt acht verschiedene Hüllkurven-Parameter, unterschiedliche Tuning-Parameter (feine und grobe Transposition), Filter-Einstellungen sowie verschiedene Loop und Hüllkurven-Modi. Die Voice-Parameter beeinflussen alle Subvoices gleichzeitig und beziehen sich auf Funktionen wie Filter, Lautstärke, Pitch-Bend, Tuning, Attack, Release, Portamento, Vibrato, Tremolo und Balance.

Die Einstellung der Voice- und Subvoice-Parameter kann festgelegt oder durch einen beliebigen Controller (MIDI-Controller oder Fairlight intern) gesteuert werden. In der **FE-Page** kann man eine Funktionskurve, die die Wirkungsweise eines Controllers auf den Parameter bestimmt, mit dem Grafik-Pen zeichnen. Das ist insofern eine sehr interessante Möglichkeit, als sich dadurch die Parameter-Einstellung mit der Zeit verändert und der Klang lebendig wird. Die Controller können auch von einem Sequencer gesteuert werden.

3.2.2.5. Die Sequencer

3.2.2.5.1. Zum Sequencer im Allgemeinen

Sequencer funktionieren hinsichtlich ihrer Bedienung ähnlich wie Tonbandmaschinen. Die Daten werden auf Spuren aufgezeichnet, und man unterscheidet zwischen Play- und Record-Modus. Es werden jedoch keine Klänge aufgenommen, sondern nur digitale Informationen. Praktisch alle Sequencer können sämtliche MIDI-Daten aufzeichnen (empfangen) und wiedergeben (senden). Diese Daten dienen nicht nur der Steuerung der musikalischen Parameter von

Synthesizern – wie Midi-Note (Tonhöhe), Velocity (Lautstärke), Note-On Note-Off (Dauer), Programme Change (Klangfarbe) –, sondern umfassen eine Vielfalt von Möglichkeiten – wie Controllers, System-Exclusiv, MIDI-Clock –, die für die Gestaltung von Klängen und musikalischen Strukturen verwendet werden können.

Ein wesentlicher Vorteil von Sequencern ist, dass die Daten beliebig manipuliert werden können. Nachdem sie aufgezeichnet wurden, können sie editiert (d.h. geändert) und auf derselben oder auf eine andere Spur kopiert, eingefügt oder gemischt werden. Heutzutage gibt es eine ganze Menge von Sequencern, die meistens über kleine Computer (Atari, IBM, Macintosh) laufen. Sie sind zum Teil in ihren Funktionen sehr komplex und beinhalten vielfältig und kreativ einsetzbare Werkzeuge, sowohl für die Arbeit im Studio als auch für die Live-Elektronik.

3.2.2.5.2. Die Fairlight-Sequencer

Der Fairlight umfasst drei verschiedene Sequencer: den **RS** (Real Time Sequencer), den **CAPS** und den **Cue-List**. Die beiden ersten sind für die „Komposition“ gedacht. Der CAPS ist eine Weiterentwicklung des RS. In beiden Sequencern lassen sich polyphone Spuren sowie Controller-Daten aufzeichnen.

Der CAPS verfügt über insgesamt 80 Spuren und kann 80 verschiedene Controller steuern. Die Notes und die Controller werden graphisch dargestellt, und die aufgezeichneten Werte können mit dem Grafik-Pen geändert werden. Darüber hinaus gibt es die Möglichkeit, die Kurve der Controller zu zeichnen. Alle Daten werden auch über MIDI ausgegeben, was die Steuerung von anderen Synthesizern ermöglicht. Durch SMPTE Timecode kann der CAPS mit externem Equipment (Tonbandmaschine) synchronisiert werden.

Die Cue-List, der in Verbindung mit dem SMPTE Zeitcode läuft, ist hauptsächlich für den Post-Produktionsbereich konzipiert. Man stellt eine Art Tabelle von Ereignissen (Cue-List) auf, denen bestimmte Funktionen zugeordnet werden können. Sämtliche Funktionen des Fairlight lassen sich dadurch hinsichtlich der Zeit sehr präzise steuern: Man kann Klänge abspielen, MIDI-Controller senden, oder beliebige Fairlight-Kommandos aktivieren wie z.B. das Laden von Klängen der Harddisk oder das Starten der anderen Sequencer.

3.2.2.6. Disk Recording

Unser Fairlight bietet ein 2-Spur-Harddisk-Recording-System. mit einer Kapazität von circa 30 Minuten Monoaufnahme auf der 190 MBytes Harddisk. Über SMPTE kann der Disk-Recorder mit der Tonbandmaschine gekoppelt werden, was für die Bearbeitung von Klängen und musikalischen Strukturen sehr nützlich sein kann. Die Editierungsmöglichkeiten sind allerdings bei unserer Softwareversion begrenzt.

4. Akai S1000

Der Akai S1000 ist ein digitaler Stereo-Sampler, der mit einer Auflösung von 16 Bit linear arbeitet. Unser Modell ist mit einem 8-MByte-Speicher (Internal RAM), einer 40-MByte-Harddisk und einem Diskettenlaufwerk (1,3 MByte HD Disktetten) ausgestattet. Da bei einer Sampling-Rate von 44,1 kHz 1 MByte circa 11,9 sek. Sampling-Zeit entspricht, ermöglicht der RAM die Bearbeitung von Klängen von maximal 95,2 sek. Länge.

Als Sampler dienen der Akai und der Fairlight grundsätzlich demselben Zweck, die Geräte unterscheiden sich aber wesentlich hinsichtlich ihrer Bedienung und Funktion. Der Fairlight ist vorwiegend für die Arbeit im Studio gedacht. Er besitzt eine größere Speicherkapazität (sowohl RAM als auch Harddisk), sodass man mit ihm längere Klänge aufnehmen und bearbeiten kann als mit dem S1000. Ein Nachteil des Fairlight ist die Konzeption seines schon etwas älteren Systems: Man muss sehr viele Kommandos lernen und die Bedienung ist zum Teil sehr mühsam. Außerdem ist der Fairlight wegen seiner Größe nicht geeignet für den Einsatz in der Live-Elektronik.

Der Akai S1000 ist ein tragbares und bedienungsfreundliches Gerät. Alle Bedienungselemente sind an der Frontplatte angebracht. Er besitzt ein LC-Display, einen Cursor, numerische Tasten und eine Anzahl sogenannter Softkeys mit verschiedenen Funktionen. Die Software ist sehr übersichtlich aufgebaut, sodass man relativ schnell damit arbeiten kann. Der S1000 ist ein flexibles Gerät, das in Verbindung mit MIDI-Steuerung zahlreiche Möglichkeiten für die Gestaltung von Klängen bietet. Das macht ihn sehr geeignet für den Live-Einsatz, vorausgesetzt man nimmt seine relativ begrenzte Speicherkapazität in Kauf (d.h. man muss mit weniger und/oder kürzeren Klängen arbeiten).

4.1. Systemaufbau

Wie bei dem Fairlight ist die Software des S1000 in Pages und Sub-Pages strukturiert, die mittels der Softkeys ausgewählt werden können. Es gibt zwei Grundelemente, den **Sample**, d.h. einen aufgenommenen Klang (entspricht der Fairlight Subvoice) und das **Program**, das aus einem oder mehreren Samples zusammengesetzt ist und alle Samplenbearbeitungs- und Abspielparameter enthält (das Programm entspricht den Funktionen der Voices und der Instuments bei dem Fairlight).

Beliebig viele Programme lassen sich gleichzeitig aktivieren. Der S1000 verfügt über maximal 16 Stimmen, sodass die Polyphonie für jedes Programm individuell zwischen 1 und 16 einstellbar ist. Die Klänge bzw. die Stimmen eines Programms können beliebig einem der acht Monoausgänge oder dem Stereoausgang zugeordnet werden, bei dem Laustärke und Panorama für jedes Programm individuell einstellbar sind.

4.2. Sample-Aufnahme und Bearbeitung

Samples können über den analogen oder den digitalen Eingang aufgenommen werden. Es stehen zwei verschiedene Sampling-Rates zur Verfügung: 44,1 und 22,05 kHz, was einer Bandbreite von ca. 20 kHz bzw. ca. 10 kHz entspricht. Man kann die Länge des Samples und die Tonhöhe des originalen Klanges festlegen. Nach der Aufnahme erscheint der Sample in dem Wellenform-Display, wo er editiert werden kann.

Zur genauen Editierung besitzt der S1000 eine Zoom-Funktion, mit der man Ausschnitte der Wellenform vergrößert darstellen kann. Die TRIM-Funktion dient zur Festlegung der Start- und Endpunkte des Samples. Die LOOP-Funktion ermöglicht die Programmierung von bis zu 8 unabhängigen Loops mit unterschiedlichen Loop-Startpunkten, Loop-Längen und Loop-Times. Der Time-Bereich liegt zwischen 1 und 9998 Millisekunden. Ab 9999 ms wird die Loop abgespielt bis die Taste des MIDI-Keyboards losgelassen wird. Die JOIN-Funktion bietet die Möglichkeit, zwei komplette Samples oder Sample-Ausschnitte aneinanderzuhängen, wobei der Übergang als harter Schnitt oder sanfter Crossfader erfolgen kann. Mit der PITCH-OFFSET-Funktion kann man das Sample in Halbtönen und Cents transponieren. Die REVERSE-Funktion spielt das Sample rückwärts.

Eine sehr wichtige Möglichkeit des S1000 ist die TIMESTRETCH-Transposition, mit der man das Sample dehnen oder stauchen kann, ohne seine Tonhöhe zu verändern (das ist mit dem Fairlight nicht möglich). Es gibt zwei verschiedene Strech-Modi: CYCLIC, für einzelnen Klänge, und INTELL, für Sprache und Musikpassagen. Die Samples lassen sich maximal eine Oktave nach oben und nach unten transponieren.

4.3. Program-Edit

Die Samples lassen sich in Form von sogenannten KEYGROUPS der MIDI-Tastatur zuordnen. In einem Programm können bis zu 99 verschiedene Keygroups aktiv sein, wobei für jede ein Notenbereich (Low- und High-Note), eine Grob- (Halbtonschritte) und eine Feinstimmung (Cents) eingestellt wird. Es gibt auch einen BEAT-Parameter, mit dem man kleine Tonhöhenverstimmungen programmieren kann (Damit kann man z.B. Phasing-Effekte erzeugen). Anders als bei dem Fairlight können sich die Keygroups der S1000 überlappen und man kann sogar ein Crossfade zwischen zwei benachbarten Keygroups programmieren, um Übergänge zwischen Klängen zu schaffen.

Zur Bearbeitung der Klänge besitzt der S1000 einen Tiefpassfilter (18dB/Oktave) und zwei ADSR-Hüllkurven-Generatoren (Attack, Decay, Sustain und Release), die sich individuell für jede Keygroup einstellen lassen. Außer der Cutoff-Frequenz kann man auch die Modulationsquellen bestimmen, die die Filterfrequenz dynamisch beeinflussen können, und zwar Key-Follow (Position der Taste auf dem Keyboard), Velocity (Anschlagsdynamik), Aftertouch (Druck nach Anschlag der Taste) und Hüllkurve 2.

Die Hüllkurve 1 dient ausschließlich der Steuerung der Lautstärke, während die zweite Hüllkurve außer dem Filter – wie bereits erwähnt – auch die Tonhöhe beeinflussen kann. Die Hüllkurven selbst lassen sich wiederum durch andere Modulationsquellen steuern. So kann z.B. die Anschlagsdynamik, Attack, Release oder sogar die gesamte Hüllkurve beeinflussen. Der Parameter Release-Velocity (wie schnell man die Taste loslässt) kann zur Steuerung der Release-Zeit verwendet werden.

Jeder Keygroup können bis zu vier verschiedenen Samples zugeordnet werden. Im Prinzip liegen diese Samples übereinander, sodass man eine Taste spielt und vier verschiedene Klänge gleichzeitig hört. Aber man kann auch per Velocity (Anschlagsdynamik) bestimmen, welches der vier Samples gespielt werden soll. Jedes Sample wird einer Velocity-Zone zugeordnet, in der es klingen soll. Diese Zonen können sich ebenfalls überlappen, wobei CROSSFADES (Überblendungen) zwischen den einzelnen Samples möglich sind.

Weitere Parameter, die die Samples innerhalb einer Keygroup beeinflussen können, sind: Stimmung, (Halbtonschritte und Cents), Relative-Lautstärke (die Lautstärke jedes einzelnen Samples gegenüber den anderen), die Relative-Filter-Einstellung (ein Filter-Offset für jedes Sample) Panorama (Stereoausgang oder individuelle Ausgänge) und Playback (wie die Loops gespielt werden sollen).

4.4. MIDI-Steuerung

Nach der Zusammenfassung der Samples zu Keygroups und Programmen bietet der S1000 zahlreiche Parameter, die über MIDI gesteuert werden können. So lässt sich z.B. die Lautstärke außer durch die Anschlagsdynamik auch durch die Position der Taste auf dem Keyboard (Key-Follow) und den Aftertouch beeinflussen. Das Panorama kann ebenfalls durch die Key-Follow, aber auch durch das Modulationsrad des MIDI-Keyboards oder einen internen LFO (einstellbar in Intensität, Frequenz und Delay) dynamisch verändert werden. Die Tönhöhe ist durch Velocity, Aftertouch oder das Pitchbend-Rad modulierbar. Hierfür gibt es noch einen zweiten LFO (wie LFO 1 einstellbar), dessen Wirkungsweise sich wiederum durch Parameter wie Modulationsrad, Velocity und Aftertouch steuern lässt.

Die MIDI-Kanäle können den Programmen beliebig zugeordnet werden. Dies ist sehr nützlich für die Arbeit mit einem Sequencer. Ein MIDI-Input-Monitor zeigt alle empfangenen MIDI-Events. Der S1000 bietet auch die Möglichkeit, die Temperierungen innerhalb der Tastatur zu ändern.

5. Yamaha DX7 II

Der Yamaha DX 7 II ist ein gutes Beispiel dafür, wie die Musikindustrie von den Erfindungen der experimentellen Musik profitiert hat und wie umgekehrt die experimentelle Musik die Produkte der Unterhaltungsmusikindustrie ausnutzen kann. Der von John Chowning entwickelte Algorithmus der FM-

Klangsynthese wurde von Yamaha hauptsächlich für die Nachahmung von instrumentalen und analogsynthesizerähnlichen Klängen ausgearbeitet, die in der Popmusik eine breite Verwendung finden.

Die meisten DX7-Benutzer beschränken sich auf den Gebrauch der Stereotyp-Preset-Sounds, was sicher ein Grund dafür ist, dass die typischen FM-Sounds sehr abgenutzt klingen und die Komponisten sie nicht mehr gerne verwenden. Andererseits stellt der Yamaha DX7 II ein sehr vielfältiges und komplexes Klangsynthesesystem dar, dessen Möglichkeiten längst noch nicht erschöpft sind. Durch FM-Synthese kann man komplexe Wellenformen mit zahlreichen Frequenzkomponenten generieren; und wer sich die Mühe macht, sich mit dem System richtig auseinanderzusetzen, wird feststellen, dass die FM-Synthese sehr viel freien Raum bietet, insbesondere für die Herstellung von außergewöhnlichen und experimentellen Klängen.

5.1. Zur FM-Klangsynthese[3]

Das grundlegende Element der Yamaha-FM-Synthese ist der **Operator**. Er besteht aus drei Elementen: einem Sinuskurvenoszillator (Oscillator), einem Verstärker (Amplifier) und einem Hüllkurvengenerator (Envelope Generator). Er hat einen Ausgang und zwei Eingänge, nämlich einen für die Tonhöhen-Daten und den anderen für den Ausgang eines anderen Operators. Die Informationen beider Eingänge werden miteinander kombiniert, bevor sie zum Oszillator gehen.

Der DX7 II verfügt über sechs Operatoren, die durch 32 festgelegte Algorithmen miteinander verknüpft werden können. Die Operatoren unterscheiden sich nach ihrer Funktion in zwei Kategorien: **Träger** (Carrier), wenn der Ausgang direkt zum Audio-Ausgang geleitet wird, und **Modulatoren**, wenn der Ausgang einem Eingang eines anderen Operators zugeführt wird.

Bei der Frequenzmodulation (FM) wird die Frequenz des Trägers durch die Frequenz des Modulators variiert, wobei der Ambitus der Variation der Träger

[3] Zur Grundlage der FM-Klangsynthese vgl.: John Chowning: The Synthesis of Complex Audio Spectra by Means of Frequency Modulation, in: *Foundations of Computer Music*, Curtis Roads / John Strawn (Hrsg.), Cambridge, MA: The MIT Press 1985, S. 6-29. Zum Yamaha DX7 vgl. John Chowning / David Bristol: *FM Theory & Applications. By Musicians for Musicians*, Tokyo: Yamaha Music Foundation 1986.

sich proportional zu der Amplitude des Modulatorsignals verhält. Die Parameter eines frequenzmodulierten Signals sind: Trägerfrequenz (oder Durchschnittsfrequenz), Modulationsfrequenz und Frequenzdeviation. Wenn z.B. die Trägerfrequenz 440 Hz und die Modulationsfrequenz 110 Hz sind, ist das Ergebnis eine Sinuswelle, deren Frequenz ständig in 110 Zyklen per Sekunde oberhalb und unterhalb der Durchschnittsfrequenz von 440 Zyklen per Sekunde variiert. Die Anzahl und die Amplitude der Frequenzkomponenten des Spektrums werden durch den Modulationsindex, (Proportion zwischen Frequenzdeviation und Modulationsfrequenz) bestimmt. Je höher die Werte des Modulationsindex, desto breiter und reicher wird das Klangspektrum. Bei dem DX7 II hängt der Modulationsindex von der Amplitude (Outputlevel) des Modulators ab.

Prinzipiell kann man sagen, dass die Amplitude und die Hüllkurve eines Klanges von den Trägeroperatoren und die Klangfarbe von den Modulationsoperatoren bestimmt werden. Aber das ist sehr relativ, da die Parameter sich gegenseitig beeinflussen, und eine minimale Veränderung kann sich enorm auswirken. Allein durch eine kleine Modifikation der Hüllkurve oder die Verstimmung der Frequenz eines Modulators entsteht schon ein ganz anderer Klang.

Das bewirkt zum Teil die Schwierigkeiten bei der FM-Synthese: Man muss die Prinzipien kennenlernen und viel damit experimentieren. Als Hilfe für die Programmierung gibt es für den Atari-Computer den **„X-alyser“**, eine speziell für den DX7 II und den TX 802 konzipierte Editor-Librarian-Software von der Firma C-LAB. Die Parameter werden graphisch auf dem Bildschirm dargestellt, sodass man sie mit der Maus schnell ändern kann und das Resultat sofort hörbar ist. Außerdem können die Klänge und sämtliche Synthesizer-Parameter auf Diskette oder Harddisk gespeichert und so im Computer verwaltet werden.

5.2. Systemaufbau und Klangeditierung

Der DX7 II ist 16stimmig polyphon und hat drei verschiedene Play-Modi: Single – nur ein Klang 16-stimmig –, Dual – zwei Klänge auf einer Taste, maximal je achtstimmig – und Split – zwei Klänge auf getrennten Tastaturhälften, ebenfalls je achtstimmig. Die Klänge können entweder aus dem internen Speicher oder aus der Cartridge abgerufen werden. Der interne Speicher umfasst 64 **Voices** und 32 **Performances**. Voices sind die grundlegenden Klangdaten, Performances sind Kombinationen von Klängen und einige Effekte. Der DX7 II hat einen Stereoausgang, sodass man im Performance-Modus Stereo-Effekte programmieren kann.

5.2.1. Voice-Edit

Bei der Programmierung der Klänge kann man zwischen zwei Datentypen unterscheiden, den „Basisklangdaten“, die direkt mit der FM-Synthese und dem Klangaufbau verbunden sind, und den „Effektdaten“, die sich auf bestimmte Funktionen beziehen.

Die wichtigen „Basisklangdaten“ sind:
- ALGORITHM – wie schon erwähnt, gibt es 32 Möglichkeiten für die Zusammenstellung der Operatoren. Einige Operatoren haben auch eine Rückkopplung (Feedback), deren Wert sich einstellen lässt.
- TRANSPOSITION – die Klänge lassen sich zwei Oktaven nach oben und unten transponieren.
- OSCILLATOR – hier wird die Frequenz der Operatoren definiert. Für jeden Operator kann die Tonhöhe entweder festgelegt (zwischen 1000 und 9772 Hz) oder proportional zu der gedrückten Taste (Bereich zwischen 0.50 und 61,69 Oberton) eingestellt werden. Es gibt auch einen Detune-Parameter, mit dem man kleine Abweichung der eingestellten Werte programmieren kann.
- OUTPUT – die Amplitude (Lautstärke) von jedem Operator.
- LEVEL SCALING – die Lautstärke der Operatoren kann abhängig von der Tonhöhe programmiert werden. Man definiert eine Note als Break-Punkt und zeichnet zwei Kurven, eine nach oben und eine nach unten, die die Lautstärke steuern. Es gibt außerdem die Möglichkeit des FRACTIONAL SCALING, mit dem man die Lautstärke der Operatoren für jeweils drei Noten einstellen kann. (Die Daten werden auf einer Cartridge gespeichert).
- EG (Hüllkurven-Generator) – die Hüllkurven haben vier Segmente, deren Länge (Rate) und Lautstärke (Level) einstellbar ist.
- PITCH EG – das ist eine zusätzliche Hüllkurve für die Steuerung der Tonhöhe des Klanges.
- LFO (Tieffrequenz-Oszillator) – er dient zu Erzeugung von Vibrato (Frequenzmodulation) und Tremolo (Amplitudemodulation). Man kann u.a. die Wellenformen, die Geschwindigkeit und die Verzögerungszeit des LFO einstellen.

- SENSITIVITY – Für jeden einzelnen Operator kann man die Anschlagsdynamik- und Amplitudenmodulationsempfindlichkeit einstellen. Die Frequenzmodulationsempfindlichkeit wirkt auf alle Operatoren zugleich.

Die Funktionsdaten umfassen eine Reihe von Spielparametern, wie Key-Mode (Polyphon oder Monophon) und Portamento, und auch MIDI-Controler, wie Pitch-Bend, Modulationsrad, Aftertouch und Breathcontrol (ein durch die Atmung gesteuerter Controler). Der Pitch-Bend dient zur Steuerung der Tonhöhe. Mit dem Modulationsrad, dem Breathcontrol und dem Aftertouch kann man den Wirkungsgrad des LFO (Tremolo und Vibrato) und die Amplitude der Operatoren steuern. Darüber hinaus kann man mit dem Breathcontrol und dem Aftertouch zusätzlich die Tonhöhe des Klanges verändern. Der DX7 II hat Anschlüsse für zwei Fußpedale, die den LFO, die Amplitude der Operatoren und die gesamte Lautstärke steuern können.

5.2.2. Performance-Edit

Die wichtigen Performance-Daten, die sich grundsätzlich auf die Kombination von zwei Klängen.in den Dual-und Split-Modi beziehen, sind:

- Balance – Lautstärkenproportion zwischen den beiden Klängen.
- Dual-Detune – Einstimmen der beiden Klänge im Dual-Modus. Besitzt man zweimal denselben Klang, so kann man z.B. eine Verstimmung programmieren, um einen „vollen“ Klang zu bekommen.
- Split Point – Einstellung der Bruchstelle zwischen den zwei Klängen.

Das MICRO-TUNING ist eine der hervorragendsten Möglichkeiten des DX7 II. Außer der temperierten, zwölftönigen Skala bietet das Gerät zehn Preset-Tunings, wie z.B. die pythagoreische Skala und die 1/4-tönige und 1/8-tönige temperierte Skala. Aber man kann auch seine eigene Skala programmieren, indem jeder Taste eine Frequenz (absolut oder relativ) zugeordnet wird. Die Programmierung wird viel einfacher in Verbindung mit dem „X-Alyzer.“ Er bietet dafür ein graphisches Interface, mit dem man sehr schnell microtonale Skalen mit der Maus herstellen kann.

Mit der PAN-Funktion kann die Räumlichkeit der Klänge in dem Stereopanorama gesteuert werden, und zwar durch den LFO, die Velocity oder die Tastennummer. Diese Funktion kann auch von einem PAN-Hüllkurvengenerator übernommen werden.

Der DX7 II verfügt auch über zwei Schieberegler, die in dem Performance-Modus frei programmiert werden können. Diese Regler können benutzt werden, um sämtliche Parameter des DX7 II in „real time“ zu steuern. Mit dem einen Regler könnte man z.B. die Frequenz und mit dem anderen die Hüllkurve eines Modulators modifizieren und dadurch einen Klang erzeugen, dessen Spektrum sich ständig verändert. Die Steuerung dieser Regler kann ebenfalls durch einen Sequencer erfolgen, was eine sehr feine Einstellung der Parameter ermöglicht.

6. Yamaha TX 802

Der Yamaha TX 802 ist ein Synthesizer ohne Tastatur, der als Erweiterungsmodul für den DX7 II gedacht ist. Er besitzt genau dasselbe FM-Klangsynthesesystem wie der DX7 II und ist ebenfalls 16-stimmig polyphon. Aber anders als bei dem DX7 II, der nur zwei verschiedene Klänge gleichzeitig wiedergeben kann, kann man über den TX 802 acht verschiedene Klänge gleichzeitig hören.

Der TX 802 besitzt 128 Preset-Voices (vorprogrammierte Klänge), die in einem ROM-Speicher festgelegt sind. Sein interner RAM-Speicher umfasst 64 Voices (Klänge) und 64 Performances (Zusammenstellung von Klängen), und er besitzt auch ein Cartridge-Interface. Außer dem Stereo-Ausgang hat der TX 802 acht einzelne Ausgänge, die fest mit den Tongeneratoren verbunden sind.

6.1. Das Tonerzeugungssystem

Der TX 802 besitzt acht unabhängige zweistimmige Tongeneratoren, die gekoppelt werden können, um mehrere polyphone Stimmen zu erzeugen. Will man z.B. einen vierstimmigen Klang haben, müssen dafür zwei Tongeneratoren zusammengesetzt werden. Für einen sechsstimmigen Klang braucht man drei Tongeneratoren, für einen achtstimmigen Klang vier usw. Die Anzahl an Klängen, die man gleichzeitig zu Verfügung hat, hängt natürlich von der Polyphonie der einzelnen Klänge ab. Man kann z.B. vier x vierstimmige, oder zwei x achtstimmige, oder einmal x 16-stimmige Klänge programmieren.

Durch die Möglichkeit, mehrere Klänge gleichzeitig zu hören, ist der TX 802 ein sehr geeignetes Gerät für die Zusammenstellung von Klängen. Die Erfahrung hat gezeigt, dass man bei der Yamaha FM-Klangsynthese komplex denken muss. Aus der Zusammensetzung von sechs Operatoren in einem Algorithmus und der Programmierung einer Reihe von Parametern ergibt sich eine Voice, die im Prinzip gleich einem Klang ist. Aber man kann diese Voice auch als einen Baustein betrachten für die Herstellung eines Klangs, der aus mehreren Voices (= einzelnen Klängen) zusammengesetzt wird.

Ein einfaches Beispiel wäre, mehrmals denselben Klang zu programmieren, aber jeden mit einem kleinen Detune (Verschiebung der Tonhöhe). Das wird zwar kaum die Klangfarbe ändern, aber der Klang wird dadurch voller und lebendiger. Ein anderes Beispiel wäre, Voices mit verschiedenen Klangfarben zu programmieren, um einen Klang mit einem breiten und reichen Spektrum zu erhalten. Ein Klang dessen Klangfarbe sich allmählich in der Zeit verändert, könnte aus der Zusammensetzung von mehreren Voices mit ähnlichen Klangfarben und unterschiedlichen Hüllkurven entstehen.

6.2. Performance-Edit

Eine TX 802-Performance ist die Zusammenstellung von bis zu acht Voices. Für jede Voice kann man folgende Parameter einstellen:

- MIDI-Kanal – welcher MIDI-Kanal die Voice empfängt.
- VOLUME – Lautstärke.
- OUTPUT – Position im Stereo-Panorama.
- LIMIT (HIGHT-LOW) – Bereich, in dem die Voice klingen soll.
- NOTE SHIFT – Möglichkeit, die Voice bis zu zwei Oktaven nach oben und nach unten zu transponieren.
- MICRO-TUNING – man kann die Preset-Skalen verwenden oder eine eigene Skala programmieren.
- DETUNE – Verstimmung.

Das Studio für elektronische Musik des WDR besitzt zwei TX 802 und außerdem einen Yamaha TX 816 – auch ein FM-Modul mit dem Tonerzeugungssystem des alten DX7 und acht x 16-stimmigen Tongeneratoren (also insgesamt 64 Stimmen) –, der als Erweiterung unserer FM-Apparatur betrachten werden kann. Seine Programmierung ist etwas umständlich, aber er kann sehr nützlich sein, insbesondere wenn man viele Klänge mit mehreren polyphonen Stimmen braucht.

7. EMS Synthi 100

Die Idee, den Spannungsverlauf eines elektrischen Signals zu verwenden, um musikalische Parameter zu steuern, ist das Prinzip aller Analogsynthesizer, die seit den 60er Jahren gebaut wurden. Bei dem EMS Synthi 100 – ein Synthesizer der 70er Jahre – wurde das Prinzip der Steuerspannung (Control Voltage) in einer umfangreichen und mannigfaltigen Ausführung verwirklicht. Er besitzt eine Reihe von Modulen mit unterschiedlichen Funktionen, die miteinander kombiniert werden können. Über die Erzeugung von Klängen hinaus kann man mit dem Synthi 100 musikalische Strukturen realisieren und externe Quellen in vielfältiger Weise bearbeiten.

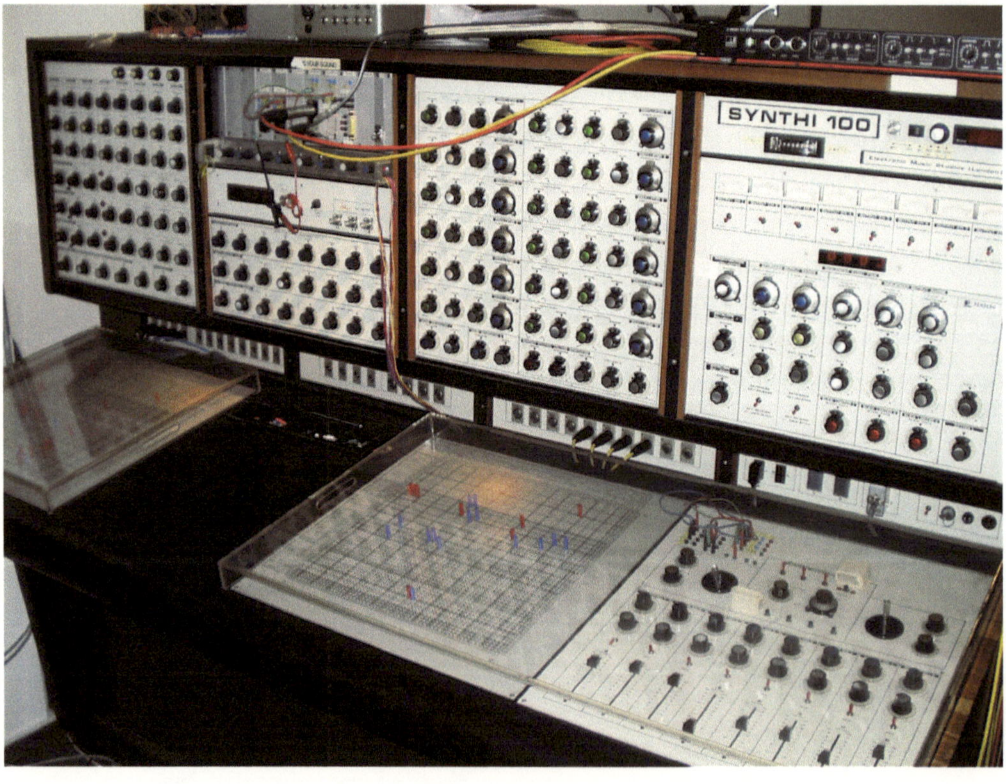

Abbildung 1: EMS Synth 100 (Bild: Volker Müller).

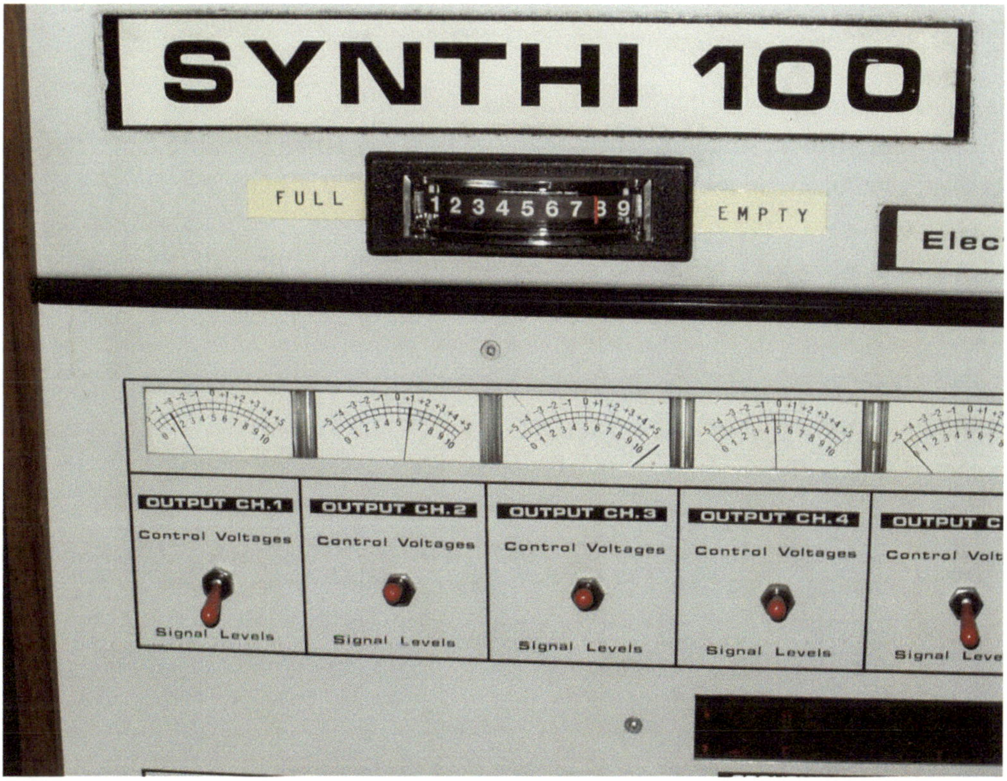

Abbildung 2: EMS Synth 100 – Ausschnitt Steuerspannung-Anzeiger (Bild: Volker Müller).

Die genaue Funktion jedes Elements des Synthi 100 wird erst in der von dem Benutzer hergestellten Schaltung bestimmt. Ein Oszillator kann sowohl als Klangquelle als auch als Spannung für die Steuerung eines anderen Elements (eines Filters, eines anderen Oszillators usw.) verwendet werden. Sehr oft sind die besten musikalischen Ergebnisse das Resultat eines „unorthodoxen" Einsatzes der Steuerspannung hinsichtlich seiner ursprünglichen Funktion. Deswegen ist es viel interessanter, zu experimentieren und sich auf seine Ohren und Intuition zu verlassen.

Wir stellen im Folgenden eine Liste aller Elemente des Synthi 100 vor und versuchen, einige Aspekte seiner musikalischen Anwendung durch Beispiele darzustellen. Seine Module lassen sich in drei Gruppen unterteilen: Quell-Module, Bearbeitungs-Module und Interface-Module:

7.1. Quell-Module

- sechs spannungssteuerbare Oszillatoren mit Sinus und Sägezahn.
  Frequenzbereich: manuell einstellbar von1 Hz bis 10 KHz; wenn der Oszillator gesteuert ist, wird der Frequenzbereich von 0,25 Hz bis zu 20 KHz erweitert.
  Für den Sinus gibt es eine Shaper-Kontrolle, mit der man die Wellenformen durch die Addition ungerader Obertöne „verzerren“ kann.

- drei spannungssteuerbare Oszillatoren mit Dreieck und Rechteck.
  Frequenzbereich: manuell einstellbar von 1 Hz bis 10 KHz.
  Die Wellenformen lassen sich variieren, und zwar lässt sich das Dreieck zum Sägezahn und das Rechteck zum Kurzimpuls verändern.

- drei spannungssteuerbare LFO (Tieffrequenz-Oszillator)
  Frequenzbereich: 0.025 Hz (40 sec. per Zyklus) bis 500 Hz.
  Diese Oszillatoren sind hauptsächlich als Steuerspannungsquelle zu verwenden.

- drei Rausch-Generatoren
  Die „Farbe“ des Rauschens kann durch Tief- und Hochpassfilter variiert werden.

- ein Zufalls-Generator
  Er erzeugt zwei Steuerspannungen und bewegt sich abrupt von einem Wert zu dem anderen. Die folgenden Parameter können manuell eingestellt werden: die Zeit zwischen den Sprüngen (das Haupttempo) – von 10 ms bis zu 10 sec –, und der Zeitvariationsfaktor – 1:1000 –, der das Tempo unregelmäßig macht.

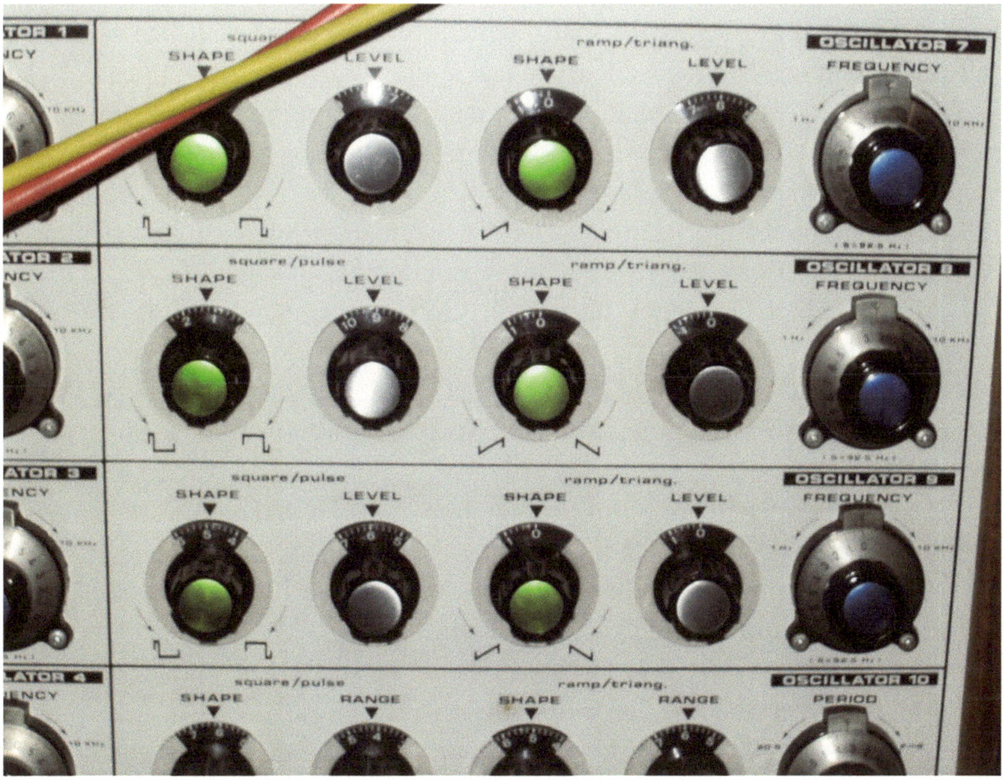

Abbildung 3: EMS Synth 100 – Ausschnitt spannungssteuerbare Oszillatoren (Bild: Volker Müller).

7.2. Bearbeitungs-Module

- drei Hüllkurven-Generatoren

Die Generatoren sind spannungssteuerbar und erzeugen eine Hüllkurve mit 4 Segmenten:

1. Delay: Spannung bleibt konstant und negativ nach dem Start.
2. Attack: Spannung steigt auf einen positiven festgelegten Wert an.
3. On: Spannung bleibt konstant und positiv.
4. Decay: Spannung fällt zum Anfangswert ab.

Die Länge jedes Segments lässt sich auf zwischen 2 ms und 20 sec einstellen.

Die Generatoren haben zwei Ausgänge – der zweite liegt einen Viertel-Zyklus hinter dem ersten –, deren Amplitude und Polarität unabhängig voneinander eingestellt werden können.

Es gibt auch einen „Envelope Shaper", der die Form der Kurven beeinflusst. Damit lassen sich logarithmische Kurven erzeugen.
Für die Steuerung der Generatoren können 4 Operations-Modi selektiert werden:

1. Free run: der Generator läuft ständig.
2. Hold on: der Generator startet, wenn die Spannung positiv ist, und hält an bei „On". Der Decay startet, wenn die Spannung negativ wird.
3. Single cycle: der Generator startet bei positiver Spannung und durchläuft einen Zyklus.
4. Multi cycle: der Generator startet bei positiver Spannung, läuft ständig und stoppt am Ende eines Zyklus, wenn der Spannungswert negativ wird.

- acht spannungssteuerbare Filter (4 Tiefpässe und 4 Hochpässe)
  Frequenzbereich: 5 Hz - 20 Hz.
  Cut off-Bereich: 12 dB für die erste Oktave und 18 dB für die folgende.
  Die Resonanz kann manuell eingestellt werden.

- eine Oktav-Filterbank
  Sie besteht aus 8 Resonanzfiltern, deren Frequenzen im Abstand von einer Oktave zwischen 62,5 Hz und 8 KHz festgelegt sind.

- zwei spannungssteuerbare Halleinheiten
  Der Hall wird durch eine Spirale erzeugt. Die maximale Hallzeit beträgt 2,4 sec.und lässt sich steuern.

- drei spannungssteuerbare Slew-Limiters
  Der Slew-Limiter ist ein Verstärker, der die Spannungssprünge aufweicht. Er wird angewendet z.B. für die Erzeugung von Glissandi. Darüber hinaus lassen sich viele andere Effekte damit erzeugen.

7.3. Interface-Module

- zwei Matrizen
  Die eine Matrix ist für **Audiosignale** und die andere für **Steuersignale** ausgelegt. Sie bilden das Hauptbedienungsfeld des Synthesizers.
  Jede Matrix hat 3600 kleine Löcher, die 60 Reihen (Vertikalen) und 60 Spalten (Horizontalen) zugeordnet sind. Auf den Vertikalen befinden sich die Ausgänge und auf den Horizontalen die Eingänge. Jeder Ausgang kann

mit jedem Eingang verbunden werden, indem man einen Pin in das entprechende Loch steckt. Die Pins besitzen keine oder unterschiedliche Widerstandsstärken, die entsprechend durch unterschiedliche Farben zu erkennen sind. Pins ohne Widerstand (Orange) werden für einzelne Ausgänge verwendet, wie z.B. für einen einzelnen Oszillator. Pins mit Widerstand werden benutzt, um mehrere Ausgänge in einem Eingang abzumischen (z.B verschiedene Oszillatoren).

- acht Ausgangsverstärker
  Diese Verstärker sind grundsätzlich als letzte Elemente in der Schaltung gedacht, bevor das Signal zum Mischpult geleitet wird. Aber da sie steuerbar sind, können sie zu anderen Zwecken benutzt werden, wie z.B. zur Amplitudenmodulation.
  Jeder Verstärker hat einen Regler, zwei Knöpfe – einen zur Panoramaregelung und den anderen zur Filtereinstellung – und einen Schalter für die Abschaltung der Panoramaregelung.

- zwei Joysticks
  Die Joysticks sind als Kontrollquelle zu verstehen. Sie bewegen sich in zwei Axen, einer horizontalen und einer vertikalen, sodass man damit zwei Parameter gleichzeitig beeinflussen kann.

- zwei Keyboards
  Es handelt sich um zwei klavierähnliche Tastaturen mit jeweils fünf Oktaven, wobei jede zwei Steuerspannungen gleichzeitig liefen kann, eine proportional zu dem Abstand zwischen den Tasten (Pitch) und die andere abhängig von der Geschwindigkeit, mit der die Taste gedrückt wird (Velocity). Bezüglich der Tonhöhe kann der Umfang zwischen 4 und 40 Notes pro Oktave eingestellt werden, sodass man mikrotonale Skalen verwenden kann. Aber das Keyboard liefert nur einen Tonhöhen-Spannungswert pro Augenblick, d.h. man kann nur „monophone Melodien“ spielen.
  Obwohl man hier von Pitch (Tonhöhe) und Velocity (Lautstärke) spricht, ist es wichtig, die Keyboards als allgemeine Spannungsquellen zu verstehen, die zwei beliebige Parameter gleichzeitig steuern können. (z.B. einen Filter, den Decay eines Hüllkurvengenerators usw).

- acht Eingangsverstärker

Es besteht die Möglichkeit, externale Quellen (Klänge) in dem Synthi 100 zu bearbeiten. Der Eingangsverstärker hat die Aufgabe, Pegel und Impedanz des Signals an die Werte des Synthesizers anzupassen.

- ein Pitch to Voltage Converter
  Dieses Modul liest die Tonhöhe einer externen Quelle ab und erzeugt eine Spannung proportional zu dem Grundton. Damit ist es möglich, z.B. die melodische Kurve einer Stimme oder eines Instruments als Steuerspannungsquelle für beliebige Modulationen zu verwenden. Der Umfang und die Polarität (positiv oder negativ) der Spannung können manuell eingestellt werden.

- zwei Envelope Followers
  Diese beiden Module dienen ebenfalls zur Bearbeitung von externen Quellen. Sie erzeugen eine Spannung proportional zu der Amplitude des externen Signals.

- ein Digital Sequencer
  Dieser Sequencer ist nicht mit den heutigen populären MIDI-Sequencern zu vergleichen. Es handelt sich um ein integriertes digitales Modul, das eine Sequenz von Steuerspannungen erzeugt, die an jedes beliebige Modul des Synthi 100 angelegt werden kann.
  Der Sequencer kann maximal 256 Ereignisse, die wir einfach „Notes" nennen, speichern. Die Notes werden mit dem Keyboard aufgenommen und im richtigen Zeitabstand wiedergegeben. Für jede Note nimmt der Sequencer zwei Spannungen auf, eine wird durch die gedrückte Taste (Tonhöhe) und die andere durch die Geschwindigkeit des Anschlags (Lautstärke) bestimmt. Es gibt also insgesamt drei Parameter: die Dauer und die beiden Spannungen.
  Der Sequencer kann bis zu drei „Spuren" gleichzeitig kontrollieren, wobei die Anzahl der Noten (maximal 256) auf die „Stimmen" verteilt werden muss. Man kann sich z.B. eine Sequenz vorstellen, in der die erste „Stimme" für Tonhöhe- und Lautstärkedaten und die anderen zwei für Steuerparameter wie Filter, Hüllkurve usw verwendet werden.
- Die aufgenommenen Noten können im Edit-Modus nachträglich modifiziert oder gelöscht werden. Der Umfang (Range) der wiedergegebenen Spannungen kann manuell eingestellt werden. Es gibt auch eine Reihe von Kontrollfunktionen für die allgemeine Operation des

Sequencers, die wir hier nicht beschreiben werden. Ein Beispiel dafür wäre der „Clock-Rate"-Knopf, mit dem man die Geschwindigkeit und die Richtung, in die der Sequencer läuft (vorwärts oder rückwärts), verändern kann.

8. EMS Vocoder

Der EMS-Vocoder ist ein rein analoges Gerät, das grundsätzlich zur Bearbeitung von Sprache konzipiert wurde. Es funktioniert nach dem Prinzip, die Eigenschaften der Sprache zu analysieren und in einen anderen Klang umzuformen, um eine Art synthetische Sprache zu erzeugen. Aber man muss nicht unbedingt mit Sprachklängen arbeiten, um aus dem Vocoder interessante Resultate zu erhalten. Er besitzt Filter, die sehr effektiv funktionieren und von externen Quellen (wie z.B. Sequencern) gesteuert werden können. Darüber hinaus ermöglichen bestimmte Funktionen eine feine Bearbeitung von Klängen und Klangstrukturen.

8.1. Aufbau

Der Vocoder hat zwei Eingänge – „Speech" und „Excitation".[4] Jeder Eingang ist mit einer Filter-Bank, die 22 Bandpassfilter enthält, verbunden. Die Filterfrequenzen der Filter-Bank sind nicht wie üblich in Terz- oder Oktavabstand, sondern optimal für die Sprache festgelegt. Sie beziehen sich auf die Struktur der verschiedenen Lautformanten und haben folgende Bezugsfrequenzen:

1 - Tiefpass	8 - 539 Hz	15 - 2500 Hz
2 - 205 Hz	9 - 791 Hz	16 - 3030 Hz
3 - 249 Hz	10 - 958 Hz	17 - 3670 Hz
4 - 303 Hz	11 - 1161 Hz	18 - 4447 Hz
5 - 367 Hz	12 - 1406 Hz	19 - 5388 Hz
6 - 444 Hz	13 - 1703 Hz	20 - 6519 Hz
7 - 539 Hz	14 - 2064 Hz	21 - 7888 Hz
		22 - Hochpass

Tabelle 1: Filterfrequenzen des EMS Vocoder

[4] Tatsächlich hat der Vocoder fünf Eingänge: Speech, Excitation A, Excitation B, VC Slew und External VC. Excitation A und B haben dieselbe Funktion, und deshalb werden sie hier als ein einzelner Ausgang betrachten. Zu External VC siehe 8.2. und zu VC Slew siehe 8.4.

Das Signal aus dem Speech-Eingang ist sozusagen das modulierende Element. Es wird zuerst in die erste Filter-Bank geleitet und analysiert. Jeder der 22 Bandpassfilter ist mit einem Envelope-Follower ausgestattet, der das Signal in dem entsprechenden Frequenzbereich analysiert und eine Spannung proportional zur Amplitude erzeugt.

Auf dem Patch-Board, das wie eine Matrix aussieht, kann man die Ausgänge des Speech-Filters mit den Eingängen des Excitation-Filters verbinden, und zwar mit Pins, die einfach gesteckt werden. Normalerweise werden Filter mit gleicher Frequenz verbunden. Es gibt außerdem 22 Knöpfe, welche die Lautstärke für die Eingänge des Excitation-Filters regeln. Die Spannungswerte das ersten Filters werden entsprechend der Patch-Board-Konfiguration auf dem zweiten Filter, welches hinter dem Excitation-Eingang liegt, übertragen.

Die Excitation-Filter-Bank hat eine synthetisierende Funktion. Ihre einzelnen Filter öffnen sich abhängig vom Spektrum des Speech-Klanges und beeinflussen den Excitation-Klang. Das Ergebnis ist ein neuer Klang mit der Grundklangfarbe des Excitation-Klanges und der spektralen Struktur des Speech-Klanges. Dieser Klang wird Vocoder-Klang genannt.

Im Ausgangs-Mixer können die Lautstärke der drei Klang-Quellen – Speech, Excitation und Vocoder – einzeln geregelt werden, bevor sie zum Ausgang geleitet werden. Dadurch lässt sich das Endergebnis sehr flexibel gestalten: Man kann nur den Vocoder-Klang aktivieren, oder eine Mischung von Vocoder mit Speech und/oder Excitation.

8.2. Excitation-Modul

Bis jetzt sind wir davon ausgegangen, dass der Excitation-Klang des EMS Vocoder eine Externquelle ist, die aus dem Excitations-Eingang kommt. Aber das Gerät besitzt auch zwei steuerbare Oszillatoren (VCO), die als Excitation-Klang benutzt werden können. Diese Oszillatoren sind absolut identisch und bieten zwei Wellenformen: Dreieck und Sägezahn.

Die Frequenz der Oszillatoren kann manuell eingestellt werden und ist auch mittels einer analogen externen Quelle steuerbar. Zu diesem Zweck kann ein

Modul des Synthi 100 verwendet werden, wie z.B. ein Tieffrequenz-Oszillator, ein Hüllkurvengenerator oder ein Zufallsgenerator.

Die Oszillatoren bieten zusätzlich einige Möglichkeiten, die speziell für die Synthese der Sprache entwickelt wurden. So lässt sich die Frequenz der Oszillatoren durch den Pitch-Extractor, ein Modul, das die Grundfrequenz der Sprache erkennt und sie in Spannung umwandelt (siehe unten), steuern. Die Verbindung zwischen den Oszillatoren und den Pitch-Extractors kann mittels eines Schalters eingestellt werden:

- in der Position CAL (Calibrated) erzeugt jede Änderung der Tonhöhe der Sprache dasselbe Intervall in der Frequenz des Oszillators;
- in der Position OFF hat der Pitch-Extractor keine Wirkung;
- in der Position VAR (Variable) kann die Wirkung des Pitch-Extractors auf dem Oszillator mit dem Pitch-Knopf geregelt werden, und zwar um einen Faktor zwischen +2,2 und -2,2.

Der EMS Vocoder bietet außerdem eine spezielle Schnittstelle, an der man das Keyboard des Synthi 100 direkt oder dessen Sequencer indirekt via Keyboard anschließt und damit die Frequenz des Oszillators steuert. In beiden Fällen kann der Umfang der Tonhöhenvariation per Knopf eingestellt werden.

Der Ausgang der Oszillatoren wird durch einen Schalter geregelt:

- in der Position ON fuktioniert der Oszillator ständig;
- in der Position OFF wird der Oszillator ausgeschaltet;
- in der Position V (Voiced) funktioniert der Oszillator abhängig von der Sprache, und zwar wird er nur bei stimmhaften Lauten eingeschaltet (Dies wird durch das Leuchten eines grünen Lämpchens angedeutet). In dieser Position reagiert der Oszillator <u>nicht</u> auf fricative Laute wie z.B. [s].

Die Ausgangslautstärke der Oszillatoren kann durch einen Knopf geregelt werden.

Zu dem Excitationsmodul des EMS Vocoder gehört außer den beiden Oszillatoren auch ein **Rauschgenerator**. Er besitzt zwei Knöpfe, einen für die Einstellung des Filters, der die „Farbe“ des Rauschens kontrolliert, und den anderen für die Einstellung der Ausgangslautstärke. Außerdem hat der Rauschgenerator einen Schalter mit ähnlichen Funktionen wie der Ausgangsschalter des Oszillators:

- in der Position ON bleibt der Rauschgenerator ständig eingeschaltet;
- in der Position OFF wird der Rauschgenerator ausgeschaltet;
- in der Position UV (Unvoiced) wird der Rauschgenerator nur bei stimmlosen Lauten eingeschaltet, also genau umgekehrt wie bei dem Oszillator-Ausgangsschalter. Das wird durch ein orangenes Lämpchen angezeigt.

Dadurch kann man erkennen, dass die Synthese der Sprache bei dem EMS Vocoder als ein Prozess gedacht wurde, in dem die Oszillatoren als Bausteine für die Gestaltung der stimmhaften Laute und der Rauschgenerator als Baustein für die Gestaltung der stimmlosen Laute dienen sollen.

Darüber hinaus können diese Bausteine mit zwei Externsignalen, die von den Excitation A- und Excitation B-Eingängen kommen, gemischt werden. Für jeden Excitationseingang gibt es einen Knopf zur Lautstärkeregelung (wenn der Knopf auf Null steht, wird das Excitationssignal ausgeschaltet) und einen Schalter mit drei Positionen:
- Position ON bedeutet, dass das Externsignal immer vorhanden ist
- Position V bedeutet, dass das Externsignal nur vorhanden ist, wenn stimmhafte Laute festgestellt werden;
- Position UV bedeutet, dass das Externsignal nur vorhanden ist, wenn stimmlose Laute festgestellt werden.

Zwischen den Pegelanzeigern befindet sich der **Squelch-Schalter**. Wenn entweder von Speech oder Excitation kein Signal vorhanden ist, setzt er eine Schaltung in Betrieb, die den Ausgangspegel der Filter-Bank (Vocoder) unterdrückt. Dadurch erhält man ein saubereres Vocodersignal.

8.3. Das Pitch-Extractor-Modul

Der Pitch-Extractor hat die schon oben erwähnte Funktion, die Grundfrequenz des Speechsignals zu erkennen und sie in Steuerspannung umzuwandeln. Diese Spannung kann zur Steuerung der Oszillatoren verwendet werden (siehe oben), wird aber auch gleichzeitig zu dem Pitch-Ausgang des Geräts geleitet. Das Ausgangssignal wird durch einen Pitch-Knopf und einen Schalter (VAR, OFF, CAL), die genauso funktionieren wie die der beiden Oszillatoren, geregelt. Damit lässt sich der EMS Vocoder als ein Pitch-Follower-Gerät verwenden, unabhängig von seiner Vocoder-Funktion.

Der Betrieb des Pitch-Extractors wird außerdem durch zwei weitere Knöpfe beeinflusst. Der **Quality-Knopf** kontrolliert den Filter, welcher sich vor dem Pitch-Extractor befindet. Die Position des Knopfes lässt sich zwischen NORMAL und ERRATIC einstellen. Auf NORMAL eingestellt, macht der Pitch-Extractor nur wenige „Fehler", d.h., er folgt möglichst genau dem Tonhöhenverlauf der Sprache. Je weiter man den Knopf in Richtung ERRATIC dreht, desto häufiger macht der Pitch-Extractor „Fehler", er produziert dann immer wildere Tonhöhenvariationen.

Mit dem **Set-Zero-Knopf** kann man die Ausgangsspannung des Pitch-Extractors so einstellen, dass sie gleichmäßig positiv und negativ wird. Das ist sehr nützlich, um sich an die unterschiedliche Tonlage der menschlichen Stimme anzupassen. Wird beispielweise derselbe Text von einem Kind, einer Frau oder einem Mann gesprochen, so klingt zwar eine ähnliche Melodie, aber auf verschiedenen Tonhöhen, d.h. sozusagen unterschiedlich „transponiert." Mit dem Set -ero-Knopf kann man eine Bezugsachse für jeden Sprecher einstellen, der sich genau in der Mitte seiner Stimmlage befindet. Diese Achse wird auf Null-Spannung gesetzt und die Tonhöhenvariationen erzeugen positive bzw. negative Spannungen.

8.4. Das Slew-Freeze-Modul

Die Hauptelemente des EMS Vocoders sind, wie wir schon gesehen haben, die zwei Filter-Banken. Erstere hat die Aufgabe, die Eigenschaften der Sprache zu analysieren, die zweite verwendet diese Informationen für die Gestaltung einer synthetischen Sprache. Zwischen den beiden Filtern liegt das Slew-Freeze-Module. Es wird benutzt, um eine bestimmte Filterstruktur der Sprache festzuhalten, wie z.B. einen Vokal oder einen Konsonanten.

Wird z.B. das Slew-Freeze-Modul bei dem Laut [a] eingeschaltet, so wird der Excitation-Klang diese Klangfarbe ständig erhalten, bis das Slew-Freeze-Modul ausgeschaltet wird. Das hat den Effekt, als habe man den Laut [a] „eingefroren". Außer der zweiten Filter-Bank beeinflusst das Slew-Freeze-Modul auch die Detektoren für stimmhafte und stimmlose Laute, die in Verbindung mit den Oszillatoren bzw. dem Rauschgenerator funktionieren, und den Pitch-Extractor.

Es gibt zwei unterschiedliche Operationsmodi: Freeze und Slew. Der Freeze-Modus wird durch einen Schalter (ON, OFF) in Betrieb gesetzt, wobei beim Einschalten die Filterstruktur sofort festgehalten wird. Bei dem Slew-Modus werden die Daten der synthetisierenden Filter-Bank undeutlich, d.h., sie fließen nicht mehr parallel zur Sprache. Diese Funktion wird durch einen Knopf geregelt, dessen Bereich zwischen FAST und FREEZE liegt. Je mehr der Knopf in Richtung FREEZE gedreht wird, desto langsamer fließen die Filterdaten, bis sie gegebenenfalls festgehalten werden. (Ein Lämpchen zeigt an, dass die Daten „eingefroren“ werden).

Das Slew-Modul ist auch spannungssteuerbar. Es ist z.B. möglich, dass die Frequenz eines Oszillators den Betrieb der Filter-Bank steuert; er hat dann die gleiche Funktion wie der SLEW-Knopf.

8.5. Das Frequency-Shifter-Modul

Der Frequency-Shifter ist ein Transpositions-Modul, das mit dem Ausgangs-Mixer verbunden ist. Mittels eines Schalters kann man bestimmen, welcher Ausgang hinsichtlich der Tonhöhe transponiert werden soll: Speech-, Excitation-, Vocoder- oder Mix-Ausgang.
Als Quelle für die Transposition dient ein eingebauter Oszillator. Die Frequenz des Oszillators, die den Grad der Transposition bestimmt, kann entweder manuell eingestellt oder von dem Pitch-Extractor oder auch von einer analogen externen Quelle gesteuert werden.

Die Transposition erfolgt gleichzeitig nach oben und nach unten. Durch verschiedene Mischungen ist man in der Gestaltung des Endergebnisses sehr flexibel:

- Mit dem DOWN-MIX-Knopf kann man eine Mischung zwischen dem originalen Klang und der unteren Transposition herstellen. Ausgehend vom puren Originalklang bis hin zur reinen Transposition ist jedes Mischungsverhältnis wählbar
- Der UP-MIX-Knopf hat dieselbe Wirkung für die Mischung zwischen dem Original und der oberen Transposition.
- Mit dem OUTPUT-Knopf regelt man die Mischung zwischen der DOWN-MIX-Mischung und der UP-MIX-Mischung. Auch hier sind wiederum alle Mischungsverhältnisse möglich.

Das Frequency-Shifter-Modul ist außerdem mit einem SQUELCH-Knopf ausgestattet. Er soll die für die Transposition benutzte Frequenz in dem Augenblick unterdrücken, in dem kein Signal von Speech oder Excitation vorhanden ist, damit diese Frequenz nicht hörbar wird.

Eine interessante Anwendung des Frequency-Shifter-Moduls ist die Erzeugung des Phaser-Effekts. Dieser entsteht, wenn die Transpositionsfrequenz sehr tief ist, wie z.B. 1 oder 2 Hz.

Der EMS Vocoder besitzt individuelle Ausgänge für DOWN MIX und UP MIX, sodass man sie getrennt zur Verfügung hat und die Mischung direkt im Mischpult herstellen bzw. bearbeiten kann. Darüber hinaus ermöglichen diese Ausgänge, dass man den Vocoder als reines Transpositionsgerät benutzen kann.

Köln, November/Dezember 1990

2. Ein Regler ist nicht ein Regler ist nicht ein Regler

Oder wie man aus der Oper *Licht* eine virtuelle Operette schafft[1]

Lieber Karlheinz,

ich möchte nun zu Deinem Bericht vom 12.3.1998 *WDR-Studio für elektronische Musik 'kaputt'*[2] Stellung nehmen:

Ähnlich wie Du liebe ich das Theater und sehe in den Ereignissen des Lebens das Potential für die künstlerische (Selbst-)Darstellung, wobei sich die Schicksale einzelner Individuen als Knotenpunkte eines Mega-Netzwerkes als eine Multikette von zufälligen und/oder gesteuerten Ereignissen, beschreiben lassen.

Vernetzung – dies ist vielleicht das Zauberwort, das uns hilft, die Entstehung der Informationsgesellschaft zu verstehen, und es vermittelt uns ein Bild, wie sich die Bedingungen für die Produktion im elektronischen Studio des WDR verändert haben.

Die Digitalisierung des Rundfunks ist in vollem Gang. Die analoge Welt, in der das Studio Anfang der 50er Jahre zur Welt kam und das vor allem durch Deine Visionen weltweite Ausstrahlung bekam, scheint als in Zeitlupe sinkende virtuelle Titanic zu verschwinden. Aber nicht ganz, wie wir später sehen werden.

Durch die Digitalisierung verwandelt sich die Medienlandschaft. Sie entfernt sich aus den Massenmedien und bewegt sich in Richtung einer telematischen Gesellschaft. Bis jetzt strahlt ein Sender bündelartige Informationen an jeden aus. Der Empfänger ist unfähig, eine Antwort zu geben. Die telematische Apparatur, wie z.B. Computerterminals, ermöglicht eine neue, vernetzte Art der Kommunikation, in der sich räumlich und zeitlich voneinander entfernte Menschen wechselseitig zu verwirklichen suchen.

---

[1] Erstveröffentlichung.

[2] Die Zitate stammen aus dem Manuskript von 1998, eventuelle Unstimmigkeiten mit dem veröffentlichten Artikel von 2014 wurden hier nicht berücksichtigt. Vgl. Karlheinz Stockhausen: WDR-Studio für Elektronische Musik ‚kaputt', in: *Texte zur Musik 1991-1998,* Bd. 13, Imke Misch (Hrsg.), Kürten: Stockhausen-Verlag 2014, S. 465-472.

Die Ansätze zu einer Vernetzung sind schon da. Die Information wird in neuen Codes gespeichert, wobei Kultur und Geist Aspekte von Informationsprozessen sind, die noch erfunden und erprobt werden müssen. Der WDR befindet sich im Umbruch und das Studio für elektronische Musik muss Antworten finden. Gewiss können wir hier von einer Krise der alten Codes sprechen: der Krise der Bedeutung. Die alten, linearen Codes, für die wir seit Jahrtausenden programmiert sind, lösen sich auf.

Deine Produktion im elektronischen Studio war für den Zeitraum vom 16.02. bis 29.05.1998 geplant. Du hattest als Ziel, den elektronischen Teil zu *Michaelion* von *Mittwoch aus Licht* zu produzieren. Das oktophonische räumliche Konzept der Musik hast Du im Brief vom 29.11.1997 an Volker Müller erklärt. Mich batest Du im Brief vom 28.11.1997 behilflich zu sein, einige Klangereignisse aus dem Hörspielarchiv zu kopieren, die als Klangmaterial für elektronische Transformationen in dem Stück verwendet werden sollten. Eine Liste von zwölf dieser Klangereignisse (Autohupen, Möwe, Mörser usw.) hast Du mir per Fax geschickt.
Ich habe dir im Brief vom 17.12.1997 die Hilfe zugesagt und dabei Vorschläge gemacht, wie man diese Klangereignisse mit spezieller auf FFT-Analyse basierender Computersoftware realisieren könnte. Ich habe noch die Klangereignisse in Erinnerung, die ich vor circa zwei Jahren für Dich im Hörspielarchiv aufnahm. Sie wurden für die elektronische Musik von *Orchester Finalisten* in analogisch ähnlichem Verfahren transformiert und ich meine, nachdem ich die CD, die Du mir geschenkt hast, gehört habe, dass man heute die Transformationen interessanter machen könnte. Deswegen mein Vorschlag, mittels Digitaltechnologie Deine Idee zu realisieren, was natürlich gewisse Experimente voraussetzt. Zu diesem Vorschlag gabst Du mir leider keine Antwort.

Was die Oktophonie angeht, kann ich Dir versichern, dass wir uns im Studio sehr sorgfältig mit der Sache beschäftigt haben. Die Oktophonie erforderte einen kompletten Umbau des Raums 304, unserem Hauptproduktionsstudio. Die 8 + 2 Lautsprecher aufzustellen – 4 auf dem Boden und 4 + 2 oben, so hoch wie möglich, mit möglichst gleicher Entfernung verteilt – bedeutet, dass einiges im Studio mechanisch und elektrisch verändert werden musste.

Seit wir hauptsächlich mit Pro Tools arbeiten, stehen die beiden 20-Zoll-Monitore des Pro Tools-Computers im Zentrum des Klangraums. Der Computer selbst befindet sich wegen des Lärms in Raum 303. Nur die Tastatur, die Maus und die beiden Monitore sind im Mittelpunkt des Klanggeschehens. Wie immer wurde der Umbau von Volker Müller und Markus Hassler allein gemacht, ohne fremde Hilfe. Die Lautsprecher werden mit Hilfe von Seilen nach oben geschleppt, die schwere Apparatur hin und her geschoben usw. Wenn alles aufgebaut ist, werden alle Geräte angeschlossen und die Schaltung für die Produktion gemacht.

Der Umbau ist Teil einer Produktion und dauert seine Zeit. Am Montag, 16.02.1998, dem ersten Tag Deiner Produktion, haben wir damit angefangen. Bis zum Freitag, 20.02.1997, waren Volker Müller und Markus Hassler insgesamt fünf Tage mit dem Umbau beschäftigt. Volker Müller kam noch am Samstag, Sonntag und Rosenmontag ins Studio, um weiter an der Vorbereitung Deiner Produktion zu arbeiten. Außerdem wurden schon vor Deiner Produktion andere Vorbereitungen unternommen. Einige Beispiele:

- Volker Müller hat nach Deinen Wünschen eine spezielle Frequenztabelle hergestellt.
- Ich war schon zweimal im WDR-Archiv, um Geräusche für Dich auszusuchen.

Es war unmöglich, sich in dieser Zeit mit dem Transport und der Einrichtung Deiner zusätzlichen Apparatur (die Anlage von Antonio Pérez Abellán) intensiver zu beschäftigen. Allein hierzu gab es zwischen Dienstag, dem 10. und Freitag, dem 13.02.1997, circa 20 Aktivitäten: Telefonate, Faxe, Gespräche, Anrufversuche usw.

Am Dienstag, den 24.02.1998, kamst Du zum ersten Mal ins Studio – und nicht am 20.02.1998, wie in Deinem Tagebuch irrtümlich eingetragen wurde!

Also haben wir für Dich die Pro Tools-Computer zur Seite geschoben und das analoge Lawo-Mischpult – mit Digital-Bedienung! – ins Zentrum des Raums gerückt, damit Du, wenn Du davor sitzt, die Oktophonie optimal hörst und Deine geschätzte Tätigkeit ausübst: Regler betätigen.

Die Produktion der elektronischen Musik mit Pro Tools macht die Arbeit mit Reglern überflüssig. Die Klangstrukturen werden graphisch dargestellt und was man mit den Händen in Echtzeit machen würde, kann automatisiert und bis in kleinste Details mit einfachen Mitteln programmiert werden.

Das ersetzt natürlich nicht die Interpretation des Künstlers, der durch seine Geste die Regler wie ein Instrument rauf und runter bewegt. Der Vorteil des Menschen gegenüber der bürokratischen Perfektion des Computers ist die Ungenauigkeit, die so differenziert und phantasievoll wirken kann. (Natürlich kann der Computer auch kreativ sein, aber das wäre ein anderer Ansatz – darüber reden wir später). Die Bedeutung des Klangregisseurs am Mischpult schätzt Du und deswegen bieten wir Dir die Möglichkeit, Klanglautstärke, Klanggeschwindigkeit, Klangrichtung usw. am Lawo-Mischpult mit der Hand zu regeln.

Penibel und akkurat schreibst Du bis in kleinstes Detail die Werte der Regler auf, führst Buch darüber und wunderst dich, wenn sich die Regler verstellen und die Positionen nicht mehr stimmen. Du hast gelernt, mit Analogreglern zu arbeiten, die mit einem Parameter gekoppelt sind und nur eine Funktion erfüllen. Digitalregler arbeiten anders. Sie sind nicht an einen Parameter gebunden, können also frei innerhalb eines Systems konfiguriert werden und haben somit keine feste Funktion.

Die an einem Digitalregler ablesbaren Werte können, müssen aber nicht, über die tatsächliche Wirkung etwas sagen. Manches, was Du genauestens aufschreibst und wovon Du glaubst, damit eine objektive (wissenschaftliche?) Erklärung zu geben, wie Deine Musik konzipiert oder im Studio realisiert wurde, hat überhaupt keine Bedeutung. Oder anderes gesagt: Die Werte der Regler, die scheinbar minutiös überlegt und aufgelistet werden, haben so viel Bedeutung wie die komische und groteske Beschreibung der Aktivitäten im Studio in Deinem Bericht.

Dein Bericht ist vor allem interessant, weil durch seine Ungenauigkeit und künstlerischen Einfälle einige Missverständnisse über die Prozesse der elektronischen Musik und die sinnvolle und effektive Einbindung der telematischen Apparatur deutlich werden. Dies veranlasst mich, einige Gedanken zu formulieren. Und weil wir uns in der Theaterwelt bewegen, erlaube ich mir, diese Überlegungen als Szenarien für eine virtuelle Operette anlässlich Deiner abgebrochenen Produktion darzustellen:

I - Szenerie 1: Spielkiste

Paulo und Volker sitzen vor dem Computer und arbeiten an einem Vorschlag für Karlheinz. Sie programmieren eine sogenannte Spielkiste mit dem J. L. Cooper Fadermaster und der Software Max 3.5.8 auf dem Apple Macintosh Computer. Der FaderMaster ist eine Kiste mit acht Reglern und acht Knöpfen, alle frei programmierbar. Sie senden MIDI-Daten zum Computer. Der Computer verarbeitet diese Befehle und schickt weitere MIDI-Daten zu einem Synthesizer. Aus dem Synthesizer kommen Töne. Das Ganze soll einen Impulsgenerator simulieren.

Die Spielkiste ist für Karlheinz bestimmt. Er soll die Regler und Knöpfe bedienen und dabei einen Teil seines neuen Stückes *Michaelion von Mittwoch aus Licht* produzieren. Die Idee kam von Paulo, nachdem Karlheinz ihm das Projekt für sein Stück erklärt hatte.

Karlheinz möchte elektronische Musik komponieren, die aus drei Schichten von Impulsen besteht. Jede Schicht bezieht sich auf einen bestimmten Ton. Aus der Überlagerung der Töne ergibt sich ein Akkord, der sich über einen langen Zeitraum kontinuierlich verändert. Diese Veränderung ist ein komponierter Prozess der Variation von Impulsen in drei Hauptbereiche: Rhythmus (Dauer), Tonhöhe und Klangfarbe. Außerdem sollen sich die Schichten ständig im Raum bewegen.

Eigentlich ist das, was Karlheinz gedacht hat, eine typische Anwendung des Impulsgenerators, wie man sie von Analogmessgeräten und Analogsynthesizern kennt und häufig in der elektronischen Musik verwendet hat. Das Problem mit solchen Geräten, wie Karlheinz richtig erkannt hat, taucht auf, wenn man längere Strukturen mit verschiedenen Parametern, die gleichzeitig verändert werden sollen, komponieren will. Die Prozesse in der analogen elektronischen Musik wurden meistens mit der Hand und später auch mit Steuerspannung [voltage control] gesteuert (nicht zu vergessen die Schere oder die Klinge, die sehr oft verwendet wurde, um Tonbänder nach komponierten Maß zu schneiden). Die Grenzen dieser Technologie zeigen sich, wenn es darum geht, unterschiedliche Geräte zu synchronisieren und/oder verschiedene Vorgänge simultan auszuführen.

Erst die Digitaltechnik machte es möglich, Prozesse in der elektronischen Musik mit Präzision zu steuern. Allerdings muss man den Begriff Präzision genauer definieren. Man sollte zwischen einer musikalischen und technischen Präzision unterscheiden. Die erste bezieht sich auf die historische Praxis der Instrumental- und Vokalmusik, wird vom Ohr wahrgenommen und subjektiv beurteilt. Was man als präzise in der Musik empfindet, ist ein komplexer Zusammenhang von geordneten und chaotischen Mikroereignissen, die in ihrer Wechselwirkung als sinnvolles Ganzes erscheinen. Die technische Präzision ist wissenschaftlich quantisiert, hängt von der Leistung der Apparatur ab und dient zuletzt der Erzeugung von musikalischer Präzision. Es kann vorkommen, dass man die Technik bewusst ungenau einsetzen muss, um einen bestimmten musikalischen Zweck zu erreichen.

Aber zurück zu unserer Spielkiste, deren allererste Version Paulo Karlheinz schon vorgeführt hatte. Karlheinz war begeistert und erwartete sich viel davon. Umso motivierter saßen Paulo und Volker zusammen und haben überlegt, was man alles in diese leere Kiste „einbauen“ könnte, damit Karlheinz Spaß beim Musizieren hätte. Volker hat schon sehr viel mit Karlheinz zusammengearbeitet, in einer Zeit, als man im Studio fast ausschließlich Analoggeräte zu Verfügung hatte, und konnte deshalb viele Ideen für die Übertragung analoger Vorgehensweise in unserer Spielkiste vorschlagen.

Es ist uns tatsächlich gelungen, eine schöne Spielkiste zu basteln, die sehr vielfältige Impulse generiert und dabei leicht und übersichtlich zu bedienen ist. Voraussetzung ist jedoch, dass man sie richtig versteht, insbesondere die Funktion ihrer Regler und Knöpfe:

- Regler 1 bestimmt die Grundgeschwindigkeit der Impulsfolge. Der Bereich kann frei definiert werden. Wir haben zwischen einem Maximum von 250 Impulsen und einem Minimum von zehn Impulsen pro Minute programmiert.

- Regler 2 erzeugt eine chaotische Variation der Grundgeschwindigkeit, damit die Impulse lebendig und dadurch musikalisch werden.

- Regler 3 erzeugt die Grundtonhöhe des Impulses, d.h., die vom Synthesizer gespielte MIDI-Note.

- Regler 4 erzeugt ein Glissando am Anfang jedes Impulses, entweder von oben nach unten oder von unten nach oben. Der Bereich des Glissandos wird im Synthesizer und in der Software definiert.

- Regler 5 erzeugt eine manuelle Transposition der Grundtonhöhe des Impulses.

- Regler 6 erzeugt eine automatische Transposition der Grundtonhöhe des Impulses. Bei jedem Impuls, der gespielt wird, liefert der Computer einen Zufallswert für die Transposition innerhalb des vom Regler definierten Bereiches.

- Regler 7 bestimmt die Lautstärke des Impulses.

- Regler 8 bestimmt die Anzahl der Impulse, wenn man im Gruppe-Modus spielt. Bereich zwischen 1 und 13, aber das muss man noch erklären.

Die Spielkiste hat zwei Spielmodi für die Erzeugung der Impulsfolgen. Die Spielmodi werden durch die Knöpfe ausgewählt:

- Knopf 1 schaltet den Freilaufmodus ein und aus. Die Impulse werden ständig erzeugt, ohne Unterbrechung, solange sie nicht ausgeschaltet sind oder der Gruppemodus eingeschaltet wird.

- Knopf 2 schaltet den Gruppemodus ein. Die Spielkiste spielt so viele Impulse, wie vom Regler 8 ausgewählt wurden (zwischen 1 und 13) und hört auf. Um weiterzuspielen, muss der Knopf noch einmal gedrückt werden.

Mit allen ihren Reglern und Knöpfen ist die Spielkiste in Wirklichkeit nichts anderes als eine Fernbedienung. Und weil sie nur in einem Kreativprozess, für den sie konzipiert wurde, ihre Bedeutung hat, wirkt sie als Interface zwischen dem Menschmusiker, der die Dinge in Bewegung setzt, dem Menschinformatiker, der die Spielkiste programmiert, dem Computer, der den MIDI-Code erzeugt, dem Synthesizer, der den MIDI-Code in elektronische Klänge umwandelt und dem Menschtoningenieur, zuständig für den Ablauf des Kommunikationsprozesses und für die Speicherung der resultierenden Information – der Musik.

Nun ist endlich der ersehnte Moment gekommen, die Spielkiste in der Produktion von *Michaelion* einzusetzen. Die Fernbedienung (Fader-Master) steht am Mischpult, wo Karlheinz (der Menschmusiker) seinen Platz nimmt. Der Computer steht weit weg in einem anderen Raum. Es wäre hilfreich, die Darstellung der Parameter am Bildschirm zu verfolgen, aber Karlheinz kann ohnehin damit nichts anfangen, deswegen kann man sich die Mühe sparen.
Paulo (der Mensch-Informatiker) und Volker (der Mensch-Toningenieur) versuchen Karlheinz zu erklären, wie die SpielKiste funktioniert.

– „Was soll Antonio machen? Was spielt er?", fragt Karlheinz.

Antonio, der tapfere Assistent des Menschmusikers, hat seinen Platz an der linken Seite des Mischpults hinter einem Berg von übereinandergestapelten Synthesizern, Samplern und Peripheriegeräten für die Klangerzeugung.

– „Er spielt gar nichts", antwortet Paulo. „Antonio soll nur den Sound am Synthesizer auswählen, die Klangfarbe für die Impulse."

Paulo versucht Karlheinz noch mal zu erklären, wozu die SpielKiste gedacht ist:

– „Die Spielkiste ist ein Automat. Der Computer spielt eigentlich, nicht Antonio! Der Computer schickt MIDI-Daten zum Synthesizer, also die Noten. Wir brauchen nur einen Klang und dann spielt der Computer diesen Klang, und zwar ständig oder gruppenweise, je nachdem, welcher Modus in der Spielkiste ausgewählt wird. Also, versuchen es wir noch mal!"

Karlheinz gibt Antonio Anweisungen, einen bestimmten Sound aus seinem Repertoire zu selektieren. Paulo drückt auf den Knopf, startet die Spielkiste und dann passiert es: Die erste Panne! Anstelle eines Impulses kommt ein Dauerton, der immer lauter wird. Nach wenigen Sekunden wird der Ton unerträglich laut und hässlich. Karlheinz zieht schnell den Lautstärkeregler zu, Paulo drückt den Knopf und stoppt die Spielkiste. Aber der Ton bleibt weiterhin hörbar. Es hilft nur, das MIDI-Kabel vom Computer zu Antonios Synthesizer aus dem Stecker zu ziehen! … Endlich Ruhe ...

Paulo erklärt, dass die Spielkiste als Impulsgenerator gedacht ist, und deswegen nur mit kurzen Klängen funktionieren kann, weil der Computer nur NoteOn sendet und kein NoteOff, d.h. der Computer sagt nur, dass eine Note gespielt werden soll und niemals, wann diese Note aufhört.

– „Aber kann Antonio nicht statt des Computers den Klang spielen?“, fragt Karlheinz.

– „Nein, kein Mensch kann so schnell spielen. Es ist, als ob Antonio die ganze Zeit den Finger auf die Synthesizertaste drückt und immer wieder dieselbe Taste anschlägt. Er würde dafür tausend Finger brauchen und das ist menschlich unmöglich. Wir brauchen einen Klang mit extrem kurzer Einschwingung (Attak) und Nachschwingung (Release) und dann funktioniert die Spielkiste.“

Wir stecken noch mal das MIDI-Kabel in den Synthesizer, Antonio sucht einen anderen Klang, die Spielkiste wird gestartet und das gleiche passiert wieder: Der Ton bleibt hängen! Das MIDI-Kabel wird noch einmal herausgezogen, Paulo erklärt erneut alles von vorn. Antonio sucht einen neuen Klang, Kabel wieder rein und los.

Diesmal klingt gar nichts. Karlheinz hat vergessen, den Lautstärkeregler hochzuziehen.

– „Aber die Lautstärke regle ich hier am Mischpult!“, wundert sich Karlheinz.

– „Ja, aber es gibt zwei Lautstärkeregler“, sagt Volker. „Am Mischpult wird die gesamte Lautstärke geregelt, also was von Antonios Synthesizer kommt. Aber die Spielkiste hat auch einen Regler für die Lautstärke, und zwar einen MIDI-Regler. Der Regler schickt MIDI-Controller Nummer 7 zu Antonios Synthesizer und der Synthesizer versteht die Werte, die er bekommt, als Volumen. Das ist der gleiche Effekt, als ob Antonio ein Volumenpedal drückt.“

– „Aber der Regler stand eben oben!“, wundert sich Karlheinz wieder.

Volker und Paulo weisen darauf hin, dass der Regler unten war, als der Klang hängenblieb und wir das MIDI-Kabel rausgezogen haben. Zwischendurch wurde der Regler jedoch nach oben bewegt und als das Kabel wieder reingesteckt wurde, hatte der Synthesizer immer noch den Wert des Reglers, den er hatte, bevor das Kabel entfernt wurde. Es war der Wert Null und deswegen konnte der

Synthesizer gar nicht spielen, d.h., man muss den Regler einmal kurz bewegen, um einen Wert zum Synthesizer zu schicken, bevor es losgeht.

Wie oft sind solche Situationen schon vorgekommen? Wie oft hat man schon versucht, Karlheinz zu erklären, wie Digitalregler – wie die der Spielkiste – funktionieren, dass die Position der Regler nicht unbedingt dem verursachten Wert entspricht, dass man umdenken muss, wenn man damit arbeitet! Aber Karlheinz scheint sich an seine Analogwelt zu klammern, verlässt sich auf seine Erfahrung und wundert sich, wenn die Dinge nicht funktionieren, wie er einst gelernt hat. Das führt natürlich zu Missverständnissen ohne Ende.

...

– „Wie ging es weiter? Erzählt doch mal!"

– „Ach! Es lohnt sich nicht mehr."

– „Bitte!"

– „Also, kurz vor zwei ging Paulo zur Deutschen Welle. Er musste dort einen brasilianischen Fernsehfilm synchronisieren. Du weißt, er hat nur eine halbe Stelle im WDR ..."

– „Aber Karlheinz schreibt, dass er nach Hause ging!"

– „Tja! was Karlheinz nicht schreibt. Paulo hat es ihm gesagt, aber vielleicht hat er es nicht gehört. Auf jedem Fall sind noch einige Pannen aufgetreten: MIDI-Stau, Computer-Absturz, Missverständnisse, nichts Besonderes ..."

– „Bis Karlheinz sich entschied, das Spiel abzubrechen."

– „Ganz genau. Er kehrt zu den alten Produktionsmethoden zurück."

II – Szenerie 2: Unsichtbarer Code

> *19. Februar 14.23 Uhr: Volker, Markus und Paulo wollen zu Mittag essen, versuchen die Sevenrinstraße zu überqueren. Dort tobt der Kölner Karneval. Man kommt nicht durch. Weiberfastnacht. Die Jecken feiern ihr wildes Fest.*

Kurz danach verabschiedet sich Paulo von seinen Kollegen, die weiter an der Vorbereitung der Stockhausen-Produktion arbeiten werden. Paulo kommt morgen nicht ins Studio. Er freut sich auf die Feiertage.

– „Was hat er vor?“

> *20. Februar 11.00 Uhr: Ich erkläre [Volker] Müller, [Markus] Haßler und [Paulo] Chagas meine geplante Arbeit.*

Karlheinz sitzt am Mischpult und schreibt. Er befindet sich im elektronischen Studio des WDRs, Annostraße 86, D-50678 Köln. *Michaelion von Mittwoch aus Licht* heißt das neue Werk, das dort produziert werden soll.

– „Aber vielleicht bereitet Karlheinz eine Überraschung vor.“

– „Ein Libretto? – Oder ein Tagebuch?“

– „Vielleicht beides: Ein Libretto in Form eines Tagebuchs.“

– „Und was ist mit dem Karneval? Spielt der Kölner Karneval eine Rolle in seinem Stück?“

> *20. Februar 11.02 Uhr: Bahnhof Liège-Guillemans, Belgien. Paulo steigt aus dem Zug und geht zur Bushaltstelle. Er besucht seine Freunde in Lüttich.*

– „Jetzt verstehe ich nicht. Paulo war vor zwei Minuten in Köln und ist jetzt in Lüttich. Wie ist das möglich?“

– „Naja, das ist eben so.“

– „Ach, ich weiß! Paulo ist ein virtuelles Wesen. Er kann sich in Zeit und Raum bewegen, – oder?“

– „Fast richtig. Wie alle anderen Figuren des Tagebuches kann Paulo eine reale oder virtuelle Figur sein. Es kommt darauf an, wie Karlheinz ihn darstellt.“

– „Ich verstehe. Er macht ein virtuelles Stück.“

– „Genau, eine **virtuelle Operette.**"

> *XX. Februar XX.XX Uhr:*[3] *Suzee fragt Paulo, wie man das Blatt Papier auf dem Faxgerät einlegen soll.*

– „Die Seite nach oben oder nach unten?"

– „Nach unten", antwortet Paulo. „Weißt du, wie das Fax funktioniert?", fragt er hilfsbereit.

– „Ich glaube, schon."

Suzee ist sehr beschäftigt, wie immer. Sie pendelt unermüdlich zwischen Telefon und Fax, hat sich einen Arbeitsbereich oben in der vierten Etage im Aufenthaltsraum des Studios eingerichtet. Sie kümmert sich um die Angelegenheiten des Unternehmens, während Karlheinz im Raum 304 die elektronische Musik produziert.

– „Du meinst, dass parallel zu seiner Produktion andere Aktivitäten im Studio stattfinden?"

– „Aber sicher. Das ist normal bei allen Komponisten, die im Studio arbeiten. Sie erledigen nebenbei ihre Geschäfte und werden dabei, wenn nötig, von den Mitarbeitern des Studios unterstützt."

– „Das ist in Ordnung, – oder?"

– „Klar ist das in Ordnung. Aber bei Karlheinz sieht es ein bisschen anders aus, weil er seine Familie mitbringt, d.h., seine Mitarbeiter: Suzee, Kathinka, Antonio ..."

– „Und Simon?"

[3] Angabe nicht lesbar.

– „Früher war er auch dabei, aber seit der letzten Produktion nicht mehr. Seine Funktion als Synthesizerspieler und Klangprogrammierer übernimmt jetzt Antonio, was nicht unbedingt ein Vorteil ist. Naja ...“

> *XX. März. XX.00:*[4] *Die Apparatur des Stockhausen Verlags ist schon im Raum 303 angeschlossen. Markus versucht die zweite Sony-Maschine ans Laufen zu bringen.*

– „*Maschine kaputt!*“, stellt Markus leider fest. „Muss ich mich drum kümmern.“

Nichts Ungewöhnliches. Kurz danach versucht Markus die Mitarbeiter der Audiosystem-Abteilung telefonisch zu erreichen.

Digital-Überspielung

Parallel zu den Stockhausen-Produktionen im elektronischen Studio wurde in den 90er Jahren die „Digitalisierung“ seiner Stücke unternommen. Unter „Digitalisierung“ versteht man zwei verschiedene Aktivitäten:

1. Die Überspielung der Stücke von verschiedenen analogen Tonträgern auf Digital DASH-F, das Standardformat des elektronischen Studios. Das Studio besitzt zwei Sony PCM3324 24-Spur-Tonbandmaschinen.

2. Die Digitalkopie von Sony PCM3324 auf Tascam DA-88, das Format des Verlags Stockhausen. Das Studio hat kein solches Gerät.

Die „Digitalisierung“ erfolgt meistens während der Zeit der Stockhausen-Produktion, aber auch zu speziell dafür disponierten Terminen. Der Aufwand dieser Arbeit ist nicht zu unterschätzen, weil die Überspielung von analog nach digital normalerweise einige Korrekturen erfordert. Es sind meistens Pegelanpassungen, aber auch kleine Änderungen auf Wunsch des Komponisten.

Die Stücke sind mehrkanalig (vier- bis achtkanalig usw.) und müssen entsprechend sorgfältig abgehört werden, d.h., das Studio muss für diesen Zweck um-

[4] Angabe nicht lesbar.

gebaut, die Lautsprecher in die richtigen Positionen platziert, Überspielung und Abhörschaltung vorbereitet werden usw.

Die Überspielung kann nur in Hauptproduktionsstudio – Raum 304 – gemacht werden und blockiert andere Aktivitäten. Digitalkopien dagegen werden im Raum 303 gemacht und können deswegen parallel zur Produktion laufen.

> *Helfen Sie bitte Suzee, die UNSICHTBAREN CHÖRE gut auf DA 88 zu kopieren. Auf bald – ich freue mich.*

So schrieb Karlheinz an Volker Müller am 29.11.1997, zweiundeinhalb Monate vor seiner Produktion. Und so wurde es auch getan.

Suzee brachte die notwendige Apparatur mit: zwei Tascam DA-88, RC-848 Fernbedienung, IF-88SD Interface (für Digitalverbindung zwischen Sony 3324 und DA-88), Kabel, Bänder usw. Um den Anschluss der Geräte und die Schaltung für das Abhören kümmerte sich Markus, obwohl er nicht für die Produktion disponiert war, während Volker mit Karlheinz und Antonio in Raum 304 arbeitete.

… bis Markus feststellte, dass die Sony-Maschine, von der die UNSICHTBAREN CHÖRE kopiert werden sollten, nicht richtig funktionierte. Die Reparatur erfolgte einige Tage später.

Pro Tools-Kiste

Pro Tools ist die Bezeichnung für das Hardware- und Softwarepaket der Firma Digidesign, welches aus dem Macintosh-Computer ein Harddisk-Recording-System macht. Die Vorteile solcher Systeme verdrängen immer mehr die Tonbandgeräte aus der Musik und Radioproduktion.

Die normale Anwendung von Pro Tools ist die Mehrspuraufnahme. Die graphische Unterstützung und der sofortige Zugriff auf die gespeicherten Daten (Klänge) erleichtern die Aufnahme und Abmischung mit Pro Tools und bringen enorme Vorteile gegenüber Tonbandsystemen. Interessanter wird Pro Tools aber – besonders in der Produktion von elektronischer Musik –, wenn man die Möglichkeit seiner offenen Architektur ausnutzt.

Pro Tools benutzt für die interne Verarbeitung des Signals das Konzept von „Time-Slots“, d. h. das digitalisierte Audiosignal wird mit einer bestimmten Verzögerung behandelt und synchronisiert. Diese Verzögerung, die vom Ohr nicht wahrgenommen wird, macht natürlich das simultane Klingen von bis zu 48 Audiospuren (bei Pro Tools III Nubus) möglich, aber auch die Verwendung der sogenannten Plugins.

Plugins sind Softwaremodule, in Pro Tools eingebunden, die das Signal auf irgendwelche Weise transformieren. Durch die Plugins kann Pro Tools als reiner Digital-Effekt-Prozessor eingesetzt werden, z.B. für Live-Tansformationen von Klängen.

Rückkopplung ohne Ende

Volker ist begeistert von den Möglichkeiten von Pro Tools. Er versucht mit dem System neue Ideen zu entwickeln, die einerseits auf seine lange Erfahrung mit Analogtechnik zurückgreifen, aber andererseits neue Wege schaffen.

Für Karlheinz baut Volker mit Pro Tools eine 8-Kanal-Rückkopplungsschaltung. Die Schaltung besteht als ein Input in Pro Tools, der nach achtmaliger Verzögerung (Delay) zum Input zurückgeleitet wird. Jede Verzögerung wird zu einem Output geleitet und lässt sich hinsichtlich Pegel und Lautstärke individuell steuern.

Außerdem wird der Input vor der Verzögerungskette durch einen Comb-Filter verformt. Das Comb-Filter hat sechs Resonanz-Frequenzen, die sich einzeln und zeitlich steuern lassen. Dieser Filter kann jedem Audiosignal präzise harmonische Strukturen einprägen.

Diese Rückkopplungsschaltung lässt sich optimal mit impulsartigen Klängen verwenden. In Verbindung mir der **Spielkiste** sollte sie ein mächtiges Werkzeug für Karlheinz werden:
Die Spielkiste liefert Impulsfolgen, die in der Rückkopplungsschaltung verformt werden und räumlich auf acht Kanäle verteilt werden, alles in Echtzeit und mit verschiedenen steuerbaren Parametern.

Der Pro Tools-Anwender: Virtuose oder Versager?

> *11. März, 10:50 Uhr, Ankunft Müller: „Alles, was wir gestern ausprobiert haben, geht wieder nicht."*
>
> *11.00 Uhr, Müller: „Ich muss alles neu aufbauen."*
>
> *11.15 Uhr: PROTOOLS ausgeschaltet.*
>
> *11.30 Uhr: Synthesizer wieder hörbar gemacht, PROTOOLS funktioniert nicht. Ich erkläre, dass ich ohne PROTOOLS mit der alten Methode arbeiten möchte (QUEG und YAMAHA DMP7).*
>
> *„Ich konnte mich nicht konzentrieren: Müller und Chagas redeten ständig vor dem PROTOOLS-Gerät."*

Die elektronische Musik würde nicht existieren, wenn der Mensch nicht gewagt hätte, Geräte zweckentfremdet einzusetzen. So war es in den 50er Jahren, als man anfing, mit Mess- und Tonbandgeräten virtuos umzugehen. Sie wurden als Musikinstrumente behandelt. Ohne diese Haltung gäbe es nicht die Entwicklung der Synthesizer.

Heute ist es nicht anders. Die Digitaltechnik öffnet vielfältige Möglichkeiten, beschleunigt rasant die Entwicklung der Musikapparatur und der elektronischen Instrumente. Der Computer automatisiert komplexe Vorgänge, verfeinert die Kontrolle über die Gestaltung des Klanges und banalisiert ästhetische Ansätze, in positivem und negativem Sinne. Aber keine technische Entwicklung, keine wissenschaftliche Überlegung ersetzt in der Kunst die Kraft der Kreativität, den Erfindungsgeist, der sich durch originelle Lösungen in der Auseinandersetzung mit der Materie offenbart.

Aber das Neue schafft man nicht ohne Experiment. Eine der größten Illusionen unserer Zeit ist es zu denken, dass der Einsatz neuer Technologien die Prozesse in der Kunst beschleunigt. Kunst mit dem Computer zu machen bedeutet nicht unbedingt einen Zeitgewinn. Der Computer macht nichts schneller, aber anders. Außerdem sind computersoftware-basierende Musikproduktionssysteme – wie Pro Tools – technisch noch nicht ausgereift. Pannen und Ausfälle können jederzeit auftreten, insbesondere wenn man das System bis an seine Grenzen ausnutzt.

Die Rückkopplungsschaltung ist ein typisches Beispiel dafür. Pro Tools hat nicht geschafft, was im System theoretisch möglich wäre. Bei voller Ausnutzung der „Time-Slots“ sind merkwürdige Probleme aufgetreten .... Wer ist der Versager? – Der Mensch oder die Maschine?

In Karlheinz’ Operette ist es natürlich der Mensch. Die Mitarbeiter des Studios sind blöd, weil sie nicht in der Lage sind, Pro Tools an’s Laufen zu bringen. Karlheinz sitzt daneben, fühlt sich gestört, weil Volker und Paulo versuchen, eine Lösung für die Rückkopplungsschaltung zu finden (die sie dann tatsächlich auch fanden). Warum ist Karlheinz nicht einfach aus dem Saal gegangen, wenn er sich konzentrieren wollte?

Das Problem liegt woanders. Karlheinz’ Erfahrung stammt aus jener Zeit, als man vorwiegend mit Frequenzgenerator, Filter, abstimmbarem Anzeigeverstärker, Tonbandmaschine usw. – und später auch mit dem EMS-Synth100 – arbeitete, also Erfahrung, die wir so nennen, aus der alten „Analogzeit“. Musik mit einer solchen Apparatur zu machen, erforderte eine gewisse Virtuosität in der Handhabung der Geräte: ein Gefühl für Regler, Schalter und Knöpfe, für die präzise Bewegung im richtigen Moment. Und da mancher dieser Vorgänge die Beteiligung mehrerer Personen erforderte, um die verschiedenen Aufgaben synchron auszuführen, kann man die Produktionsweise im elektronischen Studio der „Analogzeit“ mit der Aufführung eines Kammermusikwerkes vergleichen.

Zukunft Hier und Jetzt

Elektronische Musik – auch die im Studio hergestellte oder manipulierte – soll „wesentliche Erlebnisse vermitteln, die körperliche und physische Möglichkeiten übersteigen“. So schrieb Stockhausen in seinem Text von 1974 „Die Zukunft der elektronischen Apparaturen in der Musik.“[5] Der Visionär Karlheinz sieht den „wesentlichen Wahrheitsgehalt von Musik, der im Hier und Jetzt besteht“, in der Entwicklung der Live-Elektronik. Und welche Apparatur in der Zukunft gebraucht wird, hierfür macht Karlheinz einige Vorschläge, zum Teil

[5] Karlheinz Stockhausen: Die Zukunft der elektroakustischen Apparaturen, in: *Texte zu Musik 1970-77*, Bd. 4. Christoph von Blumröder (Hrsg.), Köln: DuMont 1978, S. 425-436.

mit einer genauen Beschreibung, die einen interessanten Überblick über seine Vorstellung von der Arbeit im Studio vermitteln.

Abgesehen davon, dass sich Live-Elektronik in Stockhausens Musik der letzten 20 Jahre auf die Anwendung von Samplern und Synthesizern mit vorgefertigten Klängen beschränkt, zeigen seine Zukunftsvisionen von damals, wie hoch und übertrieben er seine eigene Erfahrung einschätzte und wie weit er damals noch von der Entwicklung der Computer- und Audio-Digital-Technologie entfernt war.

… und immer noch entfernt ist ... Seine Haltung scheint sich bis heute sich nicht geändert zu haben, obwohl die Produktionsbedingungen von damals nicht mehr bestehen. Der Computer macht es möglich, dass bestimmte Vorgänge sich automatisieren lassen und die Kreativität beim Komponieren sich auf andere Ebenen konzentriert. Vor dem Computer kann der Komponist selbstständig arbeiten. Das Modell ist nicht mehr die Aufführung des Kammermusikwerks, sondern die des Solostücks. Die Codes haben sich verändert, nicht nur die technischen Codes – wie Computer, elektronische Musikgeräte, Kommunikationsmaschinen, Modelle usw. – sondern auch kulturelle und geistige Codes, die Prozesse wie Informationen erzeugen und speichern.

Karlheinz sitzt am Mischpult, wartet und wartet. Er will unbedingt etwas tun, mit Händen und Füßen die Entstehung der Musik selbst bewirken, dem Werk seine Geste einprägen. Aber es gibt leider nichts zu tun! Außerdem verhält sich Pro Tools nicht, wie es sein sollte. Der Computer stürzt dauernd ab. Die Mitarbeiter quatschen ständig. Eine frustrierende Erfahrung. Verzweifelt schlägt er vor, wieder „mit der alten Methode“ zu arbeiten.
Hat er den Glauben verloren?

III - Braucht man noch Operetten?

[11. März]
12.00 Uhr: Telefon klingelte. Chagas ging hinaus, bis 12.10. Müller schrieb.

13.50 Uhr: Chagas ging nach Hause.

14.25 Uhr: Ich schlug vor, dass Müller Mittagspause machen solle.

ca. 15.00 Uhr: Ich ging zu Müller und sagte, ...

ca. 16.30 Uhr ... Er [Müller] kam, stieg auf eine Leiter, blies in den Lautsprecher, bekam einen fürchterlichen Hustenanfall.

18.10 Uhr: Ich musste abbrechen, da ein Taxi wartete ...

In der Welt der Operette spiegelt sich die Stimmung der Autorität und des Konservativismus. Wenn man die Operette als Bild für ein Kommunikationssystem darstellt, würde man hier von einer Informationskonserve sprechen. Der Zweck solcher Systeme ist es, die anerkannten Werte zu verteilen, die gespeicherte Information der Gesellschaft in einer leichten und verdaulichen Form dem Konsum zu liefern.

Die Operette schafft die Illusion, dass die Welt prozentual verläuft, dass sich die Dinge eins nach dem anderen und aus dem anderen entwickeln und dass man sie erklären kann, wenn man diese Folge aufzählt. Anders gesagt: Sie bestärkt den Glauben, dass die Welt eine lineare, historische Struktur hat, dass die Zeit ein eindeutiger Strom ist, in welchem sich nichts wiederholt und jeder einzelne Augenblick unwiderruflich und einmalig ist; dass unser Dasein wie ein zeilenförmiges Programm in diesem linearen Code verläuft.

Lieber Karlheinz,

ich bin ein großer Bewunderer von Dir, Deinen Visionen, dem weiten Blick und der Großzügigkeit Deiner Musik, und auch Deines Engagements für das elektronische Studio des WDR. Ich verstehe wohl Deine Sorge, bedauere aber sehr, dass Du die Produktion von *Michaelion* von *Mittwoch aus Licht* abgebrochen hast.

Auch bedauere ich, dass Du im Studio keine Zeit mehr für neue Experimente zulässt; dass Du auf die Beratung und die Vorschläge der Mitarbeiter nicht eingehst; dass Du nicht versuchst, den Wandel in der Produktionsmethode bezüglich der neuen Technologie zu verstehen; und – vor allem – dass Du Dich damit begnügst, die Partitur Deiner Oper *Licht* mit vorgefertigten Klängen aus industriellen Samplern und Synthesizern auszufüllen, was – meiner Meinung nach – zu einem erheblichen Verlust der Qualität des Werkes führt.

Dein Bericht *WDR-Studio für elektronische Musik 'kaputt'* ist eine Farce. Hilfreich vielleicht, um eine Glaubenkrise darzustellen, eine Krise, in welcher Strukturen sich auflösen, weil ihr Programm erschöpft ist und weil sie nicht in der Lage sind, neuartige Informationen aufzunehmen.

Ich glaube nicht, dass wir heute noch Operetten brauchen. Wir brauchen keinen Diskurs, sondern Dialog. Wir brauchen neue Kommunikationssysteme, um Informationen neu zu synthetisieren. Das Modell solcher Systeme ist das Netzwerk, wo die Informationen nicht in eine Richtung gesendet werden, sondern als vorhandene Bruchstücke von den Beteiligten gestaltet werden. Nur so können sich die Individuen aus der Isolation, der Entfremdung und Abkapselung der Massengesellschaft befreien und eine Gesellschaftsform anstreben, in der sich jeder im Informationsaustausch mit anderen verwirklicht.

Ich bin nichts.
Ich werde nie etwas sein.
Ich kann auch nichts sein wollen.
Abgesehen davon, trage ich in mir alle Träume der Welt.
Alvaro de Campos (Fernando Pessoa)

Herzliche Grüße

Dein
Paulo C. Chagas

Köln, 24.08.1998

3. Der Pluralistische Raum.

Die Produktion des Studios für elektronische Musik des WDR in den 90er Jahren. Eine Einführung und Dokumentation.[1]

Teil I

In der Geschichte des Studios für elektronische Musik des WDR lassen sich Tendenzen erkennen, die die Entwicklung der elektronischen Musik in den letzten 50 Jahren stark geprägt haben. Der Begriff „elektronisch" steht hier für eine mit Apparaten erzeugte Musik, die eine Vielfalt von Kategorien – wie elektroakustische, Computermusik und noch spezifischere Bezeichnungen – selbstverständlich einschließt.

Das Wesentliche dieser Musik – insbesondere unter heutiger Perspektive – ist keineswegs ihre Benennung, sondern die enge Beziehung zu den Medien und dem kulturell-technologischen Raum. Jede zeitgenössische oder historische Musik, die medial reproduziert wird, weist eine gewisse Verformung durch die Elektronik auf. Die elektronische Musik ist diejenige, die den Zugang zum Verständnis der Musikapparate herstellen kann. Sie wird mit Apparaten erzeugt, aber sie kann sich nicht darauf beschränken, den Programmen der Musikapparate unterworfen zu bleiben. Anders als die Musik, die elektronisch reproduziert wird, hat die elektronische Musik nur ihre Berechtigung, indem sie neue Informationen schafft, neue Begriffe, die der Gesellschaft helfen, die Programme der Apparate zu durchschauen.

Seit seiner Gründung 1951 ist das Studio für elektronische Musik eng an die Rundfunkstruktur des WDR gebunden. Dieser mediale Charakter ist die Besonderheit des Studios. Er bestimmt die Arbeit in künstlerischer, technischer und handwerklicher Hinsicht und spiegelt sich in den Werken, die im Studio produziert werden, wider. Am Ende der 90er Jahre stellt sich die mediale Frage – und die Frage der Kommunikation überhaupt – durch die rasante Entwicklung der neuen Technologien. Neue Strukturen sind gefragt, die den kritischen Blick in das Innere der Apparate zulassen und den menschlichen Dialog in dem heran-

[1] Originalveröffentlichung: Paulo C. Chagas: Der Pluralistische Raum: die Produktion des Studios für Elektronische Musik des WDR in den 90er Jahren. Eine Einführung und Dokumentation Teil I, *Mitteilungen DEGEM* 35, 2000, S. 27-31.

wachsenden Netzwerk fordern. Sonst bleibt uns nichts anderes, als in die Entropie der Banalität zu versinken.

Im Apparat elektronisches Studio konvergieren Tendenzen der Kunst, Technik, Wissenschaft und Kommunikation, die sich in der Produktion herauskristallisieren und weiter in die Gesellschaft fließen. Ein Blick in die Produktionen des elektronischen Studios, die in den letzten 10 Jahren entstanden sind, soll dazu beitragen, die Entwicklung verfolgen zu können, das Know-how des Studios verständlich zu machen und als Diskussionsobjekt vorzustellen.

Raum für lebendige Erfahrung

In den 80er Jahren wurde die Produktion des elektronischen Studios durch den Umzug aus dem WDR-Funkhaus in die Kölner Innenstadt, wo das Studio seit seiner Gründung unterschiedliche Räume für Produktion und parallele Aktivitäten belegt, eingeschränkt. Eine kritische Dokumentation vom Anfang bis zu dieser Zeit mit Angaben über Stücke, Komponisten und Apparatur bietet Morawska-Büngeler[2], wobei eine Revision dieses hervorragenden Buchs notwendig wäre, um einiges zu korrigieren und zu ergänzen.

Das elektronische Studio zog 1987 in das Gebäude des ehemaligen WDR-Fernsehstudios „L“ in der Annostraße (Kölner Südstadt) um, wobei die Planung und der Umbau der Räume sich über zwei Jahre erstreckten. Schon ab 1987 wurden teilweise Auftragswerke in den neuen Räumen des elektronischen Studios realisiert, aber es dauerte noch einige Jahre, bis die Infrastruktur eine uneingeschränkte Produktionsaktivität ermöglichte.

Der Toningenieur Volker Müller entwickelte das für die Arbeit der 90er Jahre maßgebende neue räumliche und technische Konzept des Studios. Dieses Konzept basiert einerseits auf „Produktionsweisen, die historisch im Studio gewachsen sind“, schafft andererseits Raum für die Erweiterung, Verbesserung und Rationalisierung dieser Produktionsverfahren und hält Möglichkeiten für die schrittweise Einführung neuer Technologie offen.[3]

---

[2] Marietta Morawska-Büngeler: *Schwingende Elektronen. Eine Dokumentation über das Studio für Elektronische Musik des WDR 1951-1986*, Köln: Tonger Musikverlag 1988.

[3] *Allgemeine Ziele / Allgemeine Anforderungen.* Notizen des Toningenieurs Volker Müller am Anfang der Planungsphase des Umbaus des Studios, ca. 1982. Diese Bemerkungen und die folgenden entstanden in der Zeit, als Volker Müller den Betrieb des elektronischen Studios

Eines der wichtigsten Ziele des Studios wurde folgendermaßen formuliert: „Arbeitsverfahren und Arbeitsweise müssen flexibel den Wünschen/Vorstellungen der Komponisten/Regisseure/Macher angepasst werden können."[4] Diese Flexibilität verlangte ein modulares und mobiles Raumkonzept mit vernetzten Bereichen für Produktion, Vorbereitung, „Routinearbeiten" und parallele Aktivitäten. Die Raumkonfiguration: Zwei Arbeitsbereiche mit gleicher Technik, durch zwei Bereiche akustisch getrennt, aber durch Glasfenster und Netze für Audio- und (später) Datenübertragung miteinander verbunden. Außerdem gibt es auf anderen Etagen ein „Museum", wo die historische Apparatur des alten Studios funktionsfähig erhalten ist, und einen kleinen „sozialen" Raumbereich (Aufenthaltsraum und Teeküche).

Der wichtigste Produktionsraum (Raum 304) befindet sich in dem früheren Probensaal des WDR-Fernsehballetts, der für das Studio umgebaut wurde. Dieser über 103 Quadratmeter große Raum symbolisiert die Philosophie des Studios in Bezug auf Produktionsmethoden und die Notwendigkeit der akustischen und räumlichen Erfahrung in der Realisation elektronischer Musik.

Der Raum 304 ist keine typische Studioregie, sondern ein akustisch lebendiger Raum. Eine spezielle Metallkonstruktion an der Decke ermöglicht die variable Aufhängung der Lautsprecher. Auf einem Ring von ca. 8,20 Metern Durchmesser können Lautsprecher mit Zugaufhängung leicht geschoben und an jeden Punkt platziert werden. Das grundlegende Raumkonzept sieht bis zu zwölf Lautsprecher am Ring und vier Lausprecher an den Ecken vor (maximal 16 Kanäle). Diese Konfiguration und ihre Varianten werden großen Einfluss auf einige Werke, die sich besonders mit der Raumdimension der elektronischen Komposition beschäftigten, ausüben.

Die Flexibilität der Arbeit fordert einheitliche Technik in allen Studiobereichen. Das Audio-Netz verfügt über zwei Strukturen: eine Zentralstruktur, die alle Räume verbindet, und zusätzliche Verbindungen zwischen benachbarten Räumen. Die Schaltung aller Geräte erfolgt auf einheitlicher Norm bezüglich Stecker und Impedanzpegel. Das Hauptsteckfeld des Studios (mit insgesamt 1152

---

praktisch allein aufrechterhielt. Zusätzlich zur Planung des Umbaus und Umzugs war er mit Konzertaktivitäten und Routinearbeiten beschäftigt.

[4] *Allgemeine Ziele / Allgemeine Anforderungen*, op. cit.

Steckpunkten) befindet sich im Raum 304. Jeder Eingang dieses Feldes kann im Prinzip mit beliebig vielen Ausgängen verbunden werden.

Die Mix- und Abhörapparatur entspricht der Anforderung der Flexibilität hinsichtlich der Mehrkanaligkeit. Das Hauptmischpult ist eine spezielle Anfertigung der PTR der Firma Lawo für das Studio. Es ist ein analoges Mischpult mit Digitalsteuerung, 48 Kanälen (doppelt belegt mit Monitor und Inline-Eingängen), 36 Gruppen und 40 Motorfadern, die praktisch beliebig kombiniert werden können. Damit ist es möglich, eine Abmischung von zwölf Kanälen zu simulieren. Das heißt: Man kann unterschiedliche Klangquellen (z. B. Mehrkanaltonbandmaschinen, Synthesizer, Mikrofone usw.) gleichzeitig auf zwöf Lautsprecher verteilen und gleichzeitig hören, ohne dass sie gemischt werden müssen.

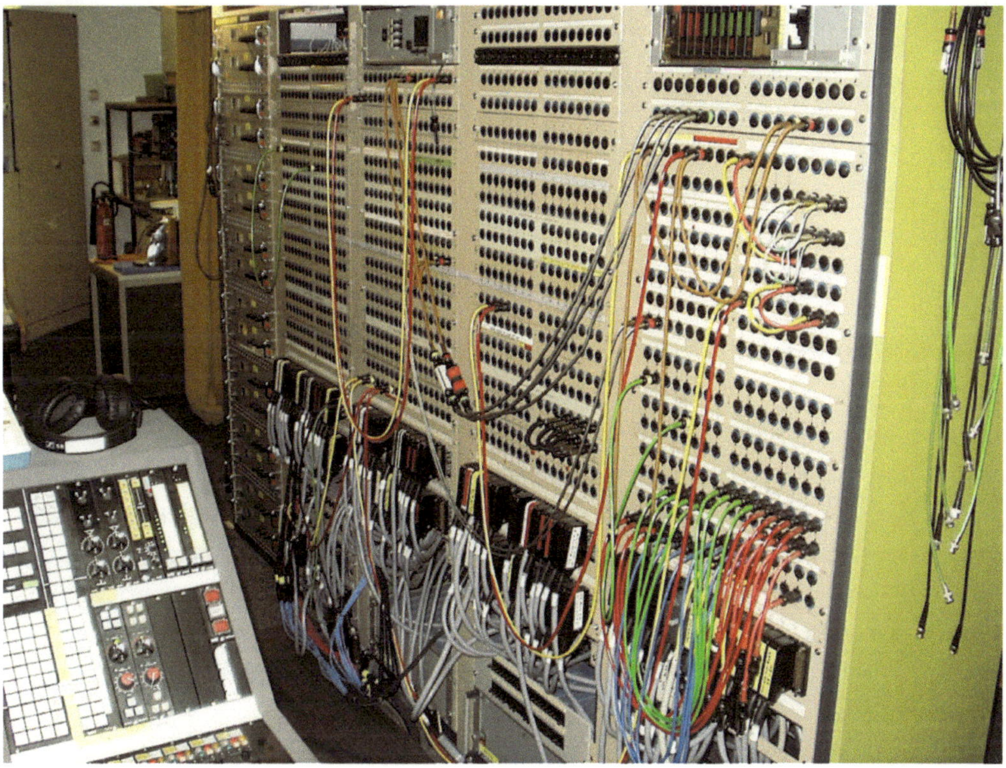

Abbildung 1: Hauptsteckfeld (Bild: Volker Müller).

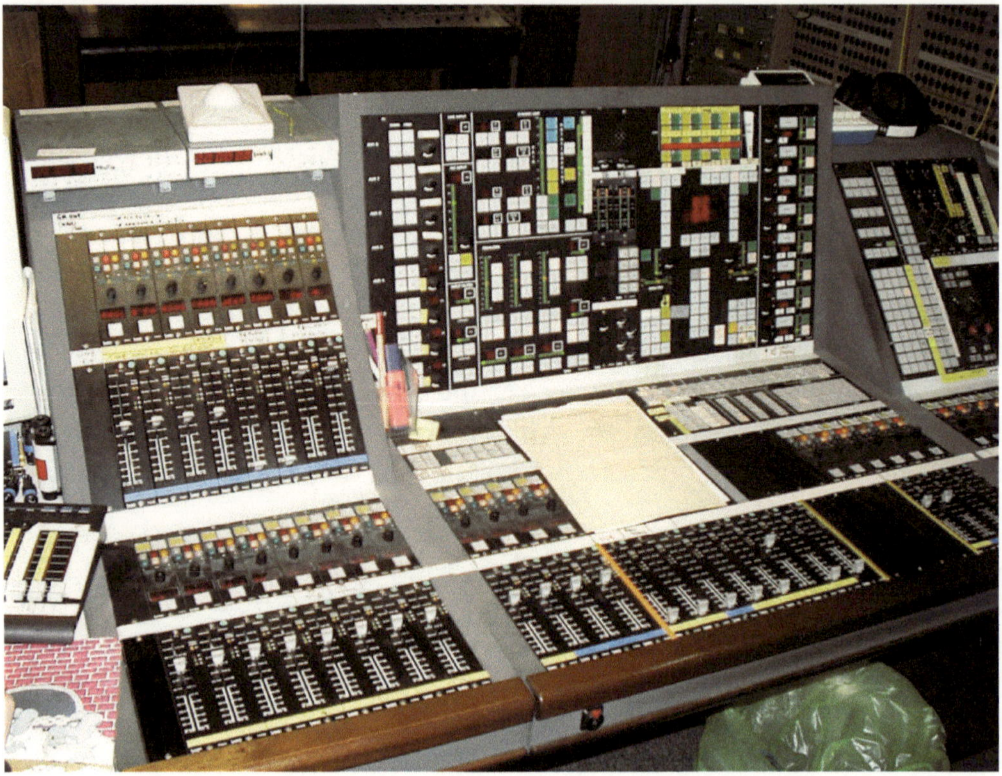

Abbildung 2: Hauptmischpult (Bild: Volker Müller).

„Mehr produzieren als experimentieren!"[5]

Der Auszug des Studios aus dem WDR-Funkhaus und der Einzug in die abgelegene Annostraße bedeutete in gewisser Weise den Abbruch der Verbindung mit den übrigen Produktionsprozessen des Hörfunks. Bei der Festlegung der Ziele lassen sich Richtungen und Schwierigkeiten erkennen: „Neue Technologien schrittweise einführen. Prioritäten haben dabei zunächst fertig entwickelte Technologien. Das Produkt der Arbeit soll nicht vorrangig ein Forschungsprodukt sein. Universalität der Kompositionsmethoden ist hierdurch eingeschränkt."[6]

Zwar wurden die neuen technischen Einrichtungen so ausgelegt, dass die Kompatibilität mit anderen technischen Bereichen des WDR erhalten wurde, aber

[5] *Allgemeine Ziele / Allgemeine Anforderungen*, op. cit.

[6] *Allgemeine Ziele / Allgemeine Anforderungen*, op. cit.

die Entwicklung der digitalen Technologie führte zu neuen Zwischengebieten, die zuerst im Studio eingeführt wurden und erst einige Zeit später in den übrigen Bereichen des WDR Platz fanden. Die neuen, unsicheren und meistens nicht „professionellen“ Apparate der Musik-Konsumindustrie wurden in der erprobten, sicheren Infrastruktur der Hörfunktechnik allmählich integriert. Zuerst kamen schon in der zweiten Hälfte der 80er Jahre die großen und teuren Systeme wie der Fairlight III. Er entsprach noch dem Wunsch nach einem offenen Musiksystem, das möglichst viele Bereiche mit einheitlichen, überschaubaren apparativen Prinzipien abdeckt.

Dies erwies sich bald als nicht erfüllbar. Anfang der 90er Jahre wurden MIDI-Sampler und MIDI-Synthesizer angeschafft und auch Macintosh-Computer mit üblicher MIDI-Software: Sequencer und MIDI-Editoren. Mitte der 90er Jahre kaufte das elektronische Studio zwei Pro-Tools-III-Harddisk-Recording-Systeme, die dann Hauptapparate für die Produktion geworden sind. Damit wurden einige Erfahrungen der analogen Vergangenheit mit neuem Licht zurückgewonnen und ein qualitativer Sprung in der Realisation mehrkanaliger elektronischer Musik geschaffen.

Zwei Sony-PCM-3324-A-24-Spur-Digital-Tonbandmaschinen, die synchronisiert als 48er-Spur verwendet werden können, waren bis zur Einführung von Pro Tools die wichtigsten Apparate für die Produktion auf Mehrkanalbasis und für die Speicherung der Endprodukte. Zusammen mit Pro Tools und über SMPTE synchronisiert, bilden sie ein bis zu 96 Kanäle umfassendes System.

In den Bereichen Klangsynthese und Klangbearbeitung beschränkte sich das Studio, neben Yamaha-FM-Synthesizer und die von IRCAM entwickelte Software, auf Effektgeräte wie z.B. Lexicon PCM70 und Eventide Ultra-Harmonizer 3500. Der große Analogsynthesizer EMS Synth-100 und der EMS-Vocoder spielen immer wieder eine Rolle, da sie unterschiedliche Zwecke erfüllen: neben Klangsynthese und Klangtransformation auch z.B. die Steuerung von MIDI-Geräten und von Raumbewegung. Das elektronische Studio des WDR ist kein reines Experimentierfeld für spezielle Anwendungen der Computermusik – es gab hier noch nie typische „Computerklänge“ und auch nicht algorithmische Komposition im engeren Sinn.

Dialog in Echtzeit?

Die Zersplitterung der Technik durch die digitale Apparatur führt einerseits zu einer Fragmentierung und einer Spezialisierung der Aufgaben und andererseits zum Verlust der technischen Autonomie. Während früher aus reduzierten Mitteln – Tonbandmaschinen, Messgeräten und einfachen Synthesizern – ein unglaubliches Potential an Kreativität geschöpft wurde, konnte man nun den Anforderungen der Zeit nur durch eine neuartige, vernetzte Struktur von Ideen, Menschen und Apparaten gerecht werden.

Der Anpassungsprozess betrifft nicht nur die Technik, sondern vor allem die Menschen und die kollektiven Arbeitsmethoden. Und hier muss man auch ganz klar betonen, dass nicht die technische Ausrüstung, sondern die enge Zusammenarbeit und die intensive Betreuung der Komponisten durch die Mitarbeiter – Toningenieur, TontechnikerIn und Klangregisseur – die entscheidende Rolle für die Qualität der hergestellten Produkte des Studios spielt. Diese enge Zusammenarbeit macht es auch überhaupt möglich, dass Komponisten ohne jegliche Erfahrung mit elektronischer Musik ins Studio eingeladen werden und dort Stücke realisieren können. Die Zusammenarbeit ist keineswegs einseitig, sondern ein kontinuierlicher, durch die Anstöße und Visionen der Komponisten und Mitarbeiter motivierter Lern- und Anwendungsprozess.

Und das ist vielleicht die wichtigste Botschaft in der Geschichte des elektronischen Studios, die heute, am Ende der 90er Jahre, sich als existentielle Frage für die ganze Gesellschaft darstellt: Schaffen wir den sich abzeichnenden qualitativen Sprung? Nutzen wir die dialogisierenden Medienkanäle für neue Formen von Kunst und Kommunikation? Setzen wir den Dialog als Prinzip für die Herstellung und Verbreitung von Information?

Die Frage des Dialogs in der technisierten Musik wird sehr oft nur auf ihre äußere Erscheinung bezogen. Und dadurch wird der Blick vom Kern der Dinge abgelenkt. Der Live-Elektronik-Traum der 90er Jahre – und seine Aura der Echtzeit – symbolisiert sowohl die Hoffnung als auch die Täuschung. Aber seine Bedeutung ist unbestritten. Im nächsten Teil werden wir uns bis ins Detail mit den Folgen der technologischen Entwicklung in der Produktion elektronischer Musik der 90er Jahre befassen und die im WDR-Studio realisierten Werke, die aus der folgenden Liste zu entnehmen sind, vorstellen.

Produktionen des Studios für elektronische Musik des WDR ab 1987

Stand: Dezember 1999 (Überarbeitung 2021)
Zusammenstellung von Volker Müller

Folgende Angaben werden gegeben:

1. **Komponist** (Jahrgang)
2. *Titel* und Bezeichnung des Stückes (Entstehungsjahr)
3. Original-Tonträger mit Anzahl der Kanäle und/oder welche Art von Live-Elektronik verwendet wird. Falls reine elektronische Musik, wird auch die Dauer angegeben.
4. WDR-Aufnahme (Mitschnitt oder Produktion)
5. Dauer

1) **Obst, Michael** (1955)
2) *Chansons* (1987) für Mezzosopran, Bass- und Kontrabass-klarinette, Synthesizer, 2 Schlagzeuger, Live-Elektronik und Tonband
3) 4-Kanal-Tonband, Live-Elektronik: Live-Transformation von Instrumenten
4) Produktion
5) Dauer: 44 min. 20

1) **McGuire, John** (1942)
2) *Vanishing Points* (1988)
3) Elektronische Musik
4) 4-Kanal-Tonband und Mono-Tonband
5) Dauer: 25 min. 45

1) **Reich, Steve** (1936)
2) *Different Trains* (1988) für Streicherquartett und Tonband
3) Stereo Tonband
4) Mitschnitt (Ensemblefassung)
5) Dauer: 26 min. 43

1) **Stockhausen, Karlheinz** (1928-2007)
2) *MONTAG aus LICHT* (1988) elektronische Musik für szenische oder quasi konzertante Aufführungen

2a) *Montags-Gruß* für multiples Bassetthorn und elektr. Tasteninstrumente (Aufführung mit Bassetthorn live und Tonband oder nur mit Tonband)
3a) 8-Kanal-Tonband
5a) Dauer: 34 min. 25
2b) *Geburts-Fest* Chormusik mit Tonszenen für Chor a cappella und Tonband
3b) 4-Kanal-Tonband
5b) Dauer: 68 min. 30
2c) *Montags-Abschied* für Piccolo-Flöte, multiple Sopranstimme und elektronische Tasteninstrumente (Tonband)
3c) 8-Kanal-Tonband
5c) Dauer: 28 min.

1) **Bouliane, Denys** (1955)
2) *Une Soiré Vian* Ein Meta-Karabett für 2 Sänger, 6 Instrumentalisten und Live-Elektronik (1991)
3) Live-Elektronik: Sampler, Computer mit Sequencer-Software und Live-Transformation
4) Konzertmitschnitt
5) Dauer: 81 min.

1) **Eloy, Jean-Claude** (1938)
2) *Erkos* für Frauenstimme, Instrumente und elektronische Klänge (1990-1991)
3) Stereo Tonbänder 10-Kanal-Wiedergabe
4) Konzertmitschnitt
5) Dauer: 81 min.

1) **Stockhausen, Karlheinz** (1928-2007)
2) *Oktophonie* (1990-1992) Elektronische Musik vom *DIENSTAG aus LICHT* (1990-1992) für selbstständige Aufführungen
3) 8-Kanal-Tonband
5) Dauer: 68 min. 40

1) **Stockhausen, Karlheinz** (1928-2007)
2) *Invasion/Explosion/Abschied* (1990-1992) Elektronische Musik vom *DIENSTAG aus LICHT* (1990-1992) für szenische oder quasi konzertante Aufführungen
3) 8-Kanal-Tonband
4) CD-Produktion
5) Dauer: 72 min. 53

1) **Luc Ferrari** (1929-2005)
2) *Porte ouverte sur ville* für Oboe, Klarinette, Bassklarinette, Schlagzeug, Viola und Tonband (1992-93)
3) Stereo-Tonband
4) Konzertmitschnitt
5) Dauer: 31 min. 34

1) **York Höller** (1944)
2) *Pensées* Requiem für Klavier, großes Orchester und Live-Elektronik (1992-93)
3) 4-Kanal-Tonband, Live-Elektronik: Midi-Klavier, Computer mit Max-Software, Midi-Fader, Yamaha-FM-Synthesizer
4) Konzertmitschnitt
5) Dauer: 29 min. 20

1) **Waisvisz**, Michel (1945)
2) *Faustos Schrei* für „The Hands“[7], Tanz und Stimme (1994)
3) Live-Elektronik: „The Hands“ (STEIM), Sampler, Synthesizer
4) Konzertmitschnitt
5) Dauer: 34 min.

1) **Younghi Pagh-Paan** (1945)
2) *Tsi-Shi-Kut* für 4 Schlagzeuger und elektronische Klänge (1991-94)
3) 4-Kanal Tonband
4) Konzertmitschnitt
5) Dauer: 18 min. 50

1) **Jörg Birkenkötter** (1963)
2) *Spiel/Abbruch* für Instrumente und Tonband (1993-1994)
3) 4-Kanal-Tonband und Stereo Tonband
4) Konzertmitschnitt
5) Dauer: 23 min. 26

1) **Jonathan Harvey** (1939)

[7] „The Hands“ sind spezielle manuell betreibbare Geräte zur Steuerung von MIDI-Equipment. Sie wurden von STEIM (Amsterdam) entwickelt.

2) *One evening...* für Sopran, Mezzosopran, Instrumente und Live-Elektronik (1994)
3) Live-Elektronik: CD-Player, Sampler, Live-Transformation von Instrumenten und Stimmen
4) Konzertmitschnitt
5) Dauer: 30 min. 05

1) **Stockhausen, Karlheinz** (1928-2007)
2) *Elektronische Musik vom FREITAG aus LICHT* (1994) für selbstständige Aufführungen
3) Zwei 8-Kanal-Tonbänder
5) Dauer: 146 min.

1) **Stockhausen, Karlheinz** (1928-2007)
2) *Elektronische Musik und Tonszenen vom FREITAG aus LICHT* (1994) für szenische oder quasi konzertante Aufführungen
   Im Zusammenhang einer integralen Aufführung von *FREITAG aus LICHT* wird die Elektronische Musik in zwei Teilen als *FREITAGS-GRUSS* und *FREITAGS-ABSCHIED* vor und nach den beiden Akten im Foyer 8-spurig wiedergegeben, der *GRUSS* auch im Saal.
3) Zwei 20-Kanal-Tonbänder
5) Dauer: 146 min.

1) **Stockhausen, Karlheinz** (1928-2007)
2) *MITTWOCHS-ABSCHIED* (1996) Elektronische und konkrete Musik vom *MITTWOCH aus LICHT* für selbstständige Aufführungen
3) 8-Kanal-Tonband
5) Dauer: 43 min. 15

1) **Stockhausen, Karlheinz** (1928-2007)
2) *Orchester-Finalisten* (1996) Elektronische und konkrete Musik vom *MITTWOCH aus LICHT* für szenische oder quasi konzertante Aufführungen
3) 8-Kanal-Tonband
4) CD-Produktion
5) Dauer: 46 min.

1) **Paulo C. Chagas** (1953)
2) *Migration 12-kanalige Elektronische Musik* (1995-1996)

3) 12-Kanal-Tonband (Pro Tools Session)
5) Dauer: 24 min. 30

1) **Paulo C. Chagas** (1953)
2) *Migration* für Midi-Klavier, Ensemble und Live-Elektronik (1995-1997)
3) 12-Kanal-Tonband (Pro Tools Session) und Live-Elektronik: Midi-Klavier, Computer mit Max-Software, Midi-Fader, Live-Transformation von Klavier
4) Produktion
5) Dauer: 28 min. 06

1) **John McGuire** (1942)
2) *A cappella* für Sängerin und Tonband (1992-1997)
3) 8-Kanal-Tonband für 4-Kanal-Wiedergabe
4) Produktion
5) Dauer: 23 min. 25

1) **Marco Stroppa** (1959)
2) *Zwielicht* für Kontrabass, 2 Schlagzeuger und elektronische Klänge (1994-1999)
3) 13-Kanal Pro Tools Session
4) Konzertmitschnitt
5) Dauer: 36 min. 20

1) **Mauricio Sotelo** (1961)
2) *Angel de la Tierra* für vier Stimmen, Ensemble und Tonband (1997-1999)
3) Stereo-Tonband
4) Konzertmitschnitt
5) Dauer: 35 min. 35

1) **Mauricio Sotelo** (1961)
2) *De Amore. Una Maschera die Cenere* Kammeroper (1996-1999)
3) Stereo-Tonband
4) Konzertmitschnitt (Bayerischer Rundfunk)
5) Dauer: 89 min. 50

1) **Mauricio Sotelo** (1961)

2) *De amore* für Violoncello (1999)[8]
3) Stereo-Tonband
5) Dauer: 11 Min 30

1) **Mauricio Sotelo** (1961)
2) *Argo* für Saxofon (1999)[9]
3) Stereo-Tonband
5) Dauer: 24 min. 50

1) **Paulo C. Chagas** (1953)
2) *RAW* Techno-Oper (1999)
3) Live-Elektronik: 3 Midi-Masterkeyboarder, 3 Midi-Drum-Pads, 12 Synthesizer, Sampler
4) Konzertmitschnitt
5) Dauer: 73 min.

1) **Paulo C. Chagas** (1953)
2) *Projektion 12-kanalige Elektronische Musik* (1999-2000)
3) 12-Kanal-Tonband (Pro Tools Session)
5) Dauer: 17 min. 28

1) **Paulo C. Chagas** (1953)
2) *Projektion 12-kanalige Klanginstallation* (1999-2001)
3) 12-Kanal-Tonband (Pro Tools Session)
5) Dauer: 104 min. 48

---

[8] Es handelt sich um ein Werk, in dem technische Mittel der elektronischen Musik auf Instrumentalmusik angewendet wurden.
[9] Idem.

4. Der Pluralistische Raum.

Die Produktion des Studios für elektronische Musik des WDR in den 90er Jahren. Eine Einführung und Dokumentation.[1]

Teil II

Im ersten Teil meines Aufsatzes habe ich die räumlichen und technischen Einrichtungen des WDR-Studios beschrieben und das grundlegende Arbeitskonzept vorgestellt. Im zweiten und dritten Teil werde ich mich mit Werken der 90er Jahre befassen: im vorliegenden zweiten Teil mit den Werken von Jean-Claude Eloy, Denys Bouliane, Luc Ferrari, Michel Waisvisz, Jörg Birkenkötter und Younghi Pagh-Paan; im dritten Teil von York Höller, Jonathan Harvey, John McGuire, Marco Stroppa, Mauricio Sotello und von mir. Die Ästhetik und die Produktionsmethoden der Werke sind Ausgangspunkt für einen kritischen, analytischen Einblick in das weite Feld der elektronischen Musik.

Die Produktion eines neuen Werks im elektronischen Studio des WDR erfolgt normalerweise in zwei getrennten Arbeitsphasen: erstens einer Experimentierphase (ca. ein Monat) und zweitens einer Realisationsphase (ca. zwei Monate). Die erste Phase dient dem Kennenlernen des Studios und dem Entwurf des Werkes. Aus dieser Erfahrung sollen sich die Vorstellungen der Komponisten herauskristallisieren, aber meistens setzten sich die Experimente in der Realisationsphase fort. Oft ist dann eine zusätzliche Arbeitsperiode notwendig (von ein bis drei Monaten), um die Produktion zu beenden.

Obwohl die kompositorischen Entscheidungen bei den Komponisten liegen, fließen in der Realisation der Werke alte und neue Erfahrungen des elektronischen Studios und seiner Mitarbeiter (Toningenieur, Tontechniker und Klangregisseur) ein. Die für die Werke prägenden ästhetischen Kategorien lassen sich bei dem Umgang mit der Apparatur erkennen. Welche Ziele verfolgen die Komponisten, wenn sie sich entscheiden, sich mit der Elektronik auszudrücken? Wie gehen sie mit der Apparatur des Studios um? Wie stark ist der Einfluss der Apparate auf die Werke?

---

[1] Originalveröffentlichung: Paulo C. Chagas: Der Pluralistische Raum: die Produktion des Studios für Elektronische Musik des WDR in den 90er Jahren. Eine Einführung und Dokumentation Teil II, *Mitteilungen DEGEM* 36, 2000, S. 44-51.

Die programmierte Freiheit

Traditionelle Klänge wie Stimm- oder Instrumentalklänge werden ähnlich wie Naturklänge als Phänomen wahrgenommen. Instrumente sind nichts anderes als Werkzeuge, um Klänge zu erzeugen. Elektronische Klänge dagegen sind Begriffe und werden von Apparaten erzeugt, die eine symbolische Funktion erfüllen. Die Apparate funktionieren nach Programmen, die als Symbole für Denkprozesse, Abläufe, logische Verknüpfungen und Kommunikationsformen stehen. Die Apparat-Programme sind im Grund genommen Modelle, die sich in der Gesellschaft auf unterschiedliche Art und Weise wiederholen. Diese Wiederholung schafft die Ritualisierung von Programmen, die die Kommunikation innerhalb der Gesellschaft bestimmen.

Solche Ritual-Modelle sind z.B. sowohl bei Fernsehsendungen als auch bei Konzerten mit Neuer Musik zu erkennen. Nicht die Bedeutung, sondern das Symbol, die Information, ist die Wirklichkeit. Die elektronische Apparatur bestimmt also das Verhalten der ganzen Gesellschaft und spielt dabei eine ambivalente Rolle: Sie ist Mittel für menschliche Befreiung im positiven Aspekt oder Vehikel für neue Formen menschlicher Unterdrückung im negativen Aspekt.

Die aus der Rundfunktechnik stammenden Apparate der Analog-Ära spielen quasi eine Vermittlerrolle zwischen Werkzeugen und Apparaten. Einerseits sind sie noch relativ konkret in ihrer Funktion. Die Musiker können sie noch durchschauen, weil der Realisationsprozess analog zum Musizieren verläuft. Andererseits stellen die analogen Apparate schon einen gewissen Grad an Entfremdung dar. Sie fordern die Musiker zum Umdenken heraus:

> So sind z. B. in den 50er und 60er Jahren Geräte der Mess- und Prüftechnik zu wichtigen „Instrumenten" der elektronischen Musik geworden. Die analogen Synthesizer der 70er Jahre, die speziell für elektronische Musik konzipiert wurden, haben nichts Neues im Bereich der Klangerzeugung gebracht. Sie haben vor allem die Arbeit wesentlich erleichtert und dadurch neue kompositorische Prozesse ermöglicht. Doch in der Praxis wurden sehr oft Verfahren entwickelt, in denen die Bausteine dieser Geräte (Oszillatoren, Filter usw.) für andere als die tatsächlich gedachten Zwecke benutzt wurden.[2]

[2] Chagas (2021), S. 15.

Anfang der 90er Jahre herrschte hingegen eine ganz neue Situation. Die Entwicklung der digitalen Technologie hat eine Brücke zwischen den zukunftsweisenden Experimenten der (analogen) „Pionierjahre“ und der Tradition der Instrumental- und Vokalmusik gespannt. MIDI-Synthesizer, MIDI-Sampler und Musikhardware und -software verbinden beide Welten und zeigen ganz deutlich die Ambivalenz der Musiktechnologie.

Die modernen digitalen Musikapparate haben eine „benutzerfreundliche Oberfläche“, sie sind mit Tasten und Sensoren ausgestattet, verbinden den traditionellen Instrumentenbau mit dem Computer und der Elektronik. Die Apparate werden immer leistungsfähiger und komplexer, öffnen den Zugang zu neuen Klängen und neuen Strukturen, jedoch werden die Menschen immer unfähiger, die Apparate zu verstehen oder zu beherrschen.

Eine Untersuchung der 90er Jahre hat z.B. gezeigt, dass über 90% der User des Yamaha-DX7-Synthesizers sich nur mit den Werkprogrammen und -klängen begnügten. Die komplexen und kreativen Möglichkeiten der FM-Synthese wurden gar nicht in Anspruch genommen. Die Musikapparate stellen Klangstereotypen und automatische Prozesse her, die die Erwartungen des Benutzers und der Gesellschaft im Allgemeinen in ihrem Interesse programmieren. Mit der virtuellen Welt des Computers ist es auch nicht anders: Die Wahl des Benutzers bleibt auf die Kategorien der Apparate beschränkt. Der Mensch kann nur machen, was der Apparat ihm ermöglicht, seine Kriterien bleiben dem Apparateprogramm unterworfen. Die Freiheit wird dadurch programmiert.

Das elektronische Studio des WDR (und die elektronische Musik schlechthin) hat sich Ende der 80er Jahre endgültig von ihrer scheinbar apparatistischen Autonomie verabschiedet und ist seither auf die Produkte der Musikindustrie angewiesen. Man bedient jetzt Black Boxes, für die man immer weniger kompetent ist. Wer immer es mit Apparaten zu tun hat, hat es mit Black Boxes zu tun, die er nicht durchschauen kann.[3]

Wie gehen wir damit um? Wie schaffen wir einen kreativen Raum in der apparatistischen Welt der postindustriellen Gesellschaft? Wie kämpfen wir gegen

[3] Flusser (1983), S. 66.

die nivellierende Wirkung der Apparateprogramme, gegen die Automatisierung und Banalisierung der Begriffe?

Die transzendierende Kritik

Anfang der 90er Jahre hoffte man auf neue musikalische Impulse durch die Verbindungen zwischen Elektronik und traditioneller Instrumentalmusik. Stichwort: Live-Elektronik. Werke der Analog-Ära – wie z. B. Stockhausens *Mikrophonie I* und *Mixtur* – zeigen überzeugende Möglichkeiten, die, so hoffte man, durch den Einsatz von Computern und leistungsfähigen digitalen Gedächtnissen (Sampler, Effektgeräte) noch vielfältiger, präziser und lebendiger weiterentwickelt werden können.

Die Utopie lässt sich folgendermaßen darstellen: ein ständiges Fließen von Informationen zwischen gleichberechtigten und aktiven Partnern, wodurch die Musik im Augenblick gestaltet werden kann. „Schaffen wir also neue Zusammenhänge zwischen den herkömmlichen Instrumenten / der menschlichen Stimme und der Elektronik / dem Computer, zwischen Expression und Klang, Spontanität und Konstruktion!“[4], schrieb der Komponist York Höller. Auf Einladung des damaligen Redakteurs für Neue Musik im WDR, Wolfgang Becker-Carsten, wurde Höller künstlerischer Leiter des elektronischen Studios (1990-1999) und in Zusammenarbeit mit Becker-Carsten verantwortlich für die Auswahl der Komponisten, die im Studio gearbeitet haben.

Die Live-Elektronik und die Aura der Echtzeit (Real Time) symbolisieren also den Traum des kybernetischen Dialogs im Zeitalter der Digitaltechnologie. Gewiss ist die Frage des Dialogs nicht neu in der Musik. Denken wir z.B. an die Entstehung der Polyphonie und die Notwendigkeit von harmonischen und rhythmischen Anhaltspunkten für die Synchronisation der verschiedenen musikalischen Schichten. Oder an die Praxis der Kammermusik, das Modell für dialogische Kommunikation schlechthin, wo die Musiker ohne Dirigent die Partitur interpretieren. In der elektronischen Musik findet jedoch eine neue, erweiterte Art des Dialogs statt, und zwar gleichzeitig in Raum und Zeit.

Die räumliche Dimension bezieht sich auf das Spiel im weitesten Sinn: nicht nur das Spiel, das die Musik zum Schwingen bringt, sondern vor allem das

[4] Höller (1990), S.6.

Denk-Spiel bei der Musikentstehung. Durch die Elektronik entwickelt sich die Musik von einem „reinem Spiel“ zwischen Menschen mit Instrumenten zu einem Spiel von Spielern und Spielapparaten, die das Denken simulieren. Dieses Spiel kennzeichnet den ganzen musikalischen Prozess von der Herstellung bis zur Aufführung.

In der zeitlichen Dimension spielen die programmierbaren künstlichen Gedächtnisse eine immer wichtigere Rolle sowohl in der elektronischen Musik als auch in der Musik, die elektronisch reproduziert wird. Künstliche Gedächtnisse sind z.B. Tonbänder, die einen festgelegten Musikablauf reproduzieren, aber auch digitale Tonträger wie Festplatten, Chips und RAM-Speicher, die auf irgendeine Weise zeitliche Events (auch Strömungen [Streams] von Zahlen) speichern (auch wenn nur für eine extrem minimale Zeit) und sie zum Abrufen bereitstellen.

Echtzeit oder Nicht-Echtzeit, Live-Elektronik oder Tonband, Spiel oder Automation – die Gegensätze bringen uns zu dem Kern des Universums der Apparate und ihrer Programme zurück. Wir sind gefordert, ihre Begriffe zu kritisieren, ihre scheinbaren absichtslosen Funktionen aufzudecken und Antworten auf die Frage der menschlichen Freiheit zu geben. Eine solche Kritik soll versuchen, „der menschlichen Absicht in einer von Apparaten beherrschten Welt Raum zu verschaffen.“[5]

Bei der näheren Betrachtung der Werke werde ich versuchen, Kategorien aufzudecken, die einen dialogisierenden Prozess in der Auseinandersetzung mit den Apparaten der elektronischen Musik schaffen. Je nachdem, was für Aspekte des Prozesses bei dem Werk betont werden, lassen sich drei Kategorien unterscheiden: erstens *Entstehung*, zweitens *Kommunikation* und drittens *Interface*.

Die Kategorie der *Entstehung* bezieht sich auf die Realisation des Stücks. Wie wurde das Studio als Meta-Apparat einbezogen? Welche Strategien verfolgte es dabei, um Informationen zu gewinnen? Wie entstanden die für das Werk entscheidenden Begriffe?

Die Kategorie *Kommunikation* konzentriert sich auf die Aufführung des Werks. Wie stellt sich die spielerische Beziehung zwischen Menschen und Apparaten

[5] Flusser (1997), S. 68.

bei der Präsentation eines Werks dar? Wie geht der Komponist mit der Problematik der Gestaltung der Zeit um? Dadurch lässt sich die Frage der Live-Elektronik behandeln.

Die Kategorie *Interface* bezieht sich auf die durch das Werk vermittelte Kritik. Sie schließt künstlerische, kulturelle und wissenschaftliche Begriffe ein und betont die Unwahrscheinlichkeit als Kriterium für Information. Es ist die Antwort auf die Frage der Freiheit im Apparatekontext.

Selbstverständlich schließen sich die Kategorien nicht aus; ein einziges Werk kann (soll?) mehrere Kategorien gleichzeitig betonen.

(MIDI)-Erfahrungen und (MIDI)-Strategien

Jean-Claude Eloy und Denys Bouliane setzten sich zum ersten Mal mit der Digitaltechnik auseinander, als sie 1990 mit der Realisation ihrer Stücke im Studio für elektronische Musik des WDR anfingen. Sie arbeiteten mit MIDI-Samplern und MIDI-Sequencer-Software, verfolgten jedoch mit dieser Apparatur unterschiedliche Strategien.

> Eloy verwendete die neue Technik für die Realisation eines Tonbands und bezog sie in den herkömmlichen Arbeitsprozess, der von analoger Technik geprägt ist, ein; Bouliane versuchte, die Möglichkeiten von Samplern und MIDI-Steuerung auszunutzen, und konzipierte sein Stück ohne Tonband.[6]

Für die Realisation des Stücks *Erkos* für Solistin (Stimme und Instrumente) und elektronische Klänge arbeitete Jean-Claude Eloy hauptsächlich mit dem Fairlight III (14 MB RAM und acht Stimmen), dem ATARI-Computer mit C-LAB-Notator-Software und einer 16-Spur-analogen Tonbandmaschine, die mit dem Computer über SMPTE synchronisiert wurde. Der Arbeitsprozess lässt sich in drei Phasen unterteilen: die Materialsammlung, die Klangbearbeitung und die Erzeugung von Klangstrukturen.

Eloy machte viele Aufnahmen von Stimme, Schlagzeug und anderen Instrumenten (vorwiegend asiatischer Herkunft), transformierte und kombinierte die Klänge in mehreren Zwischenetappen. Schließlich produzierte er eine große

[6] Chagas / Lies (1992), S. 23.

Anzahl von Takes auf DAT, die bei der Aufführung vom Klangregisseur zur Stimme und zu den Instrumenten der Solistin live gemischt werden. Die Elektronik, wie Eloy sie versteht, entfaltet sich in Form von Klangmassen um das solistische Objekt herum.

Die langjährige Erfahrung Eloys mit analoger elektronischer Musik wird bei der Realisation von *Erkos* mit der neuen Welt der MIDI-Apparate konfrontiert. Zu welchem Ergebnis ein solcher Dialog führt, schildert Eloy selbst:

> Ich glaube, dass die Elektronik, die ich in diesem Stück (...) verwendet habe, schon eine andere ist als die, die ich vorher erzeugt habe. Es ist eine Elektronik, die mehr versucht, die Elemente auszufeilen, sie ineinander übergehen zu lassen. Die analoge Elektronik war mehr eine Elektronik der großen Blöcke, ein bisschen starr, schwerfällig zu handhaben. Ich würde sagen, dass das digitale Werkzeug in diesem Fall wie ein kleiner Meißel wirkt im Verhältnis zu den großen Meißeln, die in gewisser Weise große Massen der Skulptur gestalten. Das ist so ein bisschen der Unterschied, den ich zwischen dem analogen und dem digitalen Werkzeug empfinde.[5]

Die Elektronik von Denys Boulianes Meta-Kabarett *Une Soirée Vian* (nach Texten von Boris Vian) basiert auf der Verwendung von Sampleprogrammen, die über MIDI von fünf der acht Musikern gespielt werden. Vier AKAI-S-1000-Sampler mit jeweils 16 MB RAM werden in der Aufführung von den zwei Stimmen (Sopran und Bariton) über Pitch-to-MIDI-Converter (Roland VP-70) von zwei Bläsern mit MIDI-Blas-Controllern (Yamaha WX-7/EWI) und vom Pianisten mit MIDI-Master-Keyboard gesteuert. Beide Stimmen werden zusätzlich mit Harmonizer und Vocoder-Effekt (Roland VP-70) live transformiert.

Die in dem Stück verwendeten Samples stammen von Geräuschen, Vokal- und Instrumentalklängen. Die Geräusche werden bei der musikalischen Umsetzung von Boris Vians Traumwelt assoziativ eingesetzt. So wird z.B. der Klang einer Maschine durch einkomponierte Samples in die musikalische Sprache integriert. Die Instrumental- und Vokalsamples sind als Erweiterung der Möglichkeiten der Interpreten gestaltet. Sie mischen sich mit den von den Musikern selbst erzeugten Klängen, sodass sie sich manchmal nicht voneinander unterscheiden lassen. Dadurch betont Bouliane seine ästhetische Absicht, Illusionen zu schaffen.[7]

Die Möglichkeiten der MIDI-Steuerung werden in der Aufführung systematisch und sehr wirkungsvoll eingesetzt. Die Musiker beeinflussen den Klang durch MIDI-Befehle (Velocity, Pitch-Bend, After-Touch usw.) und rufen MIDI-Sequencer ab, die im Spiel einbezogen werden. Bei der Uraufführung (10.03.1991) des Stücks wurde ein Macintosh-IIcx-Computer mit dem MIDI-Sequencer *Opcode Vision* verwendet.

Die Vorbereitung der Sampleprogramme hat Bouliane größtenteils nach Ende seiner Produktion selbst zu Hause gemacht. Das ist untypisch für die Arbeit im elektronischen Studio. Normalerweise nutzen die Komponisten sehr intensiv die Assistenz von Klangregisseur, Toningenieur oder Tontechniker, und fast alle verbringen viel Zeit allein im Studio, meistens abends, um Neues zu überlegen oder vorzubereiten. Die unentbehrliche Notwendigkeit einer tiefen Auseinandersetzung mit der Apparatur wird deutlich, um wirklich Neues zu schaffen. Jean-Claude Eloy stellt diese Problematik ganz klar heraus:

> Also, ich bin sicher, dass es viele Möglichkeiten des MIDI-Systems gibt, die ich noch nicht erforscht habe. Ich glaube, man muss ein paar dieser Geräte selber besitzen, um wirklich zu lernen, wie man sich ihrer bedient und all ihre Möglichkeiten nutzt. Man kann das nicht hundertprozentig in ein paar Monaten in einem Studio lernen. Diese paar Monate im Studio erlauben, einen Überblick zu gewinnen, aber man muss diese Erfahrungen bei sich daheim fortführen können, beliebig Zugang zu den Sachen haben und so (...) sein Wissen verfeinern über das, was diese Geräte können und was nicht.[8]

Die Erfahrungen bei der Produktion im Studio haben meistens großen Einfluss auf die zukünftige Arbeit der Komponisten und bringen sie manchmal zu neuen Wegen. Noch einmal Eloy:

> Ich habe unter dem Eindruck dieser Arbeit beschlossen, etwas in eigene Ausrüstung zu investieren, und habe angefangen, mir ein kleines, etwas moderneres

[7] Idem, S. 30 ff.
[8] Idem, S. 24.

Studio einzurichten und meine Arbeit dort fortzusetzen und zu perfektionieren.[9]

Allerdings stellt Eloy schon 1990 fest, dass die neue Technologie die Funktion des elektronischen Studios wesentlich verändert. Eine Bemerkung, mit der man sich im Lauf der Jahre beschäftigen musste:

> Ich glaube, dass in Zukunft die Beziehung zwischen den Komponisten und den Studios gesünder sein wird in dem Sinn, dass ein Komponist nicht mehr mit völlig leeren Händen in ein Studio kommt, um vier Monate eine Produktion zu machen und dabei buchstäblich das Studio erst kennenzulernen; sondern er wird ins Studio kommen, die Taschen voller Klänge, die Basisarbeit schon gemacht, sodass das große Studio nur noch für die reine Produktion da ist. Dadurch, dass ich zu Beginn erst die Geräte kennenlernen musste, war die Arbeit schwerfällig und hat sich verlangsamt.[10]

WDR-(Radio)Studio und (Kultur)Interface

Obwohl das Studio für elektronische Musik zum Hörfunk des WDR gehört, wurden in den 90er Jahren ausschließlich Stücke für Konzertaufführungen produziert. Zwar wurden alle Stücke gesendet, aber es gab keine Überlegung in Richtung elektronische Musik für das Radio oder multimediale Produktionen. Der Konzertbetrieb und insbesondere das Publikum der Neuen Musik blieben die Hauptziele. Es wurde nicht versucht, ein anderes Publikum anzusprechen.

Die Geschichte und die mediale Ausstrahlung des Studios wurden jedoch in die Werke mancher Komponisten einbezogen und leisteten einen Beitrag zur pluralistischen Auslegung des Studios. Anlehnungen an die Ästhetik der *Musique Concrete* und des Hörspiels bei dem Franzosen Luc Ferrari und an die experimentelle Umgebung von Improvisation, Performance und Pop-Elektronik bei dem Holländer Michel Waisvisz bezeugen dieses Vielfalt.

Das Tonband aus Luc Ferraris Stück *Porte Ouverte sur Ville* hat als Grundlage eine abstrakte Struktur mit durchkomponierten Zeitfenstern, die eine Reihenfolge von Ereignissen mit unterschiedlichen horizontalen und vertikalen Dichten darstellt. Es gibt also keine Partitur im herkömmlichen Sinn. In dieser Zeit-

---

[9] Idem, S. 24.
[10] Idem, S. 24.

struktur wurden zum großen Teil zufällige Fragmente aus dem Radio eingesetzt, und zwar in einem automatischen, willkürlichen Verfahren: Ein Techniker wählte per Hand zufällige Radiostationen aus, ein anderer machte die Regler auf und zu und nahm so auf, was gerade im Radio gesendet wurde.

Dieser Automatismus aus „Öffnen und Schließen"[11] bezieht zusätzliches Klangmaterial ein, wie z.B. Aufnahmen vom Ambiente einer Spielhalle oder von einer Autofahrt, die genauso wie die Radiofragmente kaum nachbearbeitet in der Zeitstruktur eingesetzt wurden. Zu dem fertigen Tonband und mit deutlichen Bezügen auf seine Klänge komponierte später Ferrari die Instrumentalmusik (für Oboe, Klarinette, Bassklarinette, Schlagzeug und Viola).

Michel Waisvisz arbeitete lediglich einen Monat lang in dem, was er als „Tempel der elektronischen Musik"[12] bezeichnet. Die Atmosphäre des elektronischen Studios hat ihn fasziniert und überrascht. Vor allem der scheinbar chaotische, aber äußerst lebendige und allgegenwärtige Zustand des Bandarchivs. Vorurteile lassen sich dadurch zum Positiven umkippen:

> In einem Land wie Deutschland hätte ich erwartet, dass solche Bänder in einem Museum für ernste Kunst oder Philosophie ausgestellt worden wären oder sich in einem elektronisch bewachten Bunker befänden – doch stattdessen lagen sie da einfach herum.[13]

Als eine „ausgesprochen anregende Konfrontation" bezeichnet Waisvisz seine kurze Experimentierphase im WDR-Studio. Aus Zeitmangel hat er auf die geplante Realisationsphase im Studio verzichtet. Der Dialog zwischen gegensätzlichen Traditionen der elektronischen Musik kennzeichnet die Ästhetik seines Stücks *Faustos Schrei* – für „The Hands", Tanz und Stimme, das „weder in einem Studio noch am Schreibtisch des Komponisten, sondern in der Realität verschiedener Konzertsäle"[14] entstand.

Der in der STEIM Amsterdam entwickelte und vom Komponisten selbst bediente MIDI-Controller „The Hands" spielt die zentrale Rolle bei der Aufführung. Unterschiedliche Klänge und programmierte Klangsequenzen lassen sich

[11] Musik + Computer (1994), S. 36.
[12] Idem, S. 13.
[13] Idem, S. 13.
[14] Idem, S. 13.

damit live steuern, unter anderem Klänge aus dem großen WDR-Analog-Synthesizer EMS Synthi 100.

Elektronisch-instrumentale Klangwelt

Die elektronische Musik der 90er Jahre pflegte eine enge Beziehung zur Instrumentalmusik. Sie ist sowohl Ausgangspunkt für die Annäherung an die Elektronik als auch Ziel einer Ästhetik, in der elektronische Klänge vorwiegend im Zusammenwirken mit traditionellen Instrumenten ihre Berechtigung überhaupt finden.

Grundlage dieser Entwicklung ist zweifellos die Technologie der Digitalisierung, die eine neue, nicht lineare Repräsentation vom Klang als reproduzierbares Phänomen selbstverständlich macht. Die Tonbandmaschine steht als Prototyp für die Möglichkeit, den Klang elektronisch zu reproduzieren. Man kann damit den Verlauf der Klangaufnahme manipulieren, sogar radikal durch verfremdende Methoden, aber es ändert sich nichts an der Tatsache, dass Bandsysteme die Übersetzung linearen Denkens durch elektromagnetische Aufzeichnungen symbolisieren.

Digitale Systeme dagegen zersetzen den Klang zu einer atomischen punktartigen Struktur. Der Klang zerfällt in ein Mosaik von Zahlen, und die Bindung mit dem zeitlichen Klanggewebe löst sich auf. Diese „Granularstruktur", die von Computern und künstlichen Intelligenzen manipuliert werden kann, ersetzt das diskursive Denken und fördert das Bewusstsein von der Mikrostruktur des Klangs. Digitalsysteme wie Sampler, Harddisk usw. stehen als Prototyp für die Möglichkeit, den Klang elektronisch zu projektieren, d.h. neu zu erfinden.

Dieses Bewusstsein ist ein Dialogprozess von Informationsgewinnung durch Analyse und Synthese von vorhandenen Informationen, bei denen instrumentale und elektronische Klänge in ständiger Wechselwirkung stehen. Mal dienen Instrumentalsamples als Vorlage für neue elektronische Klangerfahrungen, mal entwickeln sich neue instrumentale Techniken durch Projektionen synthetisierter Klänge auf das Instrumentalspiel.

In den Stücken *Spiel/Abbruch* (Ensemble und Tonband) von Jörg Birkenkötter und *Tsi-Shin-Kut* (Schlagzeugquartett und Tonband) von Younghi Pagh-Paan führt das entfremdende Wechselspiel von Klangereignissen zur Verschmelzung der Wahrnehmung von Instrumenten und Elektronik. Beide Komponisten entwickelten die elektronische Musik aus instrumentalen Klangquellen: Samples insbesondere von Schlagzeug, Klavier und Akkordeon bei Birkenkötter und von Schlagzeug und Kontrabassflöte bei Pagh-Paan.

Bei beiden Stücken fungieren schon die gesampelten Klänge als Kompositionsmodelle für das Ganze. Ungewöhnliche Spieltechniken finden ihre Korrelation in der elektronischen Verfremdung, die sich wiederum auf die später unternommene Komposition der Instrumentalmusik auswirkt. Aus dem Material konstituiert und entwickelt sich „dieser scheinbare Widerspruch zwischen Erfundenem und Verfügbarem“[15], der zum Charakter der Musik Birkenkötters beiträgt. Bei Pagh-Paan erkennt man eine vergleichbare Dialektik, aber auch die Absicht, die Klanglandschaft auf einen kompakten, durch die Tradition von koreanischer Bauernmusik inspirierten Raum zu reduzieren.

Sowohl Birkenkötter als auch Pagh-Paan machten im WDR ihre erste Erfahrung mit elektronischer Komposition. Ihre Annäherung an die Elektronik zeigt die Faszination über die Möglichkeiten der Apparate, aber auch den erforderlichen Kritikansatz über die automatische Programmierung und das Funktionieren der Apparate als Selbstzweck. Dazu Pagh-Paan:

> Durch meine Arbeit möchte ich dazu anregen, unsere „Wegwerfgesellschaft“ kritisch zu überdenken. Ich wende mich gegen den Trend, alles nach oberflächlichem Gebrauch wegzuwerfen, um sich noch perfektere, bequemere Geräte zu kaufen; mir liegt an einer Gleichbehandlung einfacher, uralter Schlaginstrumente mit den Klangprodukten eben solcher elektronischer Geräte, die nicht mehr zu den neuesten Modellen gehören.[16]

Bei Birkenkötter deutet die Kritik auf die Notwendigkeit, die Erfahrung auf Grenzbereiche der Klangwahrnehmung zu erweitern, um den Entfremdungsprozess zu durchleuchten. Der verführerische Glanz der Oberfläche der Apparate soll hiermit aufgedeckt werden:

> Droht die erwähnte Eigendynamik des elektronischen Materials gelegentlich gefährlich in die Nähe klischeehaften „Sound-Schwelgens“ zu geraten, so wird

[15] Jahn (1997).
[16] Musik + Computer (1994), S. 12.

als Gegenpol – zumindest an einer Stelle des Stückes deutlich an der Höroberfläche wahrnehmbar – der technische Aspekt des Tonbands als Reproduktionsgerät thematisiert.[17]

Literaturverzeichnis

Chagas, Paulo C. (2021). „Ein Überblick über die wichtigsten Geräte. Studio für elektronische Musik des Westdeutschen Rundfunks (1990)." In: *Zwischen Klängen und Apparaten: Zur Theorie und Praxis der elektronischen Musik*, (15-47), Remscheid: Rediroma-Verlag.

Chagas, Paulo C. / Lies, Heike (1992). *Une soirée électronique. Eine Dokumentation der Arbeit von Jean-Claude Eloy und Denys Bouliane im Studio für Elektronische Musik des Westdeutschen Rundfunks.* Köln: WDR Studio für Elektronische Musik (unveröffentlicht).

Flusser, Vilém (1997). *Für eine Philosophie der Fotografie* (8. Aufl.). Göttingen: European Photography.

Höller, York (1990). *Das Studio für Elektronische Musik des Westdeutschen Rundfunks. Entwicklung und Ausblick.* Köln: WDR Studio für Elektronische Musik (unveröffentlicht).

Jahn, Hans-Peter (1997). „Das Material-Aushorchen. Einige Bemerkungen zur Musik von Jörg Birkenkötter." *Heft der CD WER 286 536-2*. Mainz: Schott Wergo Verlag.

Musik + Computer (1994). Sieben Konzerte in neuen Klangregionen. *Programmheft der Konzertreihe im Rahmen der MusikTriennale '94*. Köln: WDR.

[17] Idem, S. 27.

WDR - Studio für elektronische Musik, Studio-Apparatur

Stand: Dezember 1999 (Überarbeitung 2021)
Zusammenstellung von Paulo C. Chagas und Volker Müller

1. Mischpulte

1 x Lawo PTR (Programmierbare Tonregie)
Spezielle Anfertigung für das elektronische Studio
Analoges Mischpult mit abgesetzter digitaler Ansteuerung
48 Monitor-Inline-Kanäle (mit zusätzlichen Ausgängen in jedem Kanal)
Einheitlich strukturierte Kanäle für Eingänge, Aux, Ausgänge, Lautstärke usw.
36 Gruppen können gebildet werden
42 Motorfader
28 Speicher für Einstellung (Snapshots, keine Zeitautomation)
1 x Semrau, Analog 24 x 4
1 x Sennheiser M8 Professional, Analog 12 x 2
2 x Zwischenrahmen (Misch- und Bedieneinheit zwischen den analogen Bandmaschinen)
5 x Stereo Line In, Stereo Out, Mono Out, Querverbindungen, Abhörfeld, 60 Klinken
2 x Yamaha DMP7 Digital Mixing Processor (auch als MIDI-steuerbare Multi-VCAs verwendet)
2 x abe-Mixer, Analog 16 x 2

2. Verstärker

16 x Klein&Hummel AK 120
2 x Urei 6260 (2 Kanäle)
1 x Spendor RB50 (2 Kanäle)

3. Lautsprecher

16 x Urei 811C
16 x Altec O 81
4 x Spendor M50 ARD
4 x JBL 4425
2 x Spendor SA3 WDR
2 x Spendor SA1
4 x JBL Control 1

2 x JBL 4345 (als Sub-Bass verwendet)

4. Verbindungsfelder

1 x Klinkenfeld im Raum 304: 1152 Klinken
1 x Klinkenfeld im Raum 304: 20 XLR-Klinken
1 x Klinkenfeld im Raum 303: 196 Klinken
1 x Klinkenfeld im Raum 303: 30 XLR-Klinken
1 x Klinkenfeld im Raum 302: 78 XLR-Klinken
1 x Klinkenfeld im Raum 305: 192 Klinken

5. Tonbandgeräte

5.1 Mehrspur Digital

2 x Sony PCM 3324-A 24-Spur (können als eine 48-Spur verwendet werden)
2 x Remote-Control RM3310 hierzu

5.2 Mehrspur Analog

1 x Telefunken M15-A 2 Zoll 24-Spur mit Telcom
1 x Telefunken M15-A 2 Zoll 16-Spur mit Telcom
1 x Telefunken M15-A 1 Zoll 8-Spur mit Telcom
1 x Telefunken M10-A 1 Zoll 4-Spur mit Telcom
1 x Revox C278 1/2 Zoll 8-Spur
1 x Revox C274 1/4 Zoll 4-Spur

5.3 Stereo/2-Spur Analog

2 x Telefunken M15-A 1/4 Zoll Stereo 76/38
4 x Telefunken M15-A 1/4 Zoll Stereo 38/19
2 x Telefunken M21 1/4 Zoll 2-Spur 38/19

5.4 DAT-Recorder

2 x Sony DAT-Recorder PCM 7030
2 X RTW DAT-Control (Fernbedienung für PCM 7030)
1 x Sony DAT-Recorder PCM 2700

5.5 Cassetten-Recorder

2 x Studer-Cassetten-Recorder A710

6. Andere Studiogeräte

6.1 Monitore/Sichtgeräte

2 Einheiten NTP 377-100 (36-Kanal)
2 Barco Monitore CM51
2 x Filbig Stereo-Sichtgerät SSG-5
2 x Sony DMU 3024 Digital Meter Unity (fest den SONY-3324-A zugeordnet)

6.2 Effektgeräte/Prozessoren

1 x Lexicon 480L Digital Effects System mit LARC-Fernbedienung
6 x Lexicon PCM70 Digital Effects Processor (auch als MIDI-steuerbare Multi-VCAs verwendet)
2 x Eventide 3500 Ultra-Harmonizer
2 x Yamaha SPX 990 Multi-Effect Processor

6.3 SMPTE

1 x Alpermann+Velte TC30 TimeCode Generator
1 x Alpermann+Velte TC30 TimeCode Reader
1 x Alpermann+Velte TC30 TimeCode Reader/Inserter

6.4 Diverses

1 x Studer A727-CD-Player
1 x Studer B261-FM Tuner

7. Klangerzeuger

7.1 Analog-Synthesizer / Klangverarbeitung

1 x EMS Synthi 100
1 x EMS Vocoder 2000
1 x EMS AKS
1 x EMS-4-Ring-Modulatoren
1 x EMS QUEG Quadrophonischer Effekt-Generator

7.2 Workstations/Sampler

1 x Emulator II, 8-stimmig
1 x Fairlight III, 8-stimmig
1 x Fairlight III, 2-stimmig
1 x Akai S1000, 32 MB RAM, 16-stimmig

2 x SampleCell, 32MB RAM, 16-stimmig (in Pro Tools-System integriert)

7.3 Digital-Synthesizer
1 x Yamaha TX 816
2 x Yamaha TG 802
1 x Yamaha DX7 II
1 x Yamaha SY 99

8. MIDI-Geräte

8.1 Controller
1 x Kurzweil-Midiboard (Master-Keyboard)
1 x JLCCooper FaderMaster Pro (Midi-Automation-Controller)
1 x Roland Octapad II Pad-80 (Drum-Controller)
1 x Fairligh VoiceTracker (Voice to MIDI)
6 x Yamaha MFC 1 (Midi-Foot-Controller)

8.2 Interfaces
1 x Opcode Studio 5 Interface (Macintosh MIDI-RS442)
1 x Motu MidiTimePiece Interface (Macintosh MIDI-RS442)
1 x Motu MidiTimePiece II Interface (Macintosh MIDI-RS442)
1 x C-Lab Unitor (ATARI 1040 ST)
1 x C-Lab Combiner (ATARI 1040 ST)

8.3 Processor/ Matrix
1 x Yamaha MEP 4 (Midi Event Processor)
1 x JL Cooper MSP (Midi Matrix)
2 x Miditemp PMM 88
1 x EMS 3 MIDI to CV Interfaces

8.4 Hardware MIDI-Sequencer
1 x Yamaha QX1

9. Computer

9.1. Hardware

9.1.1. Rechner

2 x Atari 1040 ST
1 x Macintosh IIfx, 32MB RAM, 1GB Intern Harddisk
1 x Macintosh PowerPC 7100, 139MB RAM, 1GB Intern Harddisk
1 x Macintosh PowerPC 8100, 270MB RAM, 2GB Intern Harddisk

9.1.2. Monitore
3 x Miro C2085E – 20 Zoll
1 x Apple Multiple Scan – 20 Zoll
1 x MAG Technology MXE17 S – 17 Zoll
1 x Apple – 13 Zoll

9.1.2.1. RGB und ADB-Verstärker
2 x Gefen Systems (35 m Entfernung zwischen Rechner und Terminal)

9.1.3. Drucker
1 x Hewlett Packard 4MV (DIN A3)
1 x Hewlett Packard DeskWriter 540
1 x Epson LQ 850+

9.1.4. Laufwerke
1 x 4GB External Harddisk
1 x 2GB External Harddisk
2 x MOD 650MB
2 x Streamer (8 mm Cartridge)
1 x SyQuest 40MB

9.2. Harddisk-Recording
1 x SoundAccelerator (SoundDesigner) (wurde von 1990 bis 1995 am Macintosh IIfx benutzt)
1 x Pro Tools III Nubus Sytem (an Macintosh PowerPC 8100 angeschlossen):
  2 x 888 I/O Audio Interface
  1 x SSD (SMPTE Slave Driver)
  1 x Expansion Chassis
  2 x I/O Karte
  4 x DSP Farm
  2 x SampleCell (jeweils 32MB RAM)
  1 x Lexicon NuVerb
  4 x 9.1GB Hard-Disk (Wechselplatte)

1 x Pro Tools III Nubus Sytem (an Macintosh PowerPC 7100 angeschlossen):
 1 x 888 I/O Audio Interface
 1 x SSD (SMPTE Slave Driver)
 1 x I/O Karte
 1 x DSP Farm
 2 x 9.1GB Hard-Disk Disk (Wechselplatte)

9.3. Software (nur die wichtigsten Programme sind aufgeführt)

9.3.1 Atari
C-LAB Notator (MIDI-Sequencer)
Steinberg Cubase (MIDI-Sequencer)
C-LAB X-alyser (MIDI-Editor)
Steinberg Synthworks SY-77 (MIDI-Editor)
Dr.T's Lexicon PCM-70 (MIDI-Editor)
Marcel-Schmidt-Zeitplan (Zeit-Algorithmen)

9.3.2. Macintosh

9.3.2.1 System, Utilities, Vernetzung, Backup
Apple Systemsoftware 7.6.1
FWB HDT Tools 2.0.6
Norton Utilities 3.2.1.
Farallon Timbuktu Pro 2.0.3
Netscape-Navigator 3.0.1
Grey Matter Response Mezzo 3.0
Dantz Retrospect 3.0

9.3.2.2 Text, Grafik, Programmiersprache
Microsoft Office 4.2.1
Microsof Word 5.1
Adobe Acrobat Reader 3.0
Claris Draw 1.03
Apple/Digitool Common Lisp 4.2
ResEdit 2.1.3

9.3.2.3 Musik

9.3.2.3.1 MIDI/Notation
Motu Performer (bis ca. 1995)
Opcode Vision (bis ca.1995)
Opcode Galaxy Editor 2.1
OMS 2.3.2
FreeMIDI 1.4
Opcode/IRCAM Max 3.5.8
Coda Finale 98

9.3.2.3.2 Audio
Passport Alchemy (bis ca. 1995)
Digidesing Softsynth (bis ca. 1995)
Digidesing Turbosynth 2.2
Digidesign Sound Designer II 2.82
Digidesign Pro Tools 4.11
Digidesign DAE 3.23
Motu DigitalPerformer 2.11
APB ∑1 1.01
ABP-Tools EM I (Ethernal Machine) 1.11
Antares Infinity 3.1.4
Gallery SampleSearch 2.1
Lexicon NuVerb 1.03 (Editor)
Steinberg TimeBandit 1.05

9.3.2.3.2.1 TDM Plugins
Digidesign Pro Tools 4.11 Standard Plugins
Digidesign DINR 2.2
Digidesign D-Verb 1.2
INA GRM Tools I und II 2.3
Wave TDM Bundle 2.3.1 (C1, L1, Q1/Q10 usw.)
Crystal River Engineering Protron 1.0 (bis Pro Tools 3.2)

9.3.2.3.3 IRCAM (Forum-Software)
Patchwork 2.6.5
Audiosculpt 1.7.3
Diphone 2.5.2
Modalys 1.7

5. Der Pluralistische Raum.

Die Produktion des Studios für elektronische Musik des WDR in den 90er Jahren. Eine Einführung und Dokumentation.[1]

Teil III

Das 1951 gegründete Studio für elektronische Musik des WDR bietet eine mediale Plattform für die Realisation elektronischer und instrumentaler bzw. vokaler Kompositionen. In den Produktionen des Studios lassen sich die ästhetischen Ansätze und Kategorien erkennen, die die gesamte musikalische Entwicklung der Musik der zweiten Hälfte des 20. Jahrhunderts begleiten. Die Werke zeigen das breite pluralistische Spektrum der Neuen Musik mit all ihren Tendenzen, Zielen, Utopien: gelungene und gescheiterte Versuche.

Die räumlichen und technischen Einrichtungen des WDR-Studios, die ich im ersten und zweiten Teil meines Aufsatzes vorgestellt habe, spielen eine entscheidende Rolle bei der Realisation der Stücke. In den 90er Jahren kohabitieren und ergänzen sich die alten analogen und die neuen digitalen Apparate, wobei die Erfahrung der analogen Ära weiter verarbeitet wird und sich weiterhin als ausschlaggebend in der Produktion erweist.

In seinem ursprünglichen Konzept ist das elektronische Studio als ein komplexer aus Menschen und technischen Einrichtungen bestehender Apparat zu verstehen. Die Realisation der Stücke findet in einem Prozess des Informationsaustauschs zwischen dem Komponisten und den technischen und künstlerischen Mitarbeitern des Studios (Toningenieur, Tontechniker und Klangregisseur) statt. Der Dialog spiegelt sich in den Werken und fließt als Rückkopplung in den Studioapparat zurück.

In der Betrachtung der Werke der 90er Jahre versuche ich wesentliche Merkmale dieses Dialogs zu durchleuchten. Der zweite Teil meines Aufsatzes war den Werken von Jean-Claude Eloy, Denys Bouliane, Luc Ferrari, Michel Waisvisz, Jörg Birkenkötter und Younghi Pagh-Paan gewidmet. In dem vorliegenden drit-

---

[1] Originalveröffentlichung: Paulo C. Chagas: Der Pluralistische Raum: die Produktion des Studios für Elektronische Musik des WDR in den 90er Jahren. Eine Einführung und Dokumentation Teil III, *Mitteilungen DEGEM* 37, 2000, S. 30-36.

ten und abschließenden Teil werden Werke von York Höller, Jonathan Harvey, John McGuire, Paulo C. Chagas, Marco Stroppa, Mauricio Sotelo und Karlheinz Stockhausen untersucht.

Der Veränderungsprozess der Medien beschleunigt sich in der zweiten Hälfte der 90er Jahre, umfasst den WDR als Ganzes und betrifft insbesondere das Studio für elektronische Musik. Dessen Bestehen wird zwar von den Verantwortlichen als gesichert bezeichnet, de facto aber immer wieder in Frage gestellt. Es wird hier der Versuch unternommen, diese Entwicklung im Kontext jener Kulturkrise, die die Erschöpfung (den Wertverlust) der alten Codestrukturen zeigt, zu verfolgen. Zugleich soll die Aufmerksamkeit auf die Rolle der elektronischen Musik in der entstehenden Informationsgesellschaft gelenkt werden.

Live-Elektronik I: Spiel- und Klanggestalt

Die Stücke *Pensées* (1994) von York Höller und *One Evening ...* (1993-1994) von Jonathan Harvey zeigen unterschiedliche Ansätze der Live-Elektronik der 90er Jahre. Beide Komponisten hatten vorher mehrere Stücke für reines Tonband und für Tonband mit Instrumenten bzw. Stimmen komponiert. Beide legen große Bedeutung auf die Flexibilität der Elektronik bei der Aufführung (im Zusammenhang mit traditionellen Instrumenten und Stimmen) und setzen dazu eine relativ hohe Erwartung in die Neuen Medien. Die eigenen Erfahrungen von Höller und Harvey mit digitaler Technologie, die grundsätzlich auf ihre Arbeit beim IRCAM-Paris zurückzuführen sind, haben ebenfalls eine große Rolle bei der Auswahl der Mittel gespielt.

Die Live-Elektronik von Höllers *Pensées – Requiem für Klavier, großes Orchester und Live-Elektronik* basiert auf dem Einsatz eines MIDI-Flügels, der synthetische Klänge steuert (Yamaha-FM-Synthesizer SY77 und später SY99). Der MIDI-Flügel übernimmt die Funktion, „das Klangspektrum des seit langem mehr oder minder standardisierten Orchesterapparats auf charakteristische Weise“[2] zu erweitern.

Bei der Realisation des Stücks geht Höller bewusst von einem begrenzten Klangmaterial aus. Er stellte ein Repertoire von 25 synthetischen Klängen her,

[2] Höller (1993), S. 15.

die „in ihrer Charakteristik eine gewisse Affinität zum Klavierklang haben“[3]. Diese in sich fein nuancierten Klänge werden im Lauf des Stücks nacheinander abgerufen und mischen sich mit dem akustischen Klang des Klaviers, der mit Mikrofonen verstärkt und zusammen mit den elektronischen Klängen im Raum wiedergegeben wird. Die elektronischen Klänge bilden eine Einheit mit den Klängen des Klaviers, nicht nur durch ihre spektrale Struktur, sondern durch ihre gezielte Abhängigkeit zur Dynamik. Die MIDI-Velocity steuert sowohl die Lautstärke als auch klangspezifische Parameter der FM-Synthese wie beispielsweise Filter, Hüllkurven, FM-Operatoren usw.

Der Höhepunkt des Stückes in Hinsicht auf die Live-Elektronik ist die lange Kadenz. Hier spielt der Pianist mit einem Computer und steuert dabei vorprogrammierte elektronische Töne und Sequenzen im Wechselspiel mit sich selbst. Diese mit der Max-Software programmierte typische Score-Following-Anwendung wird von Höller als „eine Art von „Dialog“ zwischen Mensch und Maschine“[4] bezeichnet.

Die Kadenz verzichtet auf „jede äußerliche Virtuosität“ und setzt stattdessen die Konstruktion einer subtilen Klangwelt in den Vordergrund. Sie verbindet die pianistische Tradition (und ihre vielfältigen Nuancen) mit der klanglichen Erweiterung durch die Elektronik, sodass sich hier Spielgestalt und Klanggestalt zu einem einheitlichen ästhetischen Prinzip verschmelzen.

Nach der Kadenz, im letzten Teil von *Pensées*, verwendet Höller zusammen mit dem Orchester und dem Klavier ein vorproduziertes 4-Kanal-Tonband, in dem neues Klangmaterial auftaucht, u.a. Verfremdung von Klängen, die im Inneren des Klaviers produziert wurden. Die Frage ist: Warum wird hier das Konzept von Live-Elektronik nicht weitergeführt? Eine Erklärung findet sich in Höllers damaligen Utopien und Vorstellungen von den Grenzen der Elektronik der 90er Jahre:

> Meine Idealvorstellung wäre die, dass man anstelle eines Vierkanaltonbands, das unerbittlich abläuft, das ganze Klangmaterial jeder Spur in Form von Einzelklängen auf vier Samplern oder vier Computern hat und dass die Klänge dann

[3] Idem, S. 16.
[4] Idem, S. 17.

> mit großer Flexibilität vom ‚Keyboarder' direkt ins Spiel gebracht werden können; aber davon sind wir ziemlich weit entfernt.[5]

Um die gleiche Problematik geht es auch in der Live-Elektronik von *One Evening ...* für Sopran, Mezzosopran und Kammerensemble (Flöte/Bassflöte/Piccolo, Oboe/Englisch- Horn, Horn, Schlagzeug, Harfe, Violoncello, zwei Midi-Keyboarder). Das Konzept von Jonathan Harvey stellt eine Kombination von drei parallelen Strategien vor:

1. Einspielung von vorproduziertem Material;
2. Midi-Keyboard-gesteuerte Sample-Instrumente;
3. Live-Verfremdung von Instrumenten.

Harvey entwickelt sein Konzept in enger Zusammenarbeit mit den Studiomitarbeitern und greift auf wichtige Erfahrungen aus der Geschichte des Studios zurück. Eine seiner Grundideen ist die Transformation von Dauer in Klangfarben durch die Beschleunigung von rhythmischen Zellen. Dies entspricht der Vorstellung von kontinuierlichem Übergang zwischen musikalischen Parametern, die von Stockhausen als Komposition im Zeitkontinuum bezeichnet wird.[6]

Der Beschleunigungsprozess wurde mit dem Fairlight III realisiert. Man nutzt die Möglichkeit dieses Systems, Wellenformen per Hand zu zeichnen und über mehrere Oktaven zu transponieren. Die extreme Variation der Sampling-Rate des Fairlights (zwischen 5 und 100 kHz), die übrigens bei keinem anderen kommerziellen Sampler zu finden ist, ermöglicht die Wahrnehmung der unterschiedlichen Klangbereiche. Früher hätte man solche Prozesse mit Impulsgeneratoren und Tonbandmaschinen in mehreren Etappen realisieren müssen. Und natürlich mit ganz anderen Konsequenzen, was die Klangqualität betrifft.[7]

Die andere Grundidee ist die Transformation von instrumentalen Samples. Grundsätzlich handelt es sich nicht um Entfremdung, sondern vor allem um Erweiterungen des instrumentalen Klangs durch künstliche elektronische „Resonanzen“ spektraler und harmonischer Art. So sind z.B. Resonanzen von gezupften Saiten (Harfe) subtil moduliert und als vorproduziertes Ereignis eingespielt. Der Klang einiger Instrumente wurde mit Harmonizern livetransformiert

[5] Idem, S. 84.
[6] Vgl. Stockhausen (1978a), S. 360 f.
[7] Vgl. die Realisation von Kontakt in Stockhausen (1978a), S. 360 f.

und erzeugt dadurch harmonische Felder, die vollkommen in der Klangwelt des Ensembles integriert sind.

Die Sample-Instrumente – wie z.B. eine indische Tabla – übernehmen eine dramaturgische Rolle in Bezug auf die zentrale Idee des Stückes, verschiedene Arten von Bewusstsein zu behandeln und die Einheit zwischen den physischen und spirituellen Welten durch den Übergang von Rhythmus zur Klangfarbe symbolisch darzustellen. Elektronische und Vokal- und Instrumentalmusik erweitern und ergänzen sich in diesem Stück, das meiner Meinung nach beispielhaft zeigt, wie die Live-Elektronik mit der Tradition der Kammermusik in einer Einheit zu gestalten ist.

Klangsequenzen: Serialismus und Minimalismus

Den Versuch, eine Synthese zu entwickeln – zwischen dem amerikanischen Minimalismus und dem europäischen Serialismus –, kennzeichnet nach eigener Darstellung die Musik von John McGuire. Sein konstruktivistischer Ansatz basiert auf grundlegenden musikalischen Elementen, vor allem auf tonalen Funktionen und zeitlicher Periodizität. Die elektronische Musik McGuires distanziert sich von instrumentalen Modellen. Sie beruht auf persönlichen algorithmischen Konzepten, die mit traditionellen Instrumenten nicht darstellbar sind. An den seit 1978 entstandenen drei Werken lässt sich aufgrund der Kontinuität seines kompositorischen Ansatzes deutlich erkennen, wie sich mit neuen technischen Möglichkeiten seine Ideen weiterentwickelt haben und immer präziser realisierbar wurden.

Pulse Music III (1978) wurde mit dem EMS Synth 100 realisiert und nutzt sehr intensiv dessen eingebauten Sequenzer; *Vanishing Points* (1988) verwendet den Hardware-MIDI-Sequenzer Yamaha QX1 und den Synthesizer Yamaha TX816 als Klangerzeuger. *A Cappella* (1992-1997) benutzt den Software-MIDI-Sequenzer Cubase (Atari 1040ST), um Samplers auf dem Fairlight III zu steuern.1

Der Sequenzer wurde zum wichtigen Werkzeug für die Realisation von McGuires elektronischer Musik. Einige Elemente seiner Ästhetik – wie z.B. die periodischen Motive, die mikroskopische Quantisierung des Rhythmus und die wechselnde Wiederholung – weisen auf eine „sequenzielle Denkweise“ hin.

Trotzdem bestreitet McGuire einen ausgeprägten Einfluss des Sequenzers in seiner Komposition:

> By the time I began the sketching and production of *A Cappella*, my compositional ideas were influencing the way I used the sequencer, rather than the other way around. Put more simply, the sequencer had almost no influence on my compositional ideas at the time.[8]

Was das Material betrifft, ist *A Cappella* für Sängerin und Tonband das reduzierteste Stück, das in der 90er Jahren im WDR-Studio produziert wurde. McGuire verwendet Samples von nur drei gesungenen Vokalen (e, a und u in englischer Aussprache).[9] Das Vokalregister wird künstlich erweitert, aber die Klangfarbe der Stimme wird grundsätzlich nicht verfremdet.

Mit dem Material schafft McGuire eine komplexe Polyphonie musikalischer Schichten zweier Arten: Farb-Sequenzen und Tonhöhen-Sequenzen. Die Farb-Sequenzen sind auf den drei Vokalen aufgebaut (a, e und u) und produzieren schnellere rhythmische Variationen der Laute. Die Tonhöhen-Sequenzen sind auf Noten-Paaren in Intervallen von Quinten (z. B. C/G) und deren symmetrische Abweichungen aufgebaut (zum Beispiel B, D, F, A). Das zentrale Noten-Paar bewegt sich um den Quintenzyklus herum, bis alle Noten des Zyklus vorkommen und das Stück endet. Die elektronische Musik bildet zwei virtuelle Chöre, die bei der Aufführung mit der Live-Stimme der Sängerin gemischt werden.

Klangraum I: 12-kanalige elektronische Komposition

Wenige Werke der 90er Jahre haben sich mit der Raumkomposition beschäftigt und die einmaligen Möglichkeiten des elektronischen Studios zur Mehrkanal-Produktion in Anspruch genommen. Zu diesen zählen die Produktionen von Karlheinz Stockhausen, Marco Stroppa und meine Stücke *Migration* und *Projektion.*

[8] Brief von John McGuire an Paulo C. Chagas von 21. April 2000.

[9] Beth Griffith, der das Stück gewidmet ist, hat das Material aufgenommen und *A Cappella* uraufgeführt.

Migration (1995-1996) ist die erste mit Harddiskrecording im WDR-Studio produzierte zwölf-kanalige elektronische Musik. Sie wurde zum größten Teil von mir selbst (auch mit eigenen Equipment) realisiert. Um die Vielzahl der polyphonen Stimmen zu erreichen, musste ein Pro-Tools-III-Nubus-System mit insgesamt 32 Spuren mit zwei Sony-24-Spur-Digital-Tonbandmaschinen gekoppelt werden. Pro Tools und Sony wurden über SMPTE (MIDI-Timecode) synchronisiert und über das analoge Lawo-Mischpult verbunden. Die zwölfkanaligen Schichten wurden auf Pro Tools produziert; die Tonbandmaschine wurde für Zwischenmischungen (bis zu 48 Spuren auf zwölf gemischt) und für die Endmischung verwendet.

Die Grundlage der Komposition bilden Spektral- und Zeittransformation des Klangmaterials (hauptsächlich aus Sprache und Klavier). Das Sprachmaterial stammt aus Aufnahmen der Erzählung „Die Bibliothek von Babel“ von Jorge Luis Borges, deren Inhalt das Konzept des Stücks wesentlich prägt. Vielfältige Manipulationen der Sprach- und Klavierklänge durch FFT-Analyse und -Synthese (Filterung, Time-Stretching, Cross-Synthesis usw.) erfolgten mit der IRCAM-Software „Audiosculpt“. Das Programm bietet die Möglichkeit, dynamische und zeitliche Abläufe durch Scripts zu steuern und dadurch kompositorische Ideen zu automatisieren. Die Algorithmen wurden zuerst mit der IRCAM-Software Patchwork entwickelt und als Script-Dateien für „Audiosculpt“ programmiert.

Das Raumkonzept von *Migration* basiert auf einem Kreis von zwölf Wiedergabepunkten, die den Zuschauer wie eine Uhr umringen. Hierbei lässt sich deutlich der Einfluss der Architektur des Produktionsraums 304 mit seiner Ringkonstruktion an der Decke für die Aufhängung der Lautsprecher erkennen. Der Raum wurde von vornherein als Parameter der zwölf-kanaligen Komposition einbezogen, und zwar nach zwei Grundprinzipien:

1. Das Klangmaterial wird durch den Raum zerlegt, z.B. durch spektrale Dekomposition und bildet materialabhängige Klangräume unterschiedlicher Größe (ein bis zwölf Kanäle).
2. Das Klangmaterial wird durch den Raum bewegt, fast immer in Form von Rotationen über sechs und zwölf Lautsprecher in die Uhrzeigerrichtung und bildet virtuelle, in sich bewegende Sechs- und Zwölfeck-Klangräume.

Die Rotationen sind nicht willkürlich, sondern aus dem Material abgeleitet. Das Prinzip ist folgendes: Die dynamische Variation der Sprache wird als Steuerspannung abgetastet und in MIDI-Signal umgewandelt; die MIDI-Information wird dann mit der Software Max verarbeitet und erzeugt die Rotation.[10] Das Programm simuliert den Dämpfungsverlauf der Stereokanäle eines Pan-Pots – nach dem Prinzip der Einordnung von Monoschallquellen in der Regieanlage der sechziger Jahre. Das zu bewegende Monosignal wird gleichzeitig an sechs Lexicon PCM70 geschickt, deren Ausgangspegel (insgesamt zwölf Outputs) von dem Max-Programm über Midi-Controller gesteuert wird.

Die Dämpfungsverlaufskurve in Max kann frei definiert, sogar per Hand grafisch gezeichnet werden, sodass nicht nur die Geschwindigkeit der Bewegung, sondern ihre Qualität bestimmt wird. Dadurch ist es auch möglich, eine radikale Transformation des Klangs, ähnlich wie bei Granularsynthese, zu erzeugen. Aber wichtig ist vor allem die durch Steuerspannungen erzeugte Beziehung zwischen Klang und Bewegung, wodurch der Klangraum als strukturelle Eigenschaft der Klangkomposition als Bestandteil der Musik gestaltet wird.

Klangraum II: Psychoakustische Stereosimulation

Bei der Stereoversion von *Migration* wurde der zwölf-kanalige Klangraum mit dem Pro Tools-Plugin „Proton" für zwei Lautsprecher simuliert.[11] Der psychoakustische Algorithmus des Programms berechnet das Klangergebnis nach der Lautsprecherposition in Bezug auf einen virtuellen Hörer. Die Positionen der zwölf Lautsprecher müssten also nach Richtung, Entfernung und Höhe definiert werden, wobei die eigentliche Arbeit darin besteht, die für den musikalischen Zweck optimale Konfiguration zu finden. Die spektrale Struktur der Musik verändert sich dadurch, aber der ursprüngliche Klangraum – und vor allem die mehrkanaligen Bewegungen – bleiben erhalten. Bei *Migration* hat man tatsächlich das Gefühl, in der Mitte eines Kreises zu sitzen, obwohl die Musik nur Stereo abgebildet ist.

---

[10] Die Schaltung wurde von Volker Müller konzipiert. Sie verwendet den EMS Synth 100 für die Steuerspannung und den Emulator II für die Analog/Digital Umwandlung. Die Max-Software lief auf einem separaten Computer (Macintosh Power PC 7500). Der Engpass bei der MIDI-Übertragung begrenzte die Geschwindigkeit der Rotation.

[11] Das Plugin Proton (Crystal River Engineering) läuft mit Pro Tools Version 3.2. Seine Herstellung wurde eingestellt.

Diese Art von Stereoreduktion hat große Vorteile im Vergleich zu der Pan-Pot-Abmischung und bietet sich für die stereofonische Wiedergabe mehrkanaliger elektronischer Musik im Raum an. Anders als die sogenannten Binaural-Verfahren, die auf der Hörwahrnehmung mit Kopfhörer basieren, richtet sich diese psychoakustische Simulation auf das Hörerlebnis mit Lautsprechern. Andererseits hat sie den Nachteil, dass die Stereoabbildung nicht mono-kompatibel ist, was besonders für Radiosendungen problematisch sein kann.

Live-Elektronik II: MIDI-Klavier und Techno

Die zwölf-kanalige elektronische Musik von Migration wird in meinem Werk *Migration für MIDI-Klavier, Ensemble und Live-Elektronik* (1995-1997) integriert. Die Live-Elektronik nutzt die Möglichkeit des MIDI-Klaviers (Yamaha Disklavier Grand Piano), MIDI-Daten zu senden und zu empfangen. Es wird aber kein elektronischer Klangerzeuger (Synthesizer oder Sampler) verwendet.

Der Pianist bedient außer dem MIDI-Klavier ein MIDI-Keyboard, um die Algorithmen zu steuern (Max-Software/Macintosh), die das MIDI-Klavier spielen. Damit wird es zu einer Art Spielmaschine. Die Algorithmen basieren auf harmonischen Netzen von Intervallen, die als Akkorde oder melodische Sequenzen interpretiert werden. Die generierten Noten bringen die geräumigen Register des MIDI-Klaviers mit systematischer Wucht und rasanter Geschwindigkeit zum Klingen. Unabhängig davon wird der Klavierklang elektronisch verfremdet (Eventide Harmonizer 3500).

Die live-elektronische Musik meiner Techno-Oper *RAW* (1999) wird von den sechs beteiligten Musikern (drei MIDI-Masterkeyboards und drei MIDI-Drum-Pads) gespielt. Jeder Keyboarder steuert drei Synthesizer mit unterschiedlichen Klangcharakteristiken und einen Sampler. Jeder Schlagzeuger spielt neben akustischen Instrumenten ein MIDI-Drum-Pad und steuert damit einen Synthesizer. Die elektronische Musik wird vollständig live erzeugt ohne Einspielen von vorproduziertem Material, weder Tonband noch Harddisk-Recording. Die algorithmischen Prozesse beschränken sich auf synthesizerspezifische Patterns, die sich auf bestimmte Tempi und Rhythmen beziehen – also ähnliche wie komplexe „Arpeggiatoren“. Sie spielen eine entscheidende Rolle in der sehr rhythmisch akzentuierten Musik, die den vielfältigen und wechselnden Klangfarben auch einen gewissen orchestralen Charakter gibt.

RAW behandelt die Thematik Krieg und stellt dabei die Enttäuschung in den Mittelpunkt seiner Ästhetik. Die elektronische Musik ritualisiert die wahnsinnige zwiespältige Anziehung des Kriegs, der gleichzeitig Faszination und Ablehnung hervorruft. Damit verkörpert *RAW* die Ambivalenz des Kriegs und offenbart zugleich das Paradox der Technomusik: Sie übt die unkritische Faszination gegenüber den Apparaten, indem sie das Bewusstsein der Menschen durch ständig wiederholte Bewegungen programmiert; schafft ebenfalls immer neue Formen und zeigt musikalischen Erfindungsgeist. (Mit Techno wird übrigens erstmals das Musizieren mit Musikapparaten selbstverständlich.)

Klangraum III: Polyphonische Interferenzen

Die Idee der Komposition im zwölf-kanaligen Klangraum wird in meinem elektronischen Werk *Projektion* (1999) weiterentwickelt. Klangkomposition und Raumkomposition verschmelzen hier in der Absicht, die Klangraum-Struktur als Hauptparameter der Musik zu definieren. Ihre akustische Wahrnehmung erfolgt durch die Präsenz eines gleichmäßig rotierenden Rhythmus, der den Raum konfiguriert und dessen kontinuierliche Veränderung den Klangraum in Bewegung bringt.

Die Entstehung des Stücks beruht auf einem Zufall. Der Computer erlebt einen Crash beim Laden eines Sprachklangs und spielt ununterbrochen ein Fragment dieses Klangs: einen Laut von der Dauer von ein paar Millisekunden, der als Loop wiederholt wird. Der Computerklang speist den Input einer zwölfkanaligen „Rotationsmaschine". Sie arbeitet wie zwölf Zeitfenster, die sich nacheinander und regelmäßig öffnen und schließen und so den Klang abwechselnd in den zwölf Outputs durchlassen. Da die Dauer des Loops und der Zeitfenster nicht gleich sind, führen sie in den aus der Überlagerung der Rhythmen resultierenden Interferenzen (vergleichbar mit der Ausbreitung von akustischen Wellen im Raum) zu einer polyphonen Wahrnehmung des Klangraums.

Die Klangraum-Polyphonie wurde durch Transformationen der ursprünglichen 12-kanaligen Schicht weiterentwickelt. Fünf solcher neuen Schichten wurden erzeugt. Damit standen zur Mischung insgesamt 72 separate Spuren (6 x 12) an. Die Transformationen erfolgen durch die Manipulationen von Filter, Delay und Feedback auf der Basis von linearen und chaotischen Algorithmen.

Zwischenbereiche und Zwischenräume

Das elektronische Material von Marco Stroppas *Zwielicht* (1994-1999) für Kontrabass, zwei Schlagzeuger und 13-kanalige elektronische Musik entwickelt sich aus Instrumentalklängen, die teilweise aus der Sammlung des Komponisten stammen und teilweise im Studio aufgenommen wurden. Die mikroskopischen Eigenschaften des Klangmaterials prägen die Komposition der elektronischen Musik und spiegeln sich in der Gestaltung der makroskopischen Struktur des Stückes. Dessen abwechslungsreiche, farbige Verflechtungen instrumentaler und elektronischer Klänge wirken wie eine musikalische Verstärkung jenes Ausgangsmaterials, das der Komponist „Zwielichtklänge" genannt hat:

> Diese sind von sehr ungewöhnlicher Erscheinung, die selten im Konzert gehört werden können, weil sie zu leise oder unvorhersehbar sind, um sie zu reproduzieren. Beispielsweise kommt ein spezieller Klang zum Vorschein, der von der Natur und der Geschwindigkeit der Geste abhängt, wenn man sanft mehrere Male mit einer Stricknadel am Rand einer Crotale entlangreibt. Wenn eine Phrase des Kontrabasses mit einem extrem leichten, schnellen Bogen gespielt wird, so kommt von Zeit zu Zeit ein glühender, sehr lieblicher, panflötenähnlicher, flüchtiger Klang dabei heraus.[12]

In seiner Experimentierphase hat Stroppa sehr viele Aufnahmen von Schlaginstrumenten mit speziellen Mikrofonen gemacht, die sehr nah an den Instrumenten platziert wurden. Er hat auch Kontaktmikrofone benutzt, die die Schwingungen der Instrumente oder der Resonanzkörper direkt abnehmen. Diese von Stroppa selbst eingespielten Aufnahmen wirken als musikalische Geste seiner kompositorischen Absicht, nämlich die Übergänge komplexer akustischer Prozesse in den Vordergrund zu stellen und sie zu durchleuchten. Hierfür lassen sich zwei Methoden erkennen:

1. die dynamische Verstärkung der Übergangsform,
2. die temporale Ausdehnung der Übergangszeit.

Für die Klangtransformation und Formgestaltung verwendet Stroppa Software vom IRCAM (vor allem Audiosculpt) von ihm selbst sowie das Programm „Zeitplan" von Marcel Schmidt (Musikhochschule Köln). *Zwielicht* wurde mit Pro Tools III produziert, und Stroppa setzte Pro Tools auch für die Wiedergabe

[12] Stroppa (1999).

der elektronischen Musik bei der Uraufführung ein (10.04.1999 im Klaus-von-Bismarck-Saal des WDR). Pro Tools wurde hier nicht als Ersatz für die Tonbandmaschine, sondern als eigenständiges Medium benutzt. Stroppa hat die elektronische Musik noch während der Proben verändert, sie an die Instrumente und an die Raumcharakteristika angepasst und sich für eine Fassung entschieden, die lediglich eine Möglichkeit des Stücks darstellt.

Das Zwischenspiel des Klangs in unterschiedlichen Bereichen des Konzertsaals bestimmt das 13-kanalige Raumkonzept des Stücks: Fünf Lautsprecher sind auf der Bühne, zwei am Rand zwischen Bühne und Publikum und fünf weitere im Publikumsbereich. Die historische Erfahrung des Studios und ihrer technischen Möglichkeiten bezüglich der mehrkanaligen Raumkomposition begeisterten Stroppa und gaben den Anstoß für sein erweitertes Raumkonzept. Stroppa betont die „einzigartige Leistung des Studios“ für die Raumkomposition und betrachtet *Zwielicht* als eine Hommage an die berühmte Geschichte des Studios in diesem Bereich:

> Wie auch immer, Raum wird nicht als unabhängiger Parameter behandelt, getrennt von den Klängen, die in ihm entstehen. Im Gegenteil, jede Klangfamilie wurde mit einer gewissen „räumlichen Aura“ aufgenommen, die eine Sammlung räumlicher Charakteristika einmalig damit verknüpft. Nicht nur werden Klänge in den Raum projiziert, sondern der „Raum“ selbst bereichert jeden Klang.[13]

Zuhören und modellieren

Aus der Arbeit von Mauricio Sotelo im elektronischen Studio zwischen 1997 und 1999 ging die elektronische Musik seines kammermusikalischen Werks *Angel de la Tierra* sowie seiner Kammeroper *De Amore – Una Maschera die Cenere* und die Produktion der Solostücke *De Amore* für Violoncello und *Argo* für Saxofon hervor. Sotelo verwendet zum Teil dasselbe Material in diesen verschiedenen Stücken. Außerdem benutzt er Aufnahmen unterschiedlicher instrumentaler Werke von ihm (auch von Luigi Nono und Gustav Mahler) für die Realisation seiner elektronischen Komposition.

[13] Idem (1999).

Die eigene instrumentale Musik und die Auseinandersetzung mit ihrer medialen Reproduktion stehen also in Mittelpunkt seines Ansatzes. Das ist vor allem dem Medium Harddisk-Recording mit grafischer Softwareunterstützung zu verdanken. Pro Tools erleichtert den Zugang zur Tiefenstruktur des Materials, da es eine von musikalischen Begriffen geprägte Oberfläche bietet, die von einem Komponisten leicht zu lernen und zu bedienen ist. Sotelo arbeitet mit Pro Tools wie ein Bildhauer. Er stellt Klangmassen aus Mischungen von vorhandenen Aufnahmen her, formt und verformt die Materie durch intuitives und gezieltes Eingreifen: Montage, Manipulationen der Lautstärke und Klangfarbentransformation durch herkömmliche Effekte (Pro Tools Plugins). Die einzelnen Veränderungen sind zum Teil sehr subtil. Trotzdem geht es ihm nicht ums Detail, sondern um die Wahrnehmung des Ganzen.

Sotelo bezeichnet seine Methode als eine Vermittlung zwischen Beobachten und Zuhören und verfolgt seine Wurzel von der Gegenwart bis zur Renaissance, durch traditionelle Kunstformen, wissenschaftliche und philosophische Modelle. Die mündliche Überlieferung des „Canto Jondo“ – ein Ausdruck des musikalischen Flamencos – wird dabei zum Mittelpunkt seiner Erforschung. Aufnahmen von Flamenco-Sängerinnen werden als Klangmaterial verarbeitet und wirken zusätzlich als Quelle für Transformationsprozesse. Dabei führt die Analyse von Flamenco-Gesang zum Beispiel zu der Herstellung von Filterprogrammen (mit Patchwork und AudioSculpt) für spektrale Veränderungen des Materials (z.B. der Klangmasse).

Die neuen Erfahrungen mit den elektronischen Werkzeugen eröffnen ihm andererseits eine erweiterte Denkwelt bei der Komposition rein instrumentaler Musik: Zwei seiner Solostücke (für Violoncello und Saxofon), die im elektronischen Studio aufgenommen worden waren, aber wegen ihres spieltechnischen Schwierigkeitsgrads nicht das vermitteln konnten, was er mit dem Notentext strukturell vorgeschrieben hatte, bearbeitet er in akribischer Feinstarbeit mit den Korrekturverfahren, die nur die Digitaltechnik bietet, so lange, bis das Ergebnis dem entspricht, was er komponiert hatte. Auf diese Art wird nun möglich, den Instrumentalisten seine eigenen Vorstellungen nahezubringen, was wiederum dazu führt, dass über einen imitatorischen Lernprozess das instrumentale Training der Musiker zielgerichteter abläuft und sich damit ökonomisiert. Darauf aufbauend ergeben sich wieder neue Denkmöglichkeiten für künftige Kompositionen. Man fragt sich, wo die Grenze zwischen der elektronisch reproduzierten und der elektronisch erzeugten Musik liegt. Macht es heute überhaupt noch einen Sinn, über solche Grenzen zu sprechen?

Elektronische und intuitive Schwingungen

Karlheinz Stockhausen arbeitet im elektronischen Studio von 1990 bis 1998 in regelmäßigem Abstand von zwei Jahren. Dieser Sonderstatus lässt sich durch seinen künstlerischen und historischen Beitrag für das WDR-Studio erklären, und der zwei-Jahres-Rhythmus wurde von dem künstlerischen Leiter des Studios York Höller vorgeschlagen. Die von Stockhausen für mehrkanaliges Tonband produzierten elektronischen Werke erfüllen meistens eine Doppelfunktion: Sie sind elektronische Musik für selbstständige Aufführungen und zugleich Zuspielband für szenische oder quasi konzertante Aufführungen von *Licht*.

Stockhausen komponiert mit dem Parameter Raum. Bereits in den 50er Jahren setzte er Maßstäbe zur mehrkanaligen Raumkomposition und prägte dadurch einen der wesentlichen Beiträge des Studios für die Geschichte der elektronischen Musik. Das Bewusstsein, dass die räumliche Dimension akustisch erfahrbar sein soll, und zwar mit dem Gedanken, dass die Aufführungssituation schon bei der Produktion ausprobiert wird, führte dazu, dass das Raumkonzept des Studios sich ständig veränderte und sich den Bedürfnissen der Komponisten angepasst hat. Bei der Erneuerung des Studios in den 80er Jahren wurde viel Wert auf die Möglichkeit gelegt, den Produktionsraum flexibel zu gestalten – von mehrkanaligen Abmischungs- und Abhörkonzepten bis zur freien Anordnung der Lautsprecher.

Die Erweiterung der Quadrophonie durch eine zusätzliche vertikale Ebene mit vier Schallquellen führte zum „oktophonischen" Raumkonzept, das Stockhausen 1990 zum ersten Mal im Studio bei dem Stück *Oktophonie* (1990-1992) ausprobierte. Die acht Lautsprecher – vier auf den Boden gestellt und vier an der Decke hängend – müssen in möglichst gleicher Entfernung platziert werden, damit die Figur eines virtuellen Kubus von Schallquellen entsteht.

Die Vielfältigkeit des oktophonischen Klangraums kommt zur Geltung durch zahlreiche Bewegungen innerhalb des Kubus und durch gezielte Wahrnehmung seiner Fläche in unterschiedlichen Kombinationen. Die mehrkanaligen Rotationen, die häufig vorkommen, basierten auf dem Prinzip der Pan-Pot-Simulation. Sie wurden mit zwei digitalen Mischpulten (Yamaha DMP7) realisiert, deren

Regler von einem Sequencer (C-LAB Notator auf Atari 1040ST) über MIDI-Controller gesteuert wurden. Das Tempo des Sequencers, das die Rotationsgeschwindigkeit bestimmt, wird manuell gesteuert.[14]

Die Stockhausen-Produktion im elektronischen Studio ist ein lebendiger kammermusikalischer Prozess, in dem außer den technischen Mitarbeitern des Studios auch Stockhausens eigene Mitarbeiter involviert sind. Er selbst übernimmt aktiv die Funktion des Klangregisseurs. Die Klänge wurden in enger Zusammenarbeit mit seinem Sohn Simon Stockhausen realisiert (später mit Antonio Pérez Abellán), der dafür unterschiedlichste Synthesizermodelle und Sampler bediente. Die Klangereignisse wurden manuell gespielt, aber Simon Stockhausen setzte auch einen MIDI-Sequencer ein, der über SMPTE mit Mehrspur-Tonbandmaschinen (analog und später digital) synchronisiert wurde.

In den verschiedenen Etappen der Studioproduktion, sowohl bei der Materialherstellung als auch bei der Verräumlichung, Montage, Abmischung usw., steht die musikalische Geste, das Spielen von Musikern und zwischen den Musikern im Vordergrund. Stockhausen betont die Wichtigkeit, intuitive Schwingungen, die beim Musizieren entstehen, in jener künstlerischen Kommunikation zu berücksichtigen, auch in der Übertragung elektronischer Musik im weitesten Sinn:

> Nur dann sollten – in Studiotechnik hergestellte oder manipulierte – Klangmontagen wiedergegeben werden, wenn sie ganz wesentliche Erlebnisse vermitteln, die die körperlich-physischen Möglichkeiten übersteigen (d.h. alles das, was ein Musiker direkt machen könnte). Aber auch solche Ereignisse sollten möglichst mit einer Live-Aufführung verbunden sein.[15]

Krise und Absicht

Die Veränderungen der Produktionsbedingungen im elektronischen Studio sind auf der Entwicklung der Informationsgesellschaft zurückzuführen, jener Entwicklung, die die Fragestellung der elektronischen Musik in der Gesellschaft und die des elektronischen Studios überhaupt zur Folge hat. Die digitale Audio- und Musiktechnologie und die Arbeit mit dem Computer stellen neue Herausforderungen dar, sowohl an den Komponisten als auch an die Mitarbeiter des

[14] Das gleiche Prinzip wurde später für Migration weiterentwickelt und mit der Steuerspannung erweitert.
[15] Stockhausen (1978b), S. 434.

Studios. Die Bindung an die Redaktion Neue Musik löst sich allmählich durch die Strukturreform des WDR auf. Sie beschleunigt sich seit der Pensionierung von Dr. Wolfgang Beker-Carsten und stellt das Studio vor die Aufgabe, sich neu zu orientieren.

Was für Konsequenzen diese Entwicklung mit sich bringt, lässt sich beispielhaft an dem von Karlheinz Stockhausen verfassten Bericht vom 12. März 1998 und an dem darauf bezogenen langen Artikel, den ich kurz danach geschrieben habe, verfolgen.[16] Ausschlaggebend für diese polemische Auseinandersetzung ist die Entscheidung Stockhausens, die bis dahin laufende Produktion der rlektronischen Musik für sein Werk *Michaelion* im Studio für rlektronische Musik des WDR abzubrechen.

Es ist nicht übertrieben, in diesem Zusammenhang von einer Krise zu sprechen, da die alten Produktions- und Kommunikationsstrukturen, die seit den 50er Jahren das Umfeld des Studios bestimmen und die Arbeit manches Komponisten prägte, für ein lineares, historisches Bewusstsein programmiert sind, das heute nicht mehr gültig ist. Sie werden von anderen Codes und Verhaltensweisen, von nicht-linearen vernetzten Modellen ersetzt, die erst allmählich im Bewusstsein auftauchen. Und wir wissen noch nicht, wie die emporkommenden elektronischen Bilder und Klänge die neue Generationen beeinflussen.

Die zunehmende Tendenz der Apparate, die Welt zu automatisieren und den Menschen für bestimmte Verhaltensweisen zu programmieren, zeigt sich auch in der Praxis der elektronischen Musik. Die Apparate werden immer komplexer und undurchschaubarer und der Mensch wird immer weniger kompetent, die als Black Boxes wirkenden Apparate zu bedienen. Die Erfahrungen der Vergangenheit reichen nicht aus, um der technologischen Entwicklung der Gegenwart Paroli zu bieten. Der Komponist verliert seine Autonomie und ist auf die Zusammenarbeit mit Experten angewiesen, um seine Ideen zu verwirklichen, wie zum Beispiel York Höller nach der Realisation von *Pensées* deutlich feststellte:

> ... dabei habe ich eine ganz entscheidende Erfahrung gemacht: Heutzutage wäre ich absolut nicht mehr in der Lage, irgendetwas allein zu machen. Den Synthi

[16] Vgl. Stockhausen (2014) und Chagas (2021).

> 100 habe ich noch ganz durchschaut und konnte noch eine Menge allein machen – das ist heutzutage unmöglich.[17]

Die Frage nach dem musikalischen Schaffensprozess im Apparatekontext impliziert die Notwendigkeit, die Programme der Apparate zu durchschauen: „Sie müssen ein Programm perfekt beherrschen – wenn Sie es nur zu 90 Prozent beherrschen, dann funktioniert es einfach nicht."[18] Die elektronische Musik ist das Ergebnis eines Informationsaustauschs, in dem die Kommunikation zwischen Menschen durch Apparate und technologische Einrichtungen vermittelt wird. Der Informationsaustausch erfolgt in Form eines Dialogs, dessen gegenwärtiges Modell das Netz ist.

Die Frage lautet dann: Wie soll die vernetzte dialogische Schöpfung – wie sie bisher im Studio für elektronische Musik des WDR existierte – in Zukunft gestaltet werden? Lässt sich dieser Austausch und der kritische Blick allein mit neuen medialen Strukturen weiterentwickeln? Oder braucht man weiterhin etwas wie das elektronische Studio mit seinen Produktionsanlagen und als kulturelle Schnittstelle, um die Krise der elektronischen Musik – und der Musik überhaupt – zu überwinden?

Design und Projektion

Entstand der Begriff „elektronische Musik" ursprünglich in der Tradition der Neuen Musik als Fortsetzung des polyphonisch-orchestralen Denkens bei der Komposition und als Erweiterung des Hörerlebnisses auf das Medium Lautsprecher, bezeichnet er heute Strömungen und Tendenzen, die auf unterschiedlichen Ansätzen beruhen. Der Zerfall der ästhetischen Bedeutung, die die elektronische Musik in den 50er Jahren als revolutionäre, visionäre Entwicklung erscheinen ließ, beschleunigt sich mit der digitalen Technologie, die zu einer Auflösung des Klangs, der Dinge und des Denkens selbst geführt hat.

Der Begriff Design besetzt heute die Schnittstelle zwischen Kunst und Technik. Er drückt einerseits die zunehmende Verschmelzung des wissenschaftlichen, wirtschaftlichen und künstlerischen Denkens aus, verweist aber andererseits auf den Prozess des Abbaus der Kultur in der Gesellschaft. Das Design verachtet

[17] Holler (1999), S. 80.
[18] Idem, S. 81.

Ideen, Material und Arbeit und lenkt das Bewusstsein auf die Oberfläche der elektronischen Medien. Folgt man Vilém Flusser, lässt sich die Entwertung der kulturellen Werte erklären aus der Tatsache, dass wir uns dank des Worts Design bewusst zu werden beginnen, dass alle Kultur ein Betrug ist, dass wir betrogene Betrüger sind und dass jedes Engagement an der Kultur auf Selbstbetrug hinausläuft.[19]

Demnach wäre es falsch, die gegenwärtige Umkodierung der Welt, des Denkens und des Menschen pessimistisch zu sehen. Zwar erleben wir das Vakuum, die Nulldimensionalität einer entfremdeten Welt voller Punkte, zersetzten Strukturen und Abstraktionen. Aber wir beginnen, eine neue Praxis des Konkretisierens und Projizierens zu entwickeln: von Punkt-Elementen zu Tönen, Bildern, Modellen und Körpern. Wobei wir – die Entwerfer – nicht als einzelne oder Gruppe von Individuen, sondern als ein wesentlicher Teil dieses vernetzten Dialogs zu verstehen sind.

In der Wechselbeziehung eines dialogischen Netzes mit objektiven und subjektiven Relationsfeldern (nicht nur in musikalischer Hinsicht) bietet sich das weite Feld der elektronischen Musik (elektronische und elektroakustische Musik, Computermusik usw.) – und das Studio für elektronische Musik des WDR – weiterhin als pluralistischer Raum an: für Erlebnis, Erkenntnis, Kritik, Polemik und Auseinandersetzung.

Literaturverzeichnis

Chagas, Paulo C. (2021). „Ein Regler ist nicht ein Regler ist nicht ein Regler oder wie man aus der Oper ‚Licht' eine virtuelle Operette schafft." In: *Zwischen Klängen und Apparaten: Zur Theorie und Praxis der elektronischen Musik,* (48-67). Remscheid: Rediroma-Verlag.

Flusser, Vilém (1993). *Vom Stand der Dinge*. Göttingen: Steidl Verlag.

Höller, York (1993). „Pensées." *Programmheft Musik der Zeit 11.06.1993 Kölner Philharmonie*. Köln: WDR.

Höller, York (1999). „Ein Instrument bauen – York Holler im Gesprach." *KlangRaum Kreuzeskirche 99 Programm-Buch.* Saarbrücken: PFAU-Verlag.

Sotelo, Mauricio (1999). „Angel de la Tierra." *Programmzettel Konzert 10.04.1999 Klaus-von-Bismarck-Saal*. Köln: WDR.

[19] Flusser (1993), S. 12.

Stockhausen, Karlheinz (1978a). „Vier Kriterien der Elektronischen Musik.“ In: *Texte zu Musik 1970-77*, Bd. 4, Hrsg. von Christoph von Blumröder, (360-401). Köln: DuMont.

Stockhausen, Karlheinz (1978b). „Die Zukunft der elektroakustischen Apparaturen.“ In: *Texte zu Musik 1970-77*, Bd. 4., Hrsg. von Christoph von Blumröder, (425-436). Köln: DuMont.

Stockhausen, Karlheinz (2014). „WDR-Studio für Elektronische Musik ‚kaputt'“. In: Ders., *Texte zur Musik 1991-1998,* Bd. 13, Hrsg. von Imke Misch, (465-472). Kürten: Stockhausen-Verlag.

Stroppa, Marco (1999). Zwielicht. *Programmzettel Konzert 10.04.1999 Klaus-von-Bismarck-Saal*. Köln: WDR.

6. Paradoxien der elektronischen Musik

Wozu braucht man das elektronische Studio?[20]

Die Ungewissheit um die Zukunft des Studios für elektronische Musik des WDR weist auf die paradoxe Stellung hin, in der sich die elektronische Musik heute befindet: Elektronische Musik wird immer häufiger produziert, aber ihre Bedeutung immer weniger wahrgenommen. Hat die Elektronik sich in die Musik so integriert, dass es keinen Sinn mehr macht, von einer elektronischen Musik (als Differenz, die eine Differenz macht) zu sprechen? Oder erleben wir eine Banalisierung ihres informativen, künstlerischen Potenzials zu Gunsten der Elektronik als Grundlage der Musikreproduktion? Zu diesen Überlegungen gehört auch die Frage, inwieweit das „kollektive Bewusstsein" sich mit der Rolle der elektronischen Medien als Kulturstifter (oder Kulturzerstörer) beschäftigt.

Die widersprüchlichen Äußerungen der letzten Zeit über WDR-Pläne und die Sorge der KomponistInnen um die Zukunft des elektronischen Studios zeigen die Verwirrung, die eine mögliche Lösung verhüllt, und die Notwendigkeit eines breiten und offenen Dialogs, um die Komplexität dieser Problematik zu erfassen. Dabei muss man zwischen dem Sinn der elektronischen Musik in der Gesellschaft und der Funktion des elektronischen Studios des WDR als Produktionsgebilde in diesem Kontext unterscheiden. Ausgehend von den oben gestellten Fragen und den folgenden Überlegungen möchte ich hier ein Diskussionsforum für alle Interessierten vorschlagen. Die Meinungen können sich sowohl auf die hier angeregten als auch auf anderen Themen beziehen. Alle Äußerungen, die hoffentlich zahlreich sind, werden in den Mitteilungen der DEGEM veröffentlicht.[21]

„Die Komponisten brauchen kein elektronisches Studio mehr, sie können heute alles zu Hause machen."

---

[20] Originalveröffentlichung: Paulo C. Chagas: Paradoxien der Elektronischen Musik oder wozu braucht man das Elektronische Studio, *Mitteilungen DEGEM* 38, 2000, S. 31-33.

[21] Es handelt sich um die *DEGEM Mittleilungen*, die ehemalige Zeitschrift der Deutschen Gesellschaft für Elektroakustische Musik (DEGEM), in der der dreiteilige Aufsatz „Der pluralistische Raum: Die Produktion des Studios für Elektronische Musik des WDR in den 90er Jahren. Eine Einführung und Dokumentation" und auch dieser Aufsatz erstmals erschienen sind. Vgl. die drei Aufsätze in diesem Buch.

Die Gründung des elektronischen Studios des WDR am Anfang der 50er Jahre hatte mehr als einen nur symbolischen Charakter: Die Elektronik, die bis dahin nur als Mittel zur Speicherung von Musik verwendet wurde, sollte als Grundlage der Musikerzeugung selbst dienen. Die historisch wichtigste Botschaft der elektronischen Musik, die damals als Musikgattung hervortrat und mit den Werken der 60er Jahren ihren ersten Höhepunkt erlebte, lässt sich folgendermaßen darstellen: Es ging darum, die Aufmerksamkeit vom reproduktiven auf das informative Potenzial der Elektronik zu lenken. In dem Gewebe der elektronischen Musik strömen Informationen durch Kanäle, die sich in unterschiedlichen Richtungen vermehren und auf verschiedene Art und Weise kreuzen. Individuelle und kollektive Bewegungen erzeugen Felder ästhetischer Subjektivität, in deren Knotenpunkten sich Begriffe herauskristallisieren wie zum Beispiel: elektroakustische Musik, Computermusik, akustische Kunst, SoundDesign, Klanginstallation, Sprachkomposition usw. Alle diese Begriffe weisen auf die pluralistische und polyphonische Modellierung der Subjektivität durch die enge Verknüpfung von musikalischen und medialen Formen hin.

Das elektronische Studio des WDR öffnet neue Kanäle für die Produktion und Distribution (neuer) elektronischer Musik, aber nicht in erster Linie dadurch, dass es für das Medium Radio produziert wurde. Im Gegenteil: Dort wurde ein fremdes Produkt, eine mit dem Radio inkompatible Musik produziert. Zwar fließt in die elektronische Musik die Erfahrung ein, die durch das Hörerlebnis des Radios entstanden ist, aber sie fördert viel mehr zutage als die Herstellung von neuen Klängen, die durch das Radio übertragen werden können. Ein großer Irrtum unserer Zeit ist die Tendenz, elektronische Musik auf ihre Klangdimension zu reduzieren. Es geht nicht nur darum, neue Klänge zu erfinden oder die Palette der Instrumentalmusik durch synthetische Klangfarben zu erweitern. Elektronische Musik findet ihre Berechtigung bei der Schaffung subjektiver *Erlebnisräume*, in denen unterschiedliche Erfahrungen – aus Klang, Sprache, Raum, Kommunikation usw. – neu zu definieren sind. Reduziert man die elektronische Musik auf ihre mediale Übersetzung oder bindet man sie an eine bestimmte Apparatur (wie z.B. Computermusik), dann würde man sagen können, dass jede/r gelernte KomponistIn heute in der Lage ist, elektronische Musik mit einem Computer zu Hause selbst zu produzieren. Er/sie würde den Computer und die Musiksoftware bedienen, wie man früher Klavier spielte. Wenn es so wäre, dann könnte man tatsächlich denjenigen Recht geben, die in der letzten Zeit dieses scheinbar unanfechtbare Argument liefern, um die Zwecklosigkeit des elektronischen Studios zu beweisen.

Die „einzigartigen Möglichkeiten des Studios“, die von allen KomponistInnen, die dort gearbeitet haben, erkannt wurden, beruhen nicht auf einer nostalgischen, historisch rückwärts gewandten Neigung oder auf der Vorliebe für Computer und Musikapparate, sondern auf der nüchternen Feststellung, dass es sich um einen Ort handelt, wo KünstlerInnen sich an einem kollektiven Prozess beteiligen, wodurch neue *Begriffe* entstehen. Das Studio für elektronische Musik der WDR verfügt (in der Annostraße) über einmalige Räumlichkeiten und technische Bedingungen für die Produktion mehrkanaliger elektronischer Musik, die nicht in üblichen Rundfunk- oder Aufnahmestudios zu finden sind: zum Beispiel das flexible Patching- und Abmischungskonzept und die variable Aufstellung der Lautsprecher. (Wo sonst wurden oktophonische, 12- und 13-kanalige Werke in den letzten Jahren produziert?)

Aber entscheidend für die Qualität der Arbeit sind nicht die Räume und Apparate, sondern die Konzepte, die sich dort entwickeln. Als Meta-Apparat funktioniert das Studio wie ein Netzwerk für KomponistInnen, TechnikerInnen, WissenschaftlerInnen und alle, die sonst noch in dem medialen Prozess der Musikproduktion und -distribution involviert sind. Die KünstlerInnen haben die Möglichkeit, eigene Idee mit der Erfahrung des Studios zu konfrontieren. Die musikalischen Produkte entstehen in einem kollektiven Prozess, den man als dialogische Schöpfung bezeichnen kann, und stellen sich als Konvergenz unterschiedlicher Tendenzen dar. Durch diese Art von kybernetischem Informationsaustausch entwickelt sich das WDR-Studio zu einem autoproduktiven Modell für die Informationsgesellschaft: Der Dialog findet sowohl zwischen Menschen als auch zwischen Menschen und Maschinen statt; er spiegelt sich in den hergestellten musikalischen Werken und fließt als Feedback zurück: in das Studio, in den WDR und in die Gesellschaft. So funktioniert das Studio als ein Informationen speicherndes und Informationen erzeugendes Gewebe und erfüllt damit eine kritische Aufgabe.

„Programmierung ist nachideologisches Manipulieren.“

Man fragt sich nun, warum dieses Modell, das für die aktuelle Informationsgesellschaft so geeignet erscheint, in eine Krise geraten ist. Warum die Strukturen dieser lebendigen KonzeptMaschine sich auflösten, ohne dass sie von neuem ersetzt wurden. Die Polarisierung der unlängst enthüllten Debatte weckt den verzerrten Eindruck, dass es hier um alleinige Verantwortung oder Entscheidung von einzelnen Personen geht. Dieser Standpunkt würde auf einer falschen

Einschätzung der Medienapparate basieren, deren Eigenschaften sich nicht mit außer-apparatischen, ideologischen Kriterien analysieren lassen. Und es handelt sich schon gar nicht um eine Machtfrage, da die Entwicklung keineswegs der menschlichen Absicht unterworfen ist.

In Wirklichkeit ist die Krise des elektronischen Studios so alt wie seine Gründung (1951 oder 1953?), insofern es die Programme der Medien zum Gegenstand seiner kritischen Arbeit macht. Die Existenz des lektronischen Studios wurde immer wieder in Frage gestellt (mindestens seit den 70er Jahren), und Überlegungen, wie der WDR das Studio in Zusammenarbeit mit anderen Partnern weiter betreiben könnte, gab es in der Vergangenheit immer wieder. Während des Umbaus und des Umzugs in das Gebäude in der Annostraße in den 80er Jahren wurde die Produktion des Studios unterbrochen oder wesentlich eingeschränkt. In den 90er Jahren produzierte man wieder intensiv: 24 neue Werke, Teil-Digitalisierung der Bandbestände und einige Nebenproduktionen sind in dieser Zeit entstanden. Trotz des beachtlichen Outputs mehrten sich im Lauf der Jahre die Anzeichen der Krise und es kam zu technischen und insbesondere personalen Engpässen.

Die Einschränkungen zeigten sich am deutlichsten bei der Konzertaktivität des Studios. Die Aufführungen der mehrkanaligen Tonbandstücke und/oder Live-Elektronik-Werke erfordern die Aufstellung einer technischen Infrastruktur und das entsprechende Know-how. Über beides verfügte der WDR nicht und musste es von fremden Firmen teuer anmieten. Die Tatsache, dass weder geeignete Säle noch technisches Equipment zu Verfügung standen, beschränkte die Probezeit und beeinträchtigte die Umsetzung der Ideen, die in der Produktion entwickelt wurden. Einige Live-Elektronik-Stücke, die von den Musikern, Klangregisseuren und Technikern verlangen neue Erfahrungen zu machen, konnten nicht adäquat aufgeführt werden.

Was in der Popmusik schon längst selbstverständlich geworden ist, nämlich dass die Elektronik als ein wesentlicher Bestandteil der Musik in die Aufführung integriert ist, bleibt hier eine Ausnahmesituation. Die elektronische Musik, die sich aus dem ästhetischen Kontext der Neuen Musik heraus entwickelte, stellt immer noch einen Fremdkörper im Konzertbetrieb dar. Die neu gebauten Säle (wie z.B. die Kölner Philharmonie) bieten optimale Bedingungen, allerdings nur für die Musik der Vergangenheit. Die Ausbildung der Musiker in den Hochschulen orientiert sich immer noch an den klassischen und romantischen

Modellen, die auch für das Verständnis der Musik in der Gesellschaft bestimmend sind. Die meisten (sowohl etablierten als auch jungen) Komponisten wollen keine Stücke mit elektronischer Musik schaffen, weil sie fürchten, selten gespielt zu werden. Die elektronische Musik stößt auf den Widerstand oder das Unverständnis der Veranstalter, die kein Geld für das Equipment und aufwendige Proben verschwenden möchten, oder der Interpreten, die sich damit nicht profilieren können. „Man soll keine Zeit mit technischen Dinge verlieren!", hörte man oft. Ein Beispiel: Bei der Vorbereitung der Aufführung eines Werks für Midi-Klavier und Orchester (mit dem WDR-Orchester und dem Eeektronischen Studio) hatte der Computer, der das Midi-Klavier steuert, vor der Generalprobe erstmals versagt (Crash!). Der Dirigent war entsetzt, wollte keine Sekunde damit verlieren und die Generalprobe ohne die Elektronik, die dem Werk erst einen Sinn verleiht, sofort starten.

Das Verständnis von Musik ist heute von der Vorstellung geprägt, dass sie eine reproduktive Tätigkeit geworden ist und eine entscheidende Rolle bei der Programmierung der Medienapparate spielt. Die Elektronik stellte dabei die Grundlage der Musikreproduktion in technischer und vor allem in ästhetischer Hinsicht. Die elektronische Apparatur (damit sind Studios, Equipment, Tonträger, Medien und die beteiligten Menschen gemeint) programmiert die Oberfläche des Klanges und die musikalische Erwartung der Gesellschaft bezüglich des musikalischen Geschehens. Aber es wäre ein Irrtum, hierfür zu versuchen, ideologische Grenzen zwischen einer Massenkultur, die manipuliert wird, und einer gehobenen Kultur, die frei von Manipulation darüber schwebt (z.B. die Neue Musik), zu ziehen. Oder zu glauben, dass nur die Musik, die gezielt für die Massenkultur produziert wird, von diesem reproduktiven, automatisierenden Charakter betroffen ist. Denn die Programmierung ist ein nachideologisches Manipulieren etlicher Bereiche des Musiklebens: Musikschule, Musikhochschule, Konzerte, Radio, CD, Fernsehen, Komposition, Interpretation, Kritik usw.

Und so paradox es scheint: Die elektronische Musik ist diejenige, für die es in der Gesellschaft kein funktionierendes Programm gibt. Die elektronischen Werke können nicht ohne zusätzliches Equipment in den existierenden Sälen aufgeführt werden, lassen sich nicht ohne „Übersetzung" im Radio senden und auf CD reproduzieren. Das Spiel mit der für die Musik bedeutenden elektronischen Apparatur gehört nicht zur Ausbildung der MusikerInnen und KomponistInnen (abgesehen von einigen Ausnahmefällen). Und was die Medien betrifft, gibt es zurzeit keine Radiosendung, die sich speziell mit elektronischer Musik beschäftigt (nicht einmal beim WDR). Diese Paradoxie lässt sich aus der Sicht des musikalischen Inhaltes folgendermaßen erklären: Die elektronische Musik beschäftigt sich mit der Essenz der Maschinen und ihrer abstumpfenden Wirkung, aber sie ist verpflichtet, eine Kritik der Musikapparate und ihrer Programme zu üben. Sie kann nur *informieren*, wenn sie sich die Aufgabe stellt, Lösungen zu finden, die die automatisierende Tendenz der Apparate überwinden.

Museum, Hochschule oder Therapie?

Betrachtet man die elektronische Musik in allen Erscheinungsformen, stellt man fest, dass ihre Resonanz sich immer weiter ausbreitet und die Gesellschaft zum Mitschwingen bewegt. Und es sieht so aus, dass das geringe Interesse für die elektronische Musik bei den etablierten Kultursphären im Gegensatz zur Begeisterung, die sie bei der jungen Generation erweckt, steht. Obwohl ein großer Teil der elektronischen Musik, die sich als Gattung innerhalb der Pop- und Technokultur entwickelt hat, dem unmittelbaren Konsum unterliegt, müsste man taub sein, nicht zu erkennen, dass dort ein kreatives Potenzial in einem lebendigen, wachsenden Gebilde pulsiert. Und – was noch wichtiger ist – es entsteht hier ein neues Bewusstsein für den subjektiven *Erlebnisraum* der elektronischen Musik: Klänge, Kommunikationsformen, spielerischer Umgang mit alten und neuen Apparaten usw. Dabei erkennt man einerseits das Streben nach Freiheit durch die Absicht, vorhandene ästhetische Kategorien zu erweitern und neue zu erzeugen, andererseits aber auch die Gefahr, dass die ästhetischen Sphären, in denen die Auseinandersetzung mit elektronischen Apparaten im Mittelpunkt steht, sich aus den Massenprogrammen nicht befreien können und zu nichts führen.

Die Ambivalenz ist deutlich. Sie zeigt die Notwendigkeit, die individuelle und kollektive Passivität zu verlassen und sich an einem kritischen Dialog zu beteiligen. Man hat sich so lang an privilegierte Strukturen gewöhnt, dass sie selbstverständlich wurden. Man hat vielleicht gedacht, der Apparat würde sich autonom erhalten. Erst wenn plötzlich deutlich wird, dass die Privilegien in der Form zerfallen (ist der Abbauprozess irreversibel?), wird Alarm geschlagen und rasch versucht, eigene Interesse zu vertreten. Rettet, was man noch retten kann!

Wozu braucht man das elektronische Studio? Versucht man diese Frage im historischen Kontext zu beantworten, dann gibt es keine befriedigende Lösung.

Sicher ist jede Interpretation der Vergangenheit überkodiert von unseren Referenzen der Gegenwart. Am Gedächtnis des Studios für elektronische Musik des WDR (die einige als historischen Schatz bezeichnen mögen) orientierten sich musikalische Tendenzen und Modelle der Musik des 20. Jahrhundert bis heute inklusive. Aber wird sein heterogener Charakter darauf reduziert, dann verwandelt sich der Studio-Apparat in ein Museum. Es wäre zumindest eine elegante Lösung, die allerdings das Wesentliche seines Vorteils als Apparat ausklammert, nämlich: die Gesamtheit der internen Beziehungen zwischen seinen Komponenten, unabhängig von den Komponenten selbst. Dies kann nur gewährleistet bleiben, wenn das Studio weiterhin eine mediale Funktion erfüllt, in der die elektronische Musik nicht vom Standpunkt der Werke aus, sondern als Einheit betrachtet wird: von Produktion, Distribution und Weiterverarbeitung der gespeicherten Information. Es wäre zum Beispiel verhängnisvoll, das Studio an eine Hochschule zu binden, weil die pädagogische Struktur keine auf die Praxis bezogene Kommunikation garantiert. Ohne diese Praxis gibt es keine Gegenüberstellung in der Gesellschaft und kein Feedback für die Weiterentwicklung. Die kybernetische Zirkularität des Prozesses wird abgebrochen.

Die Konvergenz der Informatik, Telematik und des Audiovisuellen erlaubt uns vielleicht, dass ein entscheidender Schritt in Richtung der Interaktivität gewagt wird, wodurch wir in eine post-mediale Ära eintreten würden. Die Dialoge zwischen Menschen, Maschinen und Apparaten (Stichworte: Live-Elektronik, Netzwerk, Multimedia usw.) würden dafür neue Kategorien unter der Bedingung errichten, dass eine neue soziale, politische und ästhetische Praxis uns aus der Sinnlosigkeit der (Medien)-Sprache befreien. Wie ein Walzwerk der Bedeutung setzen die automatisierenden Programme der Medien die Leere durch, die uns zerdrückt. Die Herstellung neuer ästhetischer Paradigmen stellt dann einen dialogisierenden Prozess der Produktion von Affekten und Wahrnehmungen in medialen Kontext dar. Dieser durchaus therapeutische Ansatz muss auch seine Autonomie erhalten, damit er sich autoproduktiv verhält. Auch wenn die Strukturen sich verändern, soll die gestalterische Einheit der Beziehung zwischen den Elementen gewährleistet sein. Nur wenn dem Studio für elektronische Musik eine Praxis gelingt, die weiterhin Heterogenität und Komplexität erzeugt und gleichzeitig eine Kritik der Apparatekontexte erlaubt, hat es überhaupt die Möglichkeit, auch in Zukunft eine Referenz zu bleiben.

Köln, 31.08.2000

7. Zur Zukunft des elektronischen Studios

Die künstlerische Herausforderung[1]

Glaubt man den unterschiedlichen Äußerungen der Gegenwart – von Journalisten, Musikkritikern, Komponisten, WDR-Funktionären und Musikinteressenten im Allgemeinen –, machen sich alle große Sorge um die Zukunft des Studios für elektronische Musik des WDR. Gegenstand dieser Sorge ist die Befürchtung, dass das fünfzigste Jahr des Bestehens des Studios gleichwohl sein letztes sein könnte. Dafür gibt es konkrete Anzeichen und widersprüchliche, verwirrende Äußerungen der WDR-Funktionäre. Aber vor allem die Tatsache, dass das Studio in kurzem das Gebäude an der Annostraße – in dem es seit Mitte der achtziger Jahre angesiedelte war – verlassen muss (der Verkauf des Gebäudes allein erklärt nicht die Notwendigkeit des Umzugs), ist Anlass der Beunruhigung. Und was mit dem Studio danach geschieht, ist der Öffentlichkeit bis jetzt nicht bekannt.

Natürlich beruht die allgemeine Sorge nicht auf einem Konsens, sondern auf unterschiedlichen, zum Teil individuellen Interessen. Die Notwendigkeit eines elektronischen Studios scheint von niemandem in Frage gestellt zu werden. Aber wenn es darum geht, die Rolle des Studios genauer zu definieren, rückt vor allem seine historische Bedeutung in den Vordergrund, diejenige in den heroischen Jahren der Analog-Ära. Und man hat dann den Eindruck, keiner weiß genau, wofür er sich heute einsetzen soll.

Vergangen ist die Zeit, als man von einer „elektronischen Musik" als eigenständiger Erscheinung in der Musikwelt sprechen und die Arbeit des Studios der Überzeugung entsprechend in einer bestimmten Richtung kanalisieren konnte. Die Zeit der reinen Entdeckung, als der elektronische Klang und das Medium Radio zum Gegenstand der musikalischen Auseinandersetzung instrumentalisiert wurden, ist also vorbei. Heute ist der Begriff „elektronische Musik" mit subjektiven Bedeutungen, die sich in verschiedene Richtungen ausbreiten, geladen und umfasst praktisch alle musikalischen und akustischen Formen, die sich elektronisch reproduzieren lassen. Dazu kommt auch die technologi-

[1] Originalveröffentlichung: Chagas, Paulo C.: Die Zukunftt des Elektronischen Studios: Die künstlerische Herausforderung." Musik-Texte 88 2001, S. 17-19.

sche und mediale Entwicklung, die neue Kommunikationsstrukturen und Wahrnehmungsräume für die musikalische Kunst öffnet und gleichzeitig das akustische Phänomen eng mit komplexen Beziehungsfeldern verknüpft.

Haben die Komponisten versagt?

Im Unterschied zur traditionellen Musik, die mit akustischen Instrumenten und mit der menschlichen Stimme produziert wird, bedient die technische Musik elektronische Apparate. Zurzeit sind die Apparate vorwiegend Produkte der Informations- und Telekommunikationsindustrie, aber man braucht keine große Fantasie, um sich vorzustellen, dass in absehbarer Zukunft künstliche Intelligenzen und Maschinen der Bio- und Nanotechnologie zur Produktion und Distribution von Musik eingesetzt werden, und zwar nicht nur von Menschen bedient, sondern als selbst musizierende Maschinen.

Früher war das elektronische Studio der Ort, an dem die Apparate zur Verfügung standen, weil sie sonst nirgendwo zu bedienen waren. Die Funktion des Studios war vergleichbar mit derjenigen einer Schaltstelle: Komponisten, Ingenieure und Kommunikatoren (Mediengestalter) arbeiteten dort zusammen, und das Output des Studios informierte die Gesellschaft. Die Werke drücken diese Wechselwirkung von Menschen, Ideen und Apparaten aus. Die Arbeit des Studios verwirklichte von Anfang an die für die heutige Gesellschaft selbstverständliche Metapher der Vernetzung als Grundlage der Erzeugung von Information.

Die Vernetzung setzt voraus, dass Strömungen aus drei Bereichen gleichzeitig in die Struktur des Studios fließen: aus der Kunst, der Wissenschaft und der Kommunikation. Dies lässt sich nur in einem medialen Kontext realisieren. Und genau das – die unmittelbare Anbindung an das Medium – ist die Stärke des WDR-Studios. Sie unterscheidet es zum Beispiel von einer Institution wie Ircam, einem künstlichen kulturellen Gebilde, das nur mit hohen Subventionen am Leben erhalten werden kann. Die Ircam-Maschine kann sich selbst nicht ernähren und reproduzieren, weil sie nicht über die Kommunikationskanäle verfügt. In einer ähnlichen Situation befinden sich die elektronischen Studios, die an Hochschulen oder Universitäten angesiedelt sind. Hier wird der Akzent auf die Forschung und die pädagogische Funktion gelegt, und deswegen spielt das künstlerische Feedback der Gesellschaft eine geringere Rolle.

Es ist ein großer Fehler, das Studio für elektronische Musik an eine Hochschule „verschenken“ zu wollen und ihm dadurch seine medialen Arme und Beine zu amputieren. Es geht nicht nur darum, neue elektronische Werke zu schaffen, sondern die Kommunikation der Gesellschaft zu verändern, damit neue (musikalische) Welten überhaupt existieren können. Noch verhängnisvoller ist die Absicht, dem elektronischen Studio den Status einer medialen Werkstatt zu erteilen – es in einen erweiterten Produktionskomplex für die sogenannte Radio-Akustische-Kunst zu verwandeln. Zwar lebt der elektronische Klang in virtuellen Sphären und lässt sich durch das Radio und demnächst durch das Internet auch sinnvollerweise reproduzieren, doch die elektronische Musik erfordert die Gestaltung des Raums, die Konstruktion von alternativen akustischen Welten und die Fortsetzung der musikalischen Tradition. Das Studio sollte nicht lediglich als ein Labor für Klangexperimente, sondern vielmehr als musikalischer Klangkörper wie ein Orchester oder ein Kammermusikensemble betrachtet werden.

(Eines der schrecklichsten – und gleichwohl faszinierenden – Bilder unserer Zeit ist die Vorstellung des einsamen Menschen, der in seinem Computer das Bild des Meeres bewundert und dabei den sausenden „3D-Klangraum“ des Meeresrauschens im Kopfhörer erlebt).

Gegenwärtig befinden wir uns in einem gewaltigen Transformationsprozess der kulturellen Werte. Wir beginnen, alternative Welten zu entwerfen, die Kategorien der Kunst und der Wissenschaft neu zu codieren. Doch wir haben die alten Codes noch nicht verlassen. Die Krise des elektronischen Studios lässt sich in diesem Prozess der Umcodierung erklären: einerseits durch die veränderte Bedeutung des Rundfunks als Träger der Kultur, andererseits durch die Lethargie der Neuen Musik. Als technologischer rechter Arm der „offiziellen“ Neuen Musik sind die unterschiedlichen technischen Musikformen, wie sie in vielen etablierten Studios der Welt produziert werden (auch bei Ircam und WDR), teilweise zu einer rein akademischen und formellen Kunst geworden. Sie wird zu einer Art geschlossenem Club distribuiert, abgeschottet von der Öffentlichkeit und der wissenschaftlichen Forschung.

Ein mangelndes Interesse am revolutionären Potential der Musiktechnologie ist in den letzen Jahren sowohl bei den medialen Apparaten als auch bei den Komponisten der Neuen Musik zu beobachten. Warum beschäftigen sich so wenige „etablierte“ Komponisten mit der elektronischen Musik? Warum setzen sie sich nicht mit den elektronischen Apparaten auseinander, statt den Funktionären die Entscheidungen zu überlassen? Praktisch gesehen stellt sich die momentane Lage folgendermaßen dar: Es sind nicht die Komponisten, die die Apparate programmieren, sondern die Komponisten werden von den Musikapparaten der Gesellschaft programmiert. Sie werden beauftragt, Werke zu komponieren, die den Erwartungen des Apparates entsprechen und letztlich dessen Erhalt dienen. Selbst die „alten Hasen" der elektronischen Musik scheinen einen Rückschritt gemacht zu haben: Die Freude am Experimentieren wird durch den Zwang, die Apparate mit möglichst „sicheren" Werken zu füttern, ersetzt. Die Elektronik orientiert sich am Klanggeschmack der Zeit und nicht an der Suche nach neuen Paradigmen. Andererseits ist das Handwerk der Elektronik in den Musikhochschulen noch ein Fremdwort. Das Bewusstsein über den geistigen Umbruch und für die Entstehung alternativer Welten reflektiert sich noch nicht in der Ausbildung junger Komponisten.

Was brauchen wir?

Die Krise des elektronischen Studios hat sich bereits mindestens seit Anfang der neunziger Jahre angedeutet, als die Umwandlung der Werte durch die mediale Entwicklung nicht von der künstlerischen Leitung des Studios erkannt wurde. Es macht den Eindruck, als ob man sich von der Entwicklung überfordert fühlte und an den alten Strukturen anklammern wollte.[2] Die Programmreform des WDR und der Verkauf des Gebäudes an der Annostraße beschleunigen schließlich den Prozess und erzwingen die Notwendigkeit einer klaren Entscheidung. Man kann überzeugende Argumente finden, die nach fünfzig Jahren außergewöhnlicher Leistungen sowohl die Auflösung als auch einen neuen Anfang des Studios rechtfertigen können. Dieses Paradox spiegelt die Lage, in der wir uns alle befinden:

Ist es möglich, die Umstellung in die bestehenden Strukturen zu integrieren, oder müssen wir nach Alternativen suchen, die es uns erlauben, die grundlegenden Ideen des Studios zu verwirklichen?

Die elektronische Musik ist heute ein lebendiges pulsierendes Feld, das sich durch alle Bereiche der Gesellschaft ständig ausbreitet – sowohl im positiven

[2] Von dieser Äußerung hat sich York Höller persönlich angegriffen und beleidigt gefühlt, obwohl dies keinesfalls meine Absicht gewesen war.

als auch im negativen Sinn. Das Zusammenrücken von industriellen, wissenschaftlichen und künstlerischen Kategorien führt zur Vielfalt der musikalischen Formen. Die Zukunft der elektronischen Musik hängt schon lange nicht mehr von der Existenz des elektronischen Studios ab. Deshalb wäre es sinnvoller, wenn man es wagen würde, die Frage nach dem Weiterbestehen des WDR-Studios offen und deutlich zu stellen. Die Sorge ist ein Zeichen, dass wir der gegenwärtigen Entwicklung misstrauisch gegenüberstehen, weil wir den Glauben an die alten Modelle verloren haben und noch keine neuen entworfen haben. Aber es gibt keinen Grund, im Kulturpessimismus zu versinken. Die Diskussion und der nicht vorhandene Konsens weisen auf das bestehende Bewusstsein hin, dass wir neue ästhetische Kategorien zum Ausdruck bringen wollen. Alle Kunstformen veränderten sich durch die Digitalisierung, und wir haben die Chance, das Abenteuer schöpferisch zu gestalten. Die Frage, die ich im Anschluss mit einigen Vorschlägen zusammenfassend beantworten möchte, lautet nun: Wie sollen wir der künstlerischen Herausforderung entgegentreten?

- Wir brauchen einen Dialog zwischen Kunst und Wissenschaft für den kritischen Umgang mit den Apparaten – den der Medien eingeschlossen –, um der Banalität der Musikindustrie und den sterilen Tendenzen der Neuen Musik die Stirn zu bieten.
- Wir brauchen Visionen, Mut zu künstlerischen Ansätzen, die sich mit dem Wesen der technologischen Entwicklung auseinandersetzen und neue konkrete Modelle für den Dialog entwerfen.
- Wir brauchen keine Komponisten, die das Handwerk der elektronischen Musik herabsetzend betrachten, weil sie es nicht gelernt haben oder keinen Sinn darin erkennen, sondern solche, die fähig sind, selbst das Handwerk zu beherrschen.
- Wir brauchen Musiker – Dirigenten, Sänger, Instrumentalisten und eine neue Art von Interpreten – die in Zusammenarbeit mit Komponisten, Technikern und Wissenschaftlern die Praxis der technischen Musik entwickeln. Solange der elektronische Klang nicht mit dem Körper und mit Gesten in Verbindung gebracht wird, bleiben seine Ausdrucksmöglichkeiten begrenzt.
- Wir brauchen Räume für die Aufführung elektronischer Werke. Der virtuelle Raum ist heute ein Paradigma geworden, aber er ist nicht alles. Es geht um grundlegende Erfahrungen der elektronischen Musik, die nur im akustischen, realen Raum wahrgenommen werden können. Übrigens, Köln braucht mindestens einen modernen Konzertsaal für flexible Aufführungs-

modelle – Konzerte, Live-Elektronik, Installationen, Multimedia usw. – und vor allem für das Klang-Raum-Erlebnis mit komplexer Klangprojektion.

All dies ist nichts Neues. Das wirklich Neue wäre die Umkehrung der Tendenzen zur Verflachung der künstlerischen Werte, wäre eine „neue anthropologische Zivilisation, die nicht mit dem Maßstab der unmittelbaren Kommunikation zu messen ist."[3] Bezogen auf die Qualität von Information lässt sich eine Utopie künftiger dialogischer Medien folgendermaßen skizzieren: „Die Umschaltung vom Bündel zum Netz, vom verantwortungslosen Terminal zum verantwortungsvollen Knoten und der Umbau aller Kanäle von eindeutigen zu reversiblen."[4] Noch sind die politischen Voraussetzungen dafür nicht zu erkennen, aber die schlimmste Lage wäre hier der abwartende Stillstand.

Köln, 31.01.2001

---

[3] Frank Hartmann: *Medienphilosophie*, Wien: WUV-Universitätsverlag 2000, S. 283.

[4] Vilém Flusser: Vom Fernsehen und der Vorsilbe ‚tele', in: *Lob der Oberflächlichkeit. Für eine Phänomenologie der Medien*, Schriften Band 1, 2. Aufl., Mannheim: Bollmann 1995, S. 220.

8. Virtualität und Metadesign

Die Klangkunst im Zeitalter ihrer Vernetzbarkeit[1]

Mit der exponentiellen Kraft seines eigenen Big Bang explodiert der Cyberspace vor unseren Augen. So wie nach Aussage der Kosmologen der physikalische Raum unseres Universums vor 15 Milliarden Jahren aus dem Nichts hervorgebrochen ist, so ist der Cyberspace ex nihilo ins Sein getreten. Wir beobachten hier die Geburt eines neuen Bereichs, eines neuen Raums, der vorher schlicht nicht existierte.[2]

Das Problem besteht für uns also nicht so sehr darin, Spielzeugtypen zu beschreiben, sondern darin, Spielzeuge beschreiben zu können, während wir selbst Spielzeuge in diesem Spielzeugkasten sind.[3]

Die für uns wichtigsten Aspekte der Dinge sind durch ihre Einfachheit und Alltäglichkeit verborgen. (Man kann es nicht bemerken, – weil man es immer vor Augen hat).[4]

Die Musik scheint manchem eine primitive Kunst zu sein, mit ihren wenigen Tönen und Rhythmen. Aber einfach ist nur ihre Oberfläche, während der Körper, der die Deutung dieses manifesten Inhalts ermöglicht, die ganze unendliche Komplexität besitzt, die wir in dem Äußeren der anderen Künste angedeutet finden und die die Musik verschweigt. Sie ist in gewissem Sinne die raffinierteste aller Künste.[5]

... beim Musikhören wird der Körper Musik und die Musik Körper.[6]

---

[1] Originalveröffentlichung: Paulo C. Chagas: Virtualität und Metadesign. Die Klangkunst im Zeitalter ihrer Vernetzbarkeit, in: G. Schmedes / H. U. Werner (Hrsg.), *VirtuReal Soundscapes Teil 1: Variationen auf Virtual Audio. Massenmedien und Kommunikation*, MuK Bd. 147/148, Siegen: Universität Siegen 2003, S. 84-114

[2] Margaret Wertheim: *Die Himmelstür zum Cyberspace. Eine Geschichte des Raumes von Dante zum Internet*. Zürich: Ammann 2000.

[3] Heinz von Foerster: *Der Anfang von Himmel und Erde hat keinen Namen*, Berlin: Kadmos 2002, S. 129.

[4] Ludwig Wittgenstein: *Philosophische Untersuchungen*, Frankfurt a. M.: Suhrkamp 1982, S. 84, § 129.

[5] Ludwig Wittgenstein: *Vermischte Bemerkungen*. Werkausgabe Band 8, Frankfurt a. M.: Suhrkamp 1984, S. 462.

[6] Vilém Flusser: *Gesten. Versuch einer Phänomenologie*, Frankfurt a. M.: Fischer 1997, S. 155.

1. Einleitung

Das Design nimmt eine wichtige Stellung in unserer Gesellschaft ein, und zwar als Vermittler zwischen Kunst, Technik und Wissenschaft. Die Werkzeuge und Apparate der Informations- und Kommunikationstechnologien geben uns die Möglichkeit, Welten durch Design zu gestalten. Dinge wie Klänge, Bilder, Räume, Gebäude, Körper, Netzwerke, Interfaces, die von uns entworfen werden, sind nicht nur das Produkt eines technischen, wissenschaftlichen oder künstlerischen Denkens, sondern auch eine Frage des Designs. „Alles kommt aufs Design an."[7] Häuser, Kleidungen, Handys, Fernsehsendungen, Politikerauftritte usw. Unsere Kultur ist eine Kultur des Designs, eine Kultur, in der die Aufmerksamkeit auf die Oberfläche der Dinge und nicht auf deren Inhalte gerichtet ist. Es werden nicht Werte, sondern Erscheinungen wahrgenommen. Was nehmen wir wahr, wenn wir eine CD auflegen: Hören wir die Musik oder das Design, die Klänge oder die (akustischen, visuellen, kulturellen usw.) Werte, die durch die CD vermittelt werden?

Vilém Flusser sieht in der Aufwertung des Designs das Indiz, dass wir gegenüber Kunst und Technik misstrauisch geworden sind, weil wir den Glauben an die Ideen, die sie vermitteln, verloren haben. Dieser Glaubensverlust lässt sich dadurch erklären, „dass wir uns dank des Wortes Design bewusst zu werden beginnen, dass alle Kultur ein Betrug ist, dass wir betrogene Betrüger sind und dass jedes Engagement an der Kultur auf Selbstbetrug hinausläuft."[8] Aber diese radikale Auffassung von Design bedeutet nicht eine pessimistische Einschätzung der Gegenwart, wie es auf den ersten Blick erscheint. Vielmehr möchte Flusser darauf hinweisen, dass wir uns vor einem neuen Horizont befinden. Es geht darum, die Kluft zwischen Kunst und Technik, die unsere Kultur seit der Renaissance prägt, zu überwinden. Die neuen Technologien bringen uns das Bewusstsein, dass wir uns aus dieser kulturellen Spaltung – zwischen künstlerischen und wissenschaftlichen Werten – befreien können. Wir sollen unsere Rolle als Designer ernster nehmen: als Designer von alternativen Wahrnehmungen, Gefühlen, Wünschen und Gedanken, als Schöpfer von neuen Welten, als Entwerfer virtueller Kulturen.

---

[7] Vgl. Vilém Flusser: *Vom Stand der Dinge. Eine kleine Philosophie des Designs*, Göttingen: Steidl 1993, S. 13.

[8] V. Flusser: *Vom Stand der Dinge*, op. cit., S. 12.

Die Absicht dieses Beitrags ist es, die Frage nach der *Virtualität* der *Klangkunst* zu untersuchen: Wie wird *Virtualität* überhaupt definiert, und welche Bedeutung hat der Begriff für die Betrachtung der *Klangkunst*? Den Begriff *Klangkunst* verwende ich hier anstelle von *Musik*, um die *Ausdifferenzierung* im akustischen Medium zu bezeichnen. Damit zeigt sich auch meine Absicht, diese Untersuchung im Rahmen einer Medientheorie und/oder Medienphilosophie zu formulieren. Zunächst werden unterschiedliche Modelle vorgestellt, um die Entwicklung der Klangkunst zu verdeutlichen, und zwar vom Zeitalter ihrer Reproduzierbarkeit an bis zum gegenwärtigen Zeitalter ihrer Vernetzbarkeit. Meine Hypothese lautet: Die Klangkunst ist ein autopoietisches System, also ein System, das sich die Möglichkeiten schafft, sich selbst zu reproduzieren. Die Theorie der autopoietischen Klangkunst wird lediglich skizziert; eine genauere Formulierung dieser Theorie ist in Arbeit, würde jedoch den Rahmen dieses Artikels sprengen.

Mit der Einführung des Begriffs *Metadesign* wird die gegenwärtige Stellung der Klangkunst in Frage gestellt. Dahinter verbirgt sich die grundlegende Frage: Wie sollen die ethischen Dimensionen der technologischen Entwicklung überhaupt bewertet werden? Führen die neuen Technologien wie Robotik, Bio- und Nanotechnologie zu einer radikalen Veränderung des Menschen als Lebewesen oder findet keine Veränderung statt, weil die Technologie die Grundlage des menschlichen Lebens, nämlich die Emotionen, nicht berühren kann?[9] Und – falls wir uns tatsächlich in Richtung einer virtuellen Welt von künstlichen Lebewesen bewegen – werden wir uns gegenüber selbstreproduktiven Maschinen unterlegen fühlen müssen, wie die Skeptiker befürchten[10], oder werden die vernetzenden Technologien eine neue Intelligenz der Netzwerke entwickeln, die uns neue Lebensräume eröffnet?[11]
Es ist nicht meine Absicht, die Frage nach der Gestaltung der Zukunft zu beantworten. Die Visionen, die ich am Ende des Artikels vorstelle, beschränken sich auf einige Vorschläge für die zukünftige Praxis der Klangkunst.

---

[9] Vgl. Humberto Maturana: *Metadesign*, 1996, https://www.pangaro.com/hciiseminar2019/Maturana_Metadesign.pdf (abgerufen 01.02.2021).
[10] Vgl. Bill Joy: „Why the future doesn't need us", *Wired* 8-04, http://www.wired.com/wired/archive/8.04/joy.html (abgerufen 01.02.2021).
[11] Vgl. Derrick de Kerckhove: *The Architecture of Intelligence*, Basel; Boston; Berlin: Birkhäuser 2001.

2. Die Virtualität – Hoffnungen und Ängste

Das Virtuelle, die Virtualität: Es gibt kaum andere Begriffe, die heute so häufig verwendet werden, um die subjektive Empfindung der neuen Technologien, ihre emotionale Wirkung in der Gesellschaft zu bezeichnen. Damit drückt sich die ambivalente Haltung der Informationsgesellschaft gegenüber der technologischen Entwicklung aus: sowohl das negative Gefühl des Verlustes von Materialität und Realität als auch das positive Gefühl, dass wir die Chance haben, neue Wirklichkeiten und Realitäten zu gestalten. Die widersprüchlichen Gefühle werden noch von zwei anderen Begriffen begleitet: Netzwerk und Vernetzung. Der *Cyberspace* als Paradigma der virtuellen Welt schlechthin spiegelt gleichzeitig die Hoffnungen auf und die Ängste vor einer globalen Vernetzung wider.

Einerseits wird *Cyberspace* zur Metapher einer utopischen Welt, in der die Gesamtheit der Tatsachen als ein unendliches Netzwerk dargestellt wird, durch das alle Dinge und alle Informationen fließen. Die Menschen, die Maschinen und die technologischen Einrichtungen bilden die Knotenpunkte des logischen Raums der Informationsgesellschaft, „jene soziale Struktur, in welcher das Herstellen, [die] Verarbeitung und Verteilung von Informationen eine zentrale Stellung einnimmt.“[12] Die Hoffnung besteht darin, dass die neuen Kommunikationsstrukturen und die bewusste Formulierung von gesellschaftlichen Codes es ermöglichen, „sich von überlieferten Autoritäten der abendländischen Kultur und insbesondere von Nationalismus zu befreien. In den Vordergrund treten deshalb neue Möglichkeiten des menschlichen Zusammenlebens, die nicht durch abstrakte Autoritäten geregelt werden, sondern durch schnellen und effizienten Austausch von Wissen.“[13]

Andererseits vermehren sich die Anzeichen, dass die Kommunikationsrevolution durch die Vernetzungsstrukturen und die telematischen Einrichtungen zu einer Konzentration des Kapitals, der Macht, der Kultur und des Wissens, also zur Verstärkung des Autoritären führen können. In der noch offenen und „chao-

[12] Vilém Flusser: Verbündelung oder Vernetzung?, in: *Medienkultur*, Frankfurt a. M.: Fischer 1997, S. 143.

[13] Nils Röller: Vilém Flusser: Medientheorie mit ethischem Anspruch, Telepolis - Zeitschrift für Netzkultur [27.11.2001], https://www.heise.de/tp/features/Vilem-Flusser-Medientheorie-mit-ethischem-Anspruch-3422699.html (abgerufen 01.02.2021).

tischen“ Struktur des Internets spiegeln sich die Träume eines freien Austauschs von Informationen, und wir beobachten, wie man versucht, Hierarchie- und Konzentrationsprozesse innerhalb des Netzes zu bilden, um die Steuerung der Information zentral zu schalten. Wenn keine Interaktion zwischen den Partnern mehr möglich ist, dann wäre das Vernetzungsmodell gescheitert. Unser Kommunikationsmodell ist noch dasjenige einer Massengesellschaft, und die Massenmedien sind dadurch gekennzeichnet, „dass keine Interaktion unter Anwesenden zwischen Sender und Empfänger stattfinden kann.“[14] Sollte das Kommunikationsmodell der Massengesellschaft konsequent geführt werden – das heißt, der Schaltplan der Informations-Bündelung statt der Vernetzung überwiegen –, dann „gehen wir einer verantwortungslosen, verdummenden, verkitschenden und brutalisierten Lebensform entgegen. Vieles spricht dafür, so etwas voraussehen zu müssen.“[15]

Befreiung oder Versklavung? Wir leben in einer Übergangzeit, in der die gesellschaftlichen, kulturellen und ästhetischen Werte neu codiert werden, und wir kennen nicht die Konsequenzen der Revolution der neuen Informations- und Kommunikationstechnologien. Wir ahnen, dass wir vor großen Veränderungen stehen, dass wir durch die Kenntnisse und die Möglichkeiten der neuen Technologie großen Einfluss auf die Entwicklung von Menschen, anderen Lebewesen und intelligenten Maschinen haben können, und wir haben Angst vor den ungeheuren Kräften, die wir damit freisetzen können. Dieses Gefühl der Unsicherheit gegenüber etwas, das wir nicht kennen und für neu halten, ist das, was wir „Virtualität“ nennen. Die Philosophie des 20. Jahrhunderts hat versucht, die Möglichkeiten der Welt durch Repräsentationsmodelle nach dem Prinzip der „Vertretung von Gegenständen durch Zeichen“, also durch die Sprache, zu analysieren. Wir wissen von Wittgenstein, dass die Welt in Tatsachen zerfällt, aber „dass sich die *Logik* der Tatsachen nicht vertreten lässt.“[16] Was hilft es uns dann, zu versuchen, die virtuellen Tatsachen durch logische Bilder zu beschreiben?

In der Tat bezeichnet das Wort „Virtualität“ kein Faktum, das durch die neuen Technologien geschaffen wurde, sondern kennzeichnet die Fähigkeit des Men-

---

[14] Niklas Luhmann: *Die Realität der Massenmedien*, Opladen: Westdeutscher Verlag 1996, S. 11.

[15] V. Flusser: Verbündelung oder Vernetzung?, op. cit., S. 148.

[16] Vgl. Ludwig Wittgenstein, *Tractatus logico-philosophicus*, Frankfurt a. M.: Suhrkamp 1963, S. 11, § 1.2; S. 37, § 4.0312.

schen, Wirklichkeiten zu konstruieren, um sich darauf zu projizieren. „Das Virtuelle ist das Fleisch des Menschen selbst“[17], sagt der französische Wissenschaftsphilosoph Michel Serres. Er erläutert diesen Gedanken mit folgendem Beispiel: Madame Bovary langweilt sich in der Normandie, während ihr Mann – der Landarzt – seine Patienten in den Dörfern besucht. Was macht sie dann, um die Zeit zu vertreiben? Sie macht Liebe, sie betrügt ihren Mann, aber sie tut es viel mehr in ihren Gedanken als in der Realität. Madame Bovary lebt vollkommen in der Virtualität. *Madame Bovary* ist der Roman des Virtuellen. Und wenn man *Madame Bovary* oder irgendein anderes Buch liest, ist man in der Virtualität, behauptet Serres. Er argumentiert, dass die Modernität des Wortes „virtuell“ nur ein Schein ist. Wir Menschen sind virtuelle Lebewesen, seit wir Menschen sind, weil wir ständig in der Virtualität leben. Das Virtuelle ist so alt wie der Mensch. Eine Kuh dagegen lebt nicht in der Virtualität, sie lebt auf ihrem kleinen Stück Weide und kaut das Gras vor sich hin.

3. Der Raum von Klangkunst

Die Primärmedien der akustischen Wahrnehmung sind Luft und Raum. Anders als die Luft, die sich bis jetzt für musikalische Zwecke nicht kodieren lässt, spielen die Eigenschaften des physischen Raums eine wichtige Rolle bei der Musikwahrnehmung: Sie agieren zwischen den Schallquellen und der Kodierung des Klangs im Nervensystem. Phänomene wie zum Beispiel Schallabsorption und -reflexion, die von Raumarchitektur und -materialen abhängig sind, beeinflussen das Klangspektrum und erzeugen zusätzliche Möglichkeiten, die sich im Laufe der Musikgeschichte zu eigenständigen Medien entwickelt haben.

So haben zum Beispiel die Räume der gotischen Kathedralen maßgebend die Entstehung einer polyphonen Klangkunst am Anfang der Neuzeit beeinflusst. Die lange Resonanzzeit dieser Kirchen hat den Nachhall verlängert und damit die Bildung einer Mehrstimmigkeit unterstützt. Sie lenkt die Aufmerksamkeit sowohl auf die Dauer der zusammenklingenden Töne als auch auf die Eigenschaften des Klanges. Nach der Renaissance hat sich die Musik in andere Richtungen entwickelt, die dem Medium Raum kaum eine Bedeutung zugewiesen

[17] Michel Serres: Le virtuel est la chair même die l’homme, *Le Monde* [19.06.2001], https://www.lemonde.fr/archives/article/2001/06/19/le-virtuel-est-la-chair-meme-de-l-homme_4199145_1819218.html (abgerufen 01.02.2021).

haben. Die Architektur der Konzertsäle, in denen der Raum so „neutral" wie möglich gestaltet werden sollte, spiegelt diese Tendenz wieder, die sich bis heute in der Studiotechnik fortsetzt.

Die räumlichen und die virtuellen Dimensionen der Klangkunst beginnen sich erst in der zweiten Hälfte des 20. Jahrhunderts mit der Entwicklung der elektroakustischen Medien zu entfalten. Man war nicht mehr angewiesen auf einen Interpreten, der sich im Raum befindet und die Musik erzeugt; d.h., die Wiedergabe wurde von der Produktion entkoppelt. Die Möglichkeit, Lautsprecher im Raum zu verteilen und die Klänge von mehreren Orten tönen zu lassen, führte zu einem Prozess der Auflösung und Rekonstruktion des physischen und virtuellen Raums.

Die postserielle elektronische Musik der 50er und 60er Jahre (z.B. Stockhausen) hat den Versuch unternommen, den Raum als Parameter der Komposition neben Frequenz, Lautstärke, Dauer und Klangfarbe zu betrachten. Die Entwicklung von mehrkanaligen Tonbandmaschinen (zuerst mit 4, dann mit 8, 16, 24, 32 und 48 Spuren) ermöglicht die Vorproduktion komplexer Klangräume durch die Verteilung von Klangschichten und die Simulation von Raumparametern wie Bewegung, Richtung und Geschwindigkeit. Die Mehrkanaligkeit ist maßgebend für das Raumkonzept dieser Musik: Der Raum wird sozusagen in Spuren zerlegt und durch die Tonbandwiedergabe synthetisch rekonstruiert.

Die Digitaltechnologie setzte den Prozess der akustischen Simulation und Täuschung des Raums fort. Diese Evolution kann als Steigerung des Auflösungs- und Rekonstruktionsvermögens, als Entwicklung immer neuer Formen der Gestaltung im physischen und virtuellen Raum bezeichnet werden.[18] Mit dem Begriff Klangraum werden nicht nur akustische Erlebnisse, sondern andere Beobachtungen zweiter Ordnung mit dem Medium Raum gekoppelt.[19] Er bezeichnet sowohl die technischen Möglichkeiten, akustische und Raumphänomene zu simulieren, als auch die semiotischen Prozesse, durch die das Medium Raum mit symbolischer Bedeutung ausgestattet wird.

---

[18] Vgl. Niklas Luhmann: Das Medium der Kunst, in: *Aufsätze und Reden*, Stuttgart: Reclam 2001, S. 198-217.

[19] Vgl. Heinz von Foerster: Über das Konstruieren von Wirklichkeiten, in: *Sicht und Einsicht. Versuche zu einer operativen Erkenntnistheorie*, Heidelberg: Carl Auer 1999, S. 25-41.

In diesem Zusammenhang muss man die Entwicklung einer neuartigen Klangkunst ins Auge fassen. Sie wächst aus dem Medium Radio heraus – Musique Concrète, elektronische Musik, lektroakustische Musik –, erobert neue akustische Felder – Acousmatique, Ars Acustica, Soundscapes, Klanginstallation – und breitet sich durch Verschmelzung mit visuellen, virtuellen und sonstigen Medien aus. Die Umwandlung der Klangkunst ist Teil des umfassenden Prozesses der Restrukturierung unserer Sinne und unseres Körpers durch die Elektronik und durch die Informations- und Biotechnologie. Es ist abzusehen, dass wir in Zukunft die inneren und äußeren Grenzen des Körpers überschreiten und biologische Interfaces für neuartige räumliche Erlebnisse bauen. Und vielleicht werden wir tatsächlich eines Tages auch das Medium Luft gestalten.

4. Das Verstehen von Klangkunst

> Das Verstehen und die Erklärung einer musikalischen Phrase. – Die einfachste Erklärung ist manchmal eine Geste; eine andere wäre ein Tanzschritt, oder Worte, die einen Tanz beschreiben. – Aber ist denn nicht das Verstehen der Phrase ein Erlebnis, während wir sie hören? Und was tut nun die Erklärung? Sollen wir an sie denken, während wir die Musik hören? Sollen wir uns den Tanz, oder was immer es ist, dabei vorstellen? Und wenn wir's tun, – warum soll man das ein verständnisvolles Hören der Musik nennen?? Kommt's auf's Sehen des Tanzes an, so wäre es ja besser, er würde vorgeführt, statt der Musik. Alles das aber ist ein *Miss*verständnis ...
> Wenn ich nun frage „Was erlebe ich denn eigentlich, wenn ich dies Thema höre und mit Verständnis höre?" – so kommen mir nichts als Plattheiten in den Kopf zur Antwort. So etwas wie Vorstellungen, Bewegungsempfindungen, Erinnerungen u. dergl. ...
> Wie erklärt man denn Einem, was es heißt „Musik verstehen"? Indem man ihm die Vorstellungen, Bewegungsempfindungen etc. nennt, die der Verstehende hat? Eher noch, indem man ihm die Ausdrucksbewegungen des Verstehenden zeigt? – Ja, die Frage ist auch, welche Funktion hat das Erklären hier? Und was heißt es: verstehen, was es heißt, Musik zu verstehen. Und die Frage wäre also „Kann man Einen denn lehren, Musik zu verstehen?", denn nur so ein Unterricht wäre eine Erklärung der Musik zu nennen.[20]

Das Verstehen der Musik als besonderer Fall des ästhetischen Verstehens galt für Wittgenstein als Paradigma einer Reflexion über das Verstehen der Sprache

[20] L. Wittgenstein: *Vermischte Bemerkungen*, op. cit., S. 548-549.

und das Verstehen überhaupt. Das Verständnis eines Satzes ist für ihn vergleichbar mit dem Verständnis einer Melodie oder eines musikalischen Themas.[21] Man kann schon hier den Vorwurf erheben, dass die musikalische Konzeption von Wittgenstein sich an einer Musik orientiert, in der die lineare Konstruktion von Melodien, Phrasen, tonalen Sequenzen usw. eine entscheidende Rolle spielt. So eine Musik wäre vor allem diejenige, die bis zum 19. Jahrhundert produziert wurde. Im Lauf des 20. Jahrhunderts, mit dem Durchbruch von Atonalität, Dodekaphonie, Serialismus und anderen musikalischen Sprachen verschiebt sich die Aufmerksamkeit auf andere Aspekte der Tongestaltung. Die impressionistische Musik von Debussy und die collageartigen Symphonien von Mahler sind zwei Beispiele für solche Ansätze schon am Anfang des 20. Jahrhunderts. Bei Debussy wird eine neue harmonische Logik geschaffen, die zu einer Aufwertung und Emanzipierung des Klangphänomens aus seiner tonalen Empfindung führt; bei Mahler wird ein Netzwerk von Assoziationen und Pseudozitaten konstruiert und dadurch die semantische Virtualität des Materials in den Vordergrund gestellt.

Folgt man darüber hinaus der Entwicklung der Musik des 20. Jahrhunderts, dann lässt sich eine Vielfalt von ästhetischen Ansätzen beobachten, die nicht nur die Herrschaft der Melodie, sondern das Verständnis von Musik selbst in Frage stellt. Zwei Tendenzen sollen hier hervorgehoben werden: Einerseits die Entwicklung einer elektroakustischen Klangkunst, die durch die Auseinandersetzung mit analogen und digitalen Apparaten gekennzeichnet ist. Andererseits die Entwicklung von neuen Ausdrucksfeldern, in denen die Klangkunst sich mit zeitlichen und räumlichen Formen – wie Radio, Film, Video, Installationen, Internet usw. – auseinandersetzt. Der Unterschied zwischen diesen zwei Tendenzen kann noch folgendermaßen präzisiert werden:

Im ersten Fall rückt die Bedeutung der Technik in den Vordergrund. Die Aufmerksamkeit richtet sich auf die Praxis mit technischen Apparaten: den Gebrauch von analogen und digitalen Apparaten, die Entwicklung von spezieller Hardware und Software für die Reproduktion, Analyse und Synthese von Klängen, für die Komposition und Interpretation. Die Erfahrung mit Apparaten

[21] „Ich finde es unmöglich, in meinem Buch auch nur ein einziges Wort zu sagen über alles das, was die Musik für mich in meinem Leben bedeutet hat. Wie kann ich darauf hoffen, dass man mich versteht." Das Zitat von Wittgenstein stammt vom Typoskript der *Philosophischen Untersuchungen*. Zitiert nach: Joachim Schulte: *Wittgenstein. Eine Einführung*, Stuttgart: Reclam 2001, S. 26.

bringt den Musiker zu neuen Ideen und Verfahren. Zum Beispiel: Klänge aus der akustischen Umwelt, aus Instrumenten und aus Stimmen werden analysiert und transformiert und dienen als Modelle für elektroakustische, instrumentale und vokale Kompositionen. Anderes Beispiel: Die Klangwahrnehmung wird durch die Möglichkeiten der spektralen und zeitlichen Analyse mit Apparaten erweitert. Man durchdringt die mikroskopische Struktur des Klanges und verwendet die Erkenntnisse dieser Analyse in der Konstruktion neuer Strukturen und neuer Werke. Ein Beispiel dafür ist die so genannte „Spektrale Musik" der 80er und 90er Jahre.[22]

Im zweiten Fall – bei der Entwicklung von neuen Ausdrucksfeldern – wird die Bedeutung der technischen Medien unterstrichen. Die Aufmerksamkeit richtet sich auf die Praxis mit medialen Apparaten. Medien sind gleichfalls technische Apparate und spielen eine Rolle als Kanäle für die Distribution der Kunst in der Gesellschaft. Die symbolische Bedeutung der Kunst ist davon abhängig, welche medialen Kanäle sie bedient. Die Entwicklung von neuen audiovisuellen Medien generiert einen Prozess der Ausdifferenzierung, der zur Entstehung neuer Kategorien führt. Zum Beispiel: Aus der Konvergenz zwischen Radio und elektroakustischer Komposition entwickelten sich selbständige Felder der akustischen Kunst – Soundscapes, Hörspiel, Klangreportage usw. –, die durch die Zusammenhänge zwischen Klang, Geräusch und Sprache neu definiert werden. Anderes Beispiel: Die Synchronisation zwischen Bildern und Klängen und die Simulation von physischen und virtuellen audiovisuellen Räumen schaffen neue ästhetische Erfahrungen wie Klanginstallationen, Virtuelle Realität (VR), Immersion usw.

Zurück zu Wittgensteins Problem. Versuchen wir nun, die Frage nach dem Verständnis von Musik in unterschiedlichen Kontexten abzuklären. Wir befinden uns in einem Konzert mit klassischer Musik und erleben einen Musiker – zum Beispiel einen Geiger – bei der Interpretation einer Sonate. Wir erkennen bestimmte Bewegungen mit dem Bogen, den Armen, Händen und Fingern, sehen aber auch Gesichtsausdruck und andere Gesten des Körpers, und wir entziffern sie als Indizien, die auf ein gewisses Verständnis von Musik hinweisen. Zum Beispiel bewegt der Violinist den Kopf oder den Oberkörper bei heftigen Passagen parallel zum Bogen oder macht einen heiteren oder traurigen Gesichtsausdruck bei fröhlichen bzw. melancholischen Stim-

[22] Vgl. Jean-Baptiste Barrière (Hrsg.): *Le Timbre. Méthaphore pour la Composition*, Paris: Bourgois/Ircam 1991.

mungen. „Diese Bewegungen gehören allerdings nicht notwendig zum Hören mit Verständnis, sondern lediglich in dem Maße, wie es auch wahr ist, dass die Musik Gefühle erzeugt oder vermittelt und umgekehrt Gefühle die Auffassung von Musik begleiten."[23]

Ein anderer Kontext: Wir sind in einem Konzert mit elektronischer Musik einer Pop-Gruppe, wie zum Beispiel der deutschen Kult-Band *Kraftwerk* in den 70er Jahren. Die Bühne ist voll von Computern, Keyboards, Synthesizern und anderen elektronischen Geräten, die übereinandergestapelt sind. Dazwischen befinden sich die Musiker; ihre Kostüme und die Beleuchtung erzeugen eine spezielle Atmosphäre und suggerieren die Vorstellung, dass sie selbst Teil einer Welt von Maschinen und Automaten sind. Die Musiker betätigen Computer, drehen Knöpfe und manchmal spielen sie einige Tasten auf den Keyboards. Gestik und Gesichtsausdruck sind sehr sparsam. Sie spielen quasi maschinell. Soll damit ein bestimmter musikalischer Ausdruck vermittelt werden? Präsentiert sich der Sinn der Musik durch szenische Darstellungen und durch die Bilder und Bewegungen, die bei der Aufführung vermittelt werden?

Wittgenstein hat den Begriff *Sprachspiel* verwendet, um auf die Komplexität der Verwendung der Sprache in der alltäglichen Kommunikation hinzuweisen. Sprachspiele sind „einfachere Verfahren zum Gebrauch von Zeichen", wie zum Beispiel die primitiven Sprachformen, „mit denen ein Kind anfängt, von Wörtern Gebrauch zu machen."[24] Aber im Grunde genommen sind diese primitiven Sprachformen verwandt mit den komplexen und komplizierten Verwendungsweisen in der Sprache des Alltags. Für Wittgenstein wird die Bedeutung eines Zeichens nur durch seinen Gebrauch in der Sprache definiert. Damit betont er die Bezugssysteme, die für die Beschreibung einer Sprache betrachtet werden müssen. Diesen Gedanken fasst er so zusammen: „Und eine Sprache vorstellen heißt, sich eine *Lebensform* vorstellen." [25]

Genauso wie bei der Sprache ist die Beschreibung eines symbolischen Kommunikationssystems wie Musik überhaupt nur möglich, wenn die Bezugssysteme, in denen Musik einen Sinn hat, in Betracht gezogen werden. Die Verwandtschaft zwischen Spielen sprachlicher und musikalischer Art beruht auf

[23] Felix Gmür: *Ästhetik bei Wittgenstein. Über Sagen und Zeigen*, Freiburg; München: Karl Alber 2000, S. 170f.
[24] Vgl. J. Schulte: *Wittgenstein. Eine Einführung*, op. cit., S. 140.
[25] L. Wittgenstein: *Philosophische Untersuchungen*, op. cit. S. 24, § 19.

Eigenschaften der Wahrnehmung und Erkenntnis und auf Vorgängen der konstitutiven Bedeutung. Wittgenstein bezeichnet diese Gemeinsamkeiten der Spiele im Allgemeinen mit dem Begriff *Familienähnlichkeiten.*

> Wir sehen ein kompliziertes Netz von Ähnlichkeiten, die einander übergreifen und kreuzen. Ähnlichkeiten im Großen und Kleinen.
> Ich kann diese Ähnlichkeiten nicht besser charakterisieren als durch das Wort „Familienähnlichkeiten"; denn so übergreifen und kreuzen sich die verschiedenen Ähnlichkeiten, die zwischen den Gliedern einer Familie bestehen: Wuchs, Gesichtszüge, Augenfarbe, Gang, Temperament, etc. etc. — Und ich werde sagen: die ‚Spiele' bilden eine Familie.[26]

Mein Vorschlag ist, das Konzept von „Familienähnlichkeiten" auf die Untersuchung der Klangkunst anzuwenden. Statt der herkömmlichen Betrachtungsweise, bei der sich die Bedeutung der Musik auf bestimmte Erscheinungsformen und akustische Parameter beschränkt, soll die Aufmerksamkeit auf die Entstehung von neuen ästhetischen Bezugsfeldern gelenkt werden, in denen die Auseinandersetzung mit Technologie und elektronischen Medien eine entscheidende Rolle spielt.

5. Die technische Reproduktion

Mit seiner Analyse der Reproduzierbarkeit der Kunst diagnostiziert Walter Benjamin die grundlegende Veränderung der Produktion und Rezeption von Kunstwerken in der Gesellschaft durch die zunehmende Bedeutung der technischen Medien. Benjamin konzentriert seine Analyse auf die Entwicklung der Photographie und des Films – der Prozess der Umwälzung der Klangkunst durch die Reproduktion des Tons befand sich damals erst in den Anfängen –, skizziert jedoch eine übergreifende Medientheorie, die sich gleichzeitig als ästhetische Theorie versteht.[27]

Die zentrale These seines Textes kann folgendermaßen formuliert werden: Die technischen Medien, die die Reproduktion des Kunstwerks ermöglichen und selbst ihre eigene Reproduzierbarkeit beinhalten, rufen eine Revolution in der

[26] L. Wittgenstein: *Philosophische Untersuchungen*, op. cit. S. 57, § 66-67.
[27] Vgl. Walter Benjamin: Das Kunstwerk im Zeitalter seiner technischen Reproduzierbarkeit, in: *Illuminationen,* Frankfurt a. M.: Suhrkamp 1977 [1936], S. 136-169.

Kunst hervor, weil sie ihre *Echtheit* abschaffen und stattdessen ihre *Virtualität* in den Vordergrund stellen.

Nach Benjamin drückt sich die Echtheit des Kunstwerks durch das *Hier* und *Jetzt* des Originals aus – „sein einmaliges Dasein an dem Ort, an dem es sich befindet". Die technische Reproduktion ersetzt das Original durch das Abbild und löst dadurch die räumliche und zeitliche Verbindung des Kunstwerks mit seinem Ursprung und seiner Materialität auf. „Die Kathedrale verlässt ihren Platz, um in dem Studio eines Kunstfreundes Aufnahme zu finden: das Chorwerk, das in einen Saal oder unter freien Himmel exekutiert wurde, lässt sich in einem Zimmer vernehmen."[28]

Im Zeitalter ihrer technischen Reproduzierbarkeit wird die Kunst aus ihren materiellen und metaphysischen traditionellen Räumen in die mediale Virtualität versetzt. Die Kunst liquidiert die Echtheit und vervielfältigt die virtuellen räumlichen und zeitlichen Möglichkeiten: „Die Reproduktionstechnik [...] löst das Reproduzierte aus dem Bereich der Tradition ab. Indem sie die Reproduktion vervielfältigt, setzt sie an die Stelle seines einmaligen Vorkommens sein massenweises. Und indem sie der Reproduktion erlaubt, dem Aufnehmenden in seiner jeweiligen Situation entgegenzukommen, aktualisiert sie das Reproduzierte."[29]

Diese beiden Prozesse führen zu einer Neudefinierung des Kunstwerks durch die Erzeugungen neuer Kontexte und Wahrnehmungsbereiche der Kunst. Jede neue Übertragung aktualisiert die Bedeutung des Kunstwerks in der Gegenwart und für jeden neuen Empfänger. Benjamin diagnostiziert eine Veränderung der kollektiven Sinneswahrnehmung durch die technische Reproduktion. Er bezeichnet diese Veränderung als *Verfall der Aura.*

Dieser Begriff der Aura – der so oft missverstandene Kernpunkt der Ästhetik Benjamins – kann nur im Kontext der Rolle der Kunst in der Gesellschaft und des Bewusstseins von Kunst entziffert werden. Kunst entstand als Teil eines Rituals, war ursprünglich Bestandteil magischer und später religiöser Praxis. Die ursprüngliche Magie wurde später durch das historische Bewusstsein ersetzt. Seit der Neuzeit erobert die Kunst eigene Felder in der Gesellschaft, und

[28] W. Benjamin, op. cit. S. 140.
[29] W. Benjamin, op. cit. S. 141.

das Kunstwerk privilegiert das geniale Subjekt, den Autor. Damit entwickelt das Kunstsystem die Vorstellung einer Tradition und erteilt dem Kunstwerk den Status einer Scheinautonomie, was auch eine Art Ritual darstellt. Nach Benjamin befreit die mediale Apparatur das Kunstobjekt von der Aura, die in der Tradition eingebettet ist; „die technische Reproduzierbarkeit des Kunstwerkes emanzipiert dieses zum ersten Mal in der Weltgeschichte von seinem parasitären Dasein am Ritual.“[30]

Die Reproduktionstechnik erlaubt die ständige Umkodierung des Objekts, indem sie das Reproduzierte aus dem Bereich der Tradition löst und jede neue Reproduktion aktualisiert. Ein Beispiel der Umkodierung ist die Entdeckung der historischen Musik in der zweiten Hälfte des 20. Jahrhunderts: Die neue Praxis der Alten Musik mit „historischen“ Instrumenten hat von der Entwicklung der Aufnahme- und Studiotechnik profitiert, indem sie den Klang der alten Instrumente mit den neuen technischen Apparaten „verfremdet“ und durch jede neue Reproduktion „aktualisiert“.

Die eigentliche Absicht in Benjamins Essay ist, den Einfluss der Apparate auf die Kunst im Kontext der Massenkommunikation zu analysieren. Er warnt vor der Gefahr, durch die technische Reproduzierbarkeit die Bahn für die ästhetische und politische Manipulation der Massen zu bereiten. Die Massen suchen *Zerstreuung*, und für diesen Zweck wird die Kunst instrumentalisiert. Der in seiner Zeit aufkommende Faschismus setzte auf die Ästhetisierung des politischen Lebens und inszenierte dadurch Rituale, die die Massen für den Krieg vorbereiten sollten. Diese Entwicklung des 20. Jahrhunderts, die Benjamin deutlich vorausgesagt hat, ist nur möglich gewesen, weil die medialen Apparate eine eigene Wirklichkeit kreieren, „in der sich unabhängig von der Intention einzelner Autoren die Codes einer kollektiven Rezeption entwickeln“[31]. Benjamin erkannte als einer der ersten Theoretiker, dass die Medien eine eigene Realität schaffen, betrachtet jedoch diese Entwicklung – trotz des apokalyptischen Tons seiner Diagnose – als eine Chance für die Zukunft.

---

[30] W. Benjamin, op. cit. S. 144.

[31] Frank Hartmann: *Medienphilosophie*, Wien: WUV 2000, S. 204.

6. Die digitale Reproduktion

> Digital copies are not only perfect and free, they are also fluid. Once music is digitalized it becomes a liquid that can be morphed and migrated and flexed and linked. You can filter it, bend it, archive it, rearrange it, remix it, mess with it. And you can do this to music that you write, or music that you listen to, or music that you borrow.[32]

Die Industriegesellschaft wurde angetrieben durch analoge Reproduktionen; die Informationsgesellschaft wird angetrieben durch digitale Reproduktionen. Durch die Möglichkeiten der digitalen Technologie verändert sich das Bewusstsein gegenüber der Musik und der Praxis des Musizierens.

Analogkopien sind perfekt, solange sie von einer Ur-Matrix abgeleitet sind. Die Matrix erlaubt prinzipiell unbegrenzte Reproduktionen oder Duplikationen eines Originals, aber die Reproduktionen lassen sich nicht ohne weiteres reproduzieren. Die analoge Kopie einer Kopie erzeugt eine „Geräusch- oder Verzerrungs-Komponente“, die sich mit jeder neuen weiteren Kopie vervielfältigt. Die Form des originalen Objekts löst sich dadurch allmählich auf, und schließlich führt die Reproduktion zu einem Zustand der Entropie. Dagegen lassen sich digitale Reproduktionen ohne wahrnehmbaren Qualitätsverlust weiter kopieren; die Kopien unterscheiden sich nicht vom Original. Aber was noch wichtiger ist, die digitale Technologie ermöglicht die Manipulation des Medieninhaltes, sodass neben der 1:1 Kopie – dem Replikat – neue Formen von Reproduktionen im genetischen Sinne des Wortes auftauchen.

Die große Revolution der Musik in den letzten Jahren wurde nicht von Komponisten, Interpreten oder von irgendeiner Idee eines Klangkünstlers eingeleitet, sondern kam durch die Ausnutzung des Mediums Internet zustande: Die Tauschbörse Napster fing an, Musiktitel im MP3-Format zu distribuieren und trieb in wenigen Monaten die Reproduktion von Musiktiteln im Netz zu einer Größenordnung, die bisher für unvorstellbar gehalten wurde: Jeder kleine Mensch mit einem Computer und einem Modem konnte theoretisch auf einen gigantischen virtuellen Katalog von Musiktiteln zugreifen. Der Erfolg von Napster wurde jedoch Anfang 2001 von der mächtigen RIAA (Recording Industry

[32] Kevin Kelly: Where Music Will Be Coming From, *The New York Times* [17. 03.2002], https://www.nytimes.com/2002/03/17/magazine/where-mu-sic-will-be-coming-from.html (abgerufen 01.02.2021).

Association of America) per Gericht gestoppt. Napster betreibe ein System, das „wissentlich, vorsätzlich und absichtlich“ dazu entworfen sei, Millionen von Nutzern den Download Copyright-geschützter Musik zu ermöglichen, hieß es in der Anklageschrift gegen die Tauschbörse. Napster konnte nicht mehr funktionieren, aber die Idee hatte sich durchgesetzt. Andere Websites, wie zum Beispiel Morpheus, Kazaa und Audiogalaxy haben Software für den Download von Musiktiteln angeboten und wurden oder werden gleichfalls von der RIAA verklagt.[33] Die MP3-Community ist schätzungsweise auf 50 Millionen User gestiegen. Die Datenbank von Audiogalaxy, einer der letzten verbliebenen Tauschbörsen der ersten Generation, ist bis auf rund 300 Millionen einzelne Titel gewachsen, wobei einige Titel unter verschiedenen Namen gespeichert sind.

Der Erfolg der Internet-Tauschbörsen beruht auf der Tatsache, dass die Musikwerke nicht nur reproduziert, sondern an die Bedürfnisse und Wünsche der Benutzer angepasst werden können. Sobald die Musik heruntergeladen wird, kann sie weiter kopiert und weiter distribuiert werden. Die Musikindustrie fürchtet den Verlust ihres monopolartigen Geschäftes und versucht mit juristischen Schritten und Kopierschutztechniken diese Entwicklung zu verhindern. Aber gleichzeitig hat sie schon erkannt, dass das Internet die vorhandenen Strukturen der Musikdistribution kurz- oder langfristig verändern wird. Der Medienkonzern Bertelsmann z.B. übernahm teilweise Napster und plant, die vorhandene Napster-Technologie für den eigenen Vertrieb von Musik und Film zu nutzen. Seit Mitte 2002 werden die ersten unverschlüsselten MP3-Dateien von einigen Musik-Labels für Internet-Downloads angeboten.[34]

Tauschbörsen und Raubkopieren sind nur zwei Aspekte des sich verändernden Bewusstseins gegenüber der Musik. Für die neue Realität der Klangkunst, die durch die digitale Reproduktion getrieben wird, lässt sich folgende Hypothese definieren: *Musik wird weniger eine definierte Form und zunehmender ein frei definierbares Medium für weitere Umformung.* Das „Musikwerk“ der Zukunft kann mit einem virtuellen genetischen Code verglichen werden: Er besteht aus Informationen, die sich reproduzieren lassen und zur Erzeugung von individuell

[33] Vgl. Janko Röttgers: Böser kleiner Satellit, *Telepolis - Zeitschrift für Netzkultur* [26.05.2002], https://www.heise.de/tp/features/Boeser-kleiner-Satellit-3425395.html (abgerufen 01.02.2021).
[34] Vgl. Florian Rötzer: Ein großer Schritt für die Musikindustrie?, *Telepolis - Zeitschrift für Netzkultur* [24. 05.2002], https://www.heise.de/tp/features/Ein-grosser-Schritt-fuer-die-Musikindustrie-3425365.html (abgerufen 01.02.2021).

angepassten Audio-Produkten zusammengesetzt werden können. Wenn der Internet-User Musiktitel, Loops oder Klänge aus dem Netz downloadet und damit neue CDs für sich und seine Freunde brennt (oder CDs verkauft, um Geld zu verdienen), oder wenn ein DJ irgendein Musikstück von CD kopiert oder vom Internet downloadet und es als Grundlage für einen neuen Tanz-Mix verwendet, dann findet ein neuartiger Prozess der Reproduktion statt.

Die digitale, „fließende" und unbegrenzte Reproduzierbarkeit der neuen Klangkunst betrifft sowohl die Werke der Vergangenheit als auch neue Kompositionen. Sie unterstützt die Entwicklung neuen Verhaltens bezüglich der Musikproduktion und -rezeption. Heute erleben wir schon z.B. das Remix von alten, klassischen und modernen Stücken – gregorianischer Musik, Bach, Beatles, Stockhausen usw. – durch die DJs und das Aufblühen einer neuen Generation von Performance-Künstlern, die einen unbefangenen Umgang mit dem Material und den Apparaten pflegen. Die „Zertrümmerung der Aura", die „Entschälung des Gegenstandes aus seiner Hülle"[35] kennzeichnet die Kunst im Zeitalter der analogen Reproduzierbarkeit; es war der erste Schritt in Richtung der „Liquidierung des Traditionswertes am Kulturerbe."[36] Nun geht die Entwicklung einen Schritt weiter: Das digitale Kunstwerk verliert die Hülle seiner Materialität und entwickelt dadurch neue Fähigkeiten, sich materiell und virtuell zu reproduzieren.

7. Die Praxis des Projizierens

Ein Mensch sitzt vor dem Computer, drückt auf Tasten und erzeugt damit Klänge. Was macht er eigentlich? Nach Vilém Flusser lautet die Antwort einfach: „Er verwirklicht Möglichkeiten."[37]

Aber bevor wir uns weiter mit der Sache befassen, versuchen wir uns konkret vorzustellen, was für eine Absicht ein vor dem Computer sitzender und mit Klängen spielender Mensch haben könnte: Musik für Videoclips oder einen Werbespot zu produzieren, ein Video oder einen Film zu vertonen, Geräusche oder Musik für ein Computerspiel herzustellen, Klänge zu analysieren, Klänge zu transformieren, Klänge zu synthetisieren, Klangdesign, ein elektro-

[35] W. Benjamin, op. cit. S. 143.
[36] W. Benjamin, op. cit. S. 141.
[37] Vgl. V. Flusser: Digitaler Schein, in: *Medienkultur*, op. cit., S. 202-215.

akustisches Werk zu komponieren, eine instrumentale oder vokale Musik zu simulieren, ein Musikstück mit dem Computer zu interpretieren, eine Live-Aufnahme zusammenzumischen, eine alte Aufnahme zu entrauschen, Loops für eine DJ-Performance herzustellen, eine Klanginstallation vorzubereiten, die Akustik eines Raums zu testen usw.

Folgt man der von Flusser formulieren Metapher des digitalen Weltbilds, sollen die Klänge, die Musik und alles, was mit Computer produziert wird (Linien, Flächen und Körper), als eine mehr oder weniger dichte *Streuung von Partikeln* angesehen werden. Der Computer analysiert den Klang, löst das akustische Phänomen in Samples und Pixels auf; vom Klang bleibt nur eine hörbare und sichtbare *Granularstruktur*, die beliebig neu synthetisiert wird. Eigentlich muss nichts Großartiges mit dem Klang passieren – er kann im Prinzip genau so klingen wie vorher –, damit der Prozess der Analyse und Synthese stattfindet. Sobald digitale Klänge im Computer entstehen, findet eine „Computer-Übersetzung" des Klanges statt; sie ist auf jedem Fall ein Informationszerfall und jede neue Verwendung des Klanges eine Informationserzeugung. Die im Kunstwerk enthaltenen Informationen werden zersetzt, sie zerfallen in digitale Partikel, die neu zusammengesetzt werden. So entstehen digitale Informationen und Informationen überhaupt: „durch Synthese vorangegangener Informationen."[38]

Das numerische Denken des Computers hat zu einer Auflösung der Dinge geführt. Die Welt ist nicht mehr linear, prozessual, weil wir das buchstäbliche Denken durch das numerische Denken ersetzt haben: „Für das numerische Denken sind Welt und Mensch punktuell, mosaikartig, ein ‚Zersetzen und Zusammensetzen.'"[39] Die Klänge, die wir im Computer herstellen, modifizieren oder einfach ohne großartige Veränderung abspielen, die Klänge, die wir real nennen, wahrnehmen und erleben, sind die Stellen, in denen die Partikel sich verdichten: Es sind die Knotenpunkte der sich kreuzenden *Virtualitäten.* Wir haben das Denken von der Linearität zur Nulldimensionalität zurückgetreten, die *Materialität* der Dinge in *Beziehungsfelder* aufgelöst.

---

[38] Vilém Flusser: *Ins Universum der technischen Bilder*, Göttingen: European Photography (5. Aufl.) 1996, S. 97.

[39] Vilém Flusser: *Vom Subjekt zum Projekt. Menschwerdung*, Frankfurt a. M.: Fischer 1998, S. 15.

Um die Unterschiede zwischen alten und neuen Klängen zu präzisieren: Die alten Klänge, die mit Instrumenten, Stimme und Klangkörper produziert werden, sind „Fiktionen", „Simulationen von Vorstellungen", Repräsentationen. Die neuen Klänge – und natürlich auch Fotos, Videos, Hologramme usw. –, die mit Computer entworfen werden, sind Verwirklichung von Möglichkeiten. Die alten Klänge sind subjektive Metaphern, die neuen sind Projektionen. Daher wird die neue Praxis der Erzeugung von akustischen Ereignissen mit Computer und digitalen Apparaten – Klänge, Musikwerke, Soundscapes, Installationen, Klangräume usw. – als eine *Praxis des Projizierens* bezeichnet. Wenn wir auf eine Taste des Computers drücken, „beginnen wir also in ein Netzwerk von Relationsfeldern zu projizieren – wobei „wir" nicht als eine Gruppe von Individuen, sondern als ein vernetzter Dialog zu verstehen ist."[40] Die Umkodierung des Denkens erfolgte aus dem Alphabetischen ins Numerische und gegenwärtig in digitale synthetische Codes. Aus der Welt der Algorithmen und der Apparate wird in Zukunft die Welt der künstlichen Lebewesen. Aus der gegenwärtigen Praxis des Musizierens mit Apparaten wird das zukünftige Musizieren mit intelligenten Environments und postbiologischen Systemen.

8. Die Autopoiesis der Kunst

Die Theorie der Autopoiesis wurde von den chilenischen Neurobiologen Humberto Maturana und Francisco Varela für die Definition der Organisation von Lebewesen entwickelt.[41] Danach ist ein lebendes System durch die Fähigkeit charakterisiert, die Elemente, aus denen es besteht, selbst zu produzieren und zu reproduzieren und dadurch seine Einheit zu definieren. Luhmanns Theorie erweitert den Anwendungsbereich für den Begriff Autopoiesis: Neben Lebewesen

[40] V. Flusser: *Vom Subjekt zum Projekt. Menschwerdung*, op. cit. S. 26.

[41] Vgl. Humberto Maturana / Francisco Varela: *Autopoiesis and Cognition. The Realization of the Living*, Dordrecht; Boston; London: Reidel 1980 [Die erste systematische Darstellung der Theorie der Autopoiesis]; H. Maturana / F. Varela: *Der Baum der Erkenntnis. Die biologischen Wurzeln menschlichen Erkennens*, Bern; München: Scherz 1987 [Eine spätere, „populäre" Darstellung der Theorie der Autopoiesis]; H. Maturana: *Erkennen: Die Organisation und Verkörperung von Wirklichkeit*, Braunschweig; Wiesbaden: Vieweg 1985 [Sammlung von Maturanas Schriften]; F. Varela: *Autonomie et Connaissance*, Paris: Seuil 1989 [Varela betrachtet die Autopoiesis als Eigenschaft der Lebewesen und kritisiert die Anwendung der Theorie auf die menschliche Gesellschaft. Die Gesellschaft ist für ihn höchstens autonom, aber nicht autopoietisch].

tauchen zwei andere Ebenen der Autopoiesis auf, nämlich *soziale Systeme* und *psychische Systeme*.[42]

Die Reproduktion von autopoietischen Systemen erfolgt durch *Operationen* des Systems selbst und schließt jeden externen Eingriff aus. Die Reproduktion jeder Zelle ist das Ergebnis des Netzwerks interner *Operationen* des biologischen Systems. Die Operationen eines sozialen Systems sind *Kommunikationen*, die sich aufgrund anderer Kommunikationen reproduzieren und damit die Einheit des Systems herstellen; außerhalb von sozialen Systemen gibt es keine Kommunikationen. Die Operationen eines psychischen Systems sind die *Gedanken*; außerhalb von Bewusstseinssystemen gibt es keine Gedanken. Für das Verständnis der Autopoiesis ist es wichtig, die Autonomie und Selbstreferenzialität der Systeme zu betonen: Leben (biologische Systeme), Kommunikation (soziale Systeme) und Bewusstsein (psychische Systeme) sind getrennte Ebenen der Autopoiesis.

Um den Begriff Autopoiesis auf semiotische Systeme zu erweitern, verwendet Luhmann den aus der Kybernetik stammenden Begriff der *Beobachtung*. Die Operationen von einem System können nur von einem Beobachter analysiert werden. Die Beobachtung ist eine spezifische Operation des Systems, um eine *Unterscheidung* zu treffen: „Die Umwelt, die wir wahrnehmen, ist unsere Erfindung."[43] Danach sind kognitive Prozesse als eine unendliche Kette von rekursiven Unterscheidungen – oder Beobachtungen – zu verstehen. Selbst die Beobachtungen werden beobachtet, deswegen spricht man von Beobachtung zweiter Ordnung, dritter Ordnung usw. Dieses Verständnis von Beobachtungen beruht auf neurophysiologischen Erkenntnissen, wonach unser Zentralnervensystem (ZNS) unabhängig von der Umwelt sensorielle und motorische Reize produziert. Das ZNS organisiert sich selbst durch *rekursive* Operationen, durch die eine stabile Realität unabhängig von der Welt „draußen" errechnet wird. Experimente haben gezeigt, dass die Rezeptorzellen unserer Sinneswahrnehmungen (Sehen, Hören, Tasten usw.), „blind" sind: „Draußen gibt es weder Klang noch Musik, sondern periodische Druckwellen der Luft."[44]

---

[42] Vgl. Niklas Luhmann: *Soziale Systeme. Grundriß einer allgemeinen Theorie*, Frankfurt a. M.: Suhrkamp 1984; N. Luhmann: *Die Gesellschaft der Gesellschaft*, 2 Bde, Frankfurt a. M.: Suhrkamp 1997; Claudio Baraldi, Giancarlo Corsi / Elena Esposito: *GLU. Glossar zu Niklas Luhmanns Theorie sozialer Systeme*, Frankfurt a. M.: Suhrkamp 1997.
[43] H. v. Foerster: Über das Konstruieren von Wirklichkeiten, op. cit., S. 25.
[44] H. v. Foerster: Über das Konstruieren von Wirklichkeiten, op. cit., S. 29.

Die Erkenntnisse der Kybernetik bilden die operative Grundlage der von Luhmann entwickelten Theorie der *Kunst als soziales System.*[45] Die Kunst ist ein symbolisch generalisiertes Kommunikationsmedium für die Konstruktion von *Sinn*. Das Kunstsystem ist Teil des sozialen Systems, seine Operationen sind an der Beobachtung von Kunstwerken orientiert. Sowohl der Künstler als auch der Betrachter sind Beobachter der Kunstwerke. Sie realisieren Beobachtungen von Beobachtungen, also Beobachtungen zweiter Ordnung.

Wie alle sozialen Systeme operiert das Kunstsystem durch Kommunikation; Kommunikation wird also ständig durch Kommunikation ersetzt. Ein Kunstwerk ist allenfalls als Kompaktkommunikation oder auch als Programm für zahlreiche Kommunikation über das Kunstwerk anzusehen: „Wenn man das Werk sieht, sieht man die Entscheidungen oder die Beobachtungen, die es produziert hat. Und man versteht etwas von dem, was gewollt war. Das nenne ich auch Kommunikation."[46] Die Autopoiesis der Kunst wird durch den *Stil* ermöglicht, der Kunstwerk mit Kunstwerk verbindet.

9. Die Ausdifferenzierung der Klangkunst

Die technische Reproduktion des Klanges war die Voraussetzung für die Entwicklung der elektroakustischen Medien im Laufe des 20. Jahrhunderts, die zu einer *Ausdifferenzierung* der Klangkunst geführt haben. Die „Kunst der Geräusche" der italienischen Futuristen ist schon ein früheres Beispiel einer von der Musik unabhängigen Klangkunst.[47] Allerdings war es noch eine Kunst im Zeichen der mechanischen Reproduktion von Klängen und Geräuschen. Die Veränderung des medialen Bewusstseins bezieht sich jedoch auf die konsequente Ausnutzung der Elektrizität für die Übermittlung von Zeichen (Telegraphen), Stimme (Telefon), Ton, Bilder usw. Die elektronischen Medien brechen die Herrschaft der Mechanisierung: Sie wirken als Erweiterung des menschlichen

[45] Vgl. Niklas Luhmann: *Die Kunst der Gesellschaft*, (3. Aufl.), Frankfurt a. M.: Suhrkamp 1999.

[46] Hans Dieter Huber: Interview mit Niklas Luhmann, *Texte zur Kunst*, Vol. I, 1991, Nr. 4, S. 123, https://www.hgb-leipzig.de/artnine/huber/aufsaetze/luhmann.html (abgerufen 01.02.2021).

[47] Vgl. Luigi Russolo: *L'Art des Bruits*, Lausanne: L'Age d'Homme 1975.

Körpers und ermöglichen einen schnelleren Austausch zwischen Material, Denken, Körper und Umwelt, wie von McLuhan betont wurde.[48]

> Erst die elektrische Kultur, wie McLuhan sagt, entwickelt aufgrund ihrer instantanen Art der Informationsbewegung die Möglichkeit, die Form einer mit der technischen Entwicklung verbundenen kulturellen Innovation zu erkennen und quasi in Echtzeit zu reflektieren.[49]

Die audiovisuellen Medien wirken nicht nur als Träger von materiellen Informationen, sondern die Technologie verändert die Kognition und die Wahrnehmung. Von der Erfindung der Telegraphen (1837), über das Radio und das Fernsehen bis hin zur Entwicklung des World Wide Web (1992) sind 165 Jahre vergangen. In diesem Zeitraum findet in der Kultur der Wechsel von der symbolischen Repräsentation hin zu einem globalen digitalen Informationsnetzwerk statt.

Der Prozess der Ausdifferenzierung der Klangkunst ist grundsätzlich unter zwei Aspekten zu betrachten: Einerseits haben die elektroakustischen Medien eine neue Unterscheidung im System Musik ermöglicht – z.B. gibt es heute neben der „reinen“ akustischen Musik, die „reine“ elektroakustische Musik, die „Musique Concrète“, die Computermusik, die Techno-Musik und noch die verschiedenen Kombinationen und gemischten Formen (z.B. Live-Elektronik, Tonbandmusik mit Instrumenten). Andererseits wurden durch die neuen elektronischen Medien neue Unterscheidungen im System Kunst möglich – neben der Musik gibt es heute andere Kunstsysteme wie z.B. die „Acousmatique“, die „Soundscapes“, das „Hörspiel“, die Klanginstallation, das Klangdesign usw.

Man kann in Anlehnung an Luhmanns Systemtheorie sagen, dass die neuen Medien den Prozess der *Ausdifferenzierung* des Kunstsystems durch die Entstehung von neuen Formen vorantreiben.[50] Nach Luhmann unterscheiden sich Medien von anderen Materialitäten dadurch, „dass sie ein sehr hohes Maß an Auflösung gewährleisten“[51]. *Medien* „bestehen aus Elementen bzw. in der Zeit-

---

[48] Vgl. Marschal MacLuhan: *The Gutenberg Galaxy. The Make of Typographic Man*, Toronto: University of Toronto Press 2000 [1966]; M. McLuhan: *Understanding Media. The Extensions of Man*, Toronto: McGraw-Hill 2001 [1964].

[49] F. Hartmann: *Medienphilosophie*, op. cit., S. 268.

[50] Vgl. Niklas Luhmann: *Die Ausdifferenzierung des Kunstsystems*, Bern: Benteli Verlag 1994.

[51] N. Luhmann: Das Medium der Kunst, op. cit., S. 198.

dimension, aus Ereignissen, aber diese Elemente sind nur sehr lose verknüpft." Oder mit anderen Worten: Medien besitzen ein „höheres Maß an Auflösevermögen mit Aufnahmefähigkeit für Gestaltfixierung"[52]. *Formen* dagegen sind feste Kopplungen. Sie entstehen durch „Verdichtung von Abhängigkeitsverhältnissen zwischen Elementen, also durch Selektion aus Möglichkeiten, die ein Medium bietet". Der Formbegriff beruht auf einer Unterscheidung: „Form ist also nicht eine schöne Gestalt, ein besonderes Ding, sondern die Differenz des Dings zu seiner Umgebung."[53] Zum Beispiel: ein bestimmter Strich, eine bestimmte Farbe, ein bestimmter Klang, ein Klangeffekt usw. Aber im Falle der Kunst, wie Luhmann betont, schafft sich die Form erst das Medium, in dem sie sich ausdrückt, und wird dadurch ein „höheres Medium". Mit anderen Worten: Die Kunst verwendet die Differenz von Medium und Form als Medium der Kommunikation.

Luhmann hat folgende Hypothese aufgestellt: Die Evolution von Kunst lässt sich als eine „Steigerung des Auflöse- und Rekombinationsvermögens, als Entwicklung immer neuer Medien-für-Formen" beschreiben. Damit ist die „Klangkunst" das Metasystem der Kommunikation, dem die Musik und die elektroakustische Kunst zugeordnet wird. Kommunikation kann zwischen Kunst und Nichtkunst unterscheiden, sodass z.B. ein Hörspiel als „Musikwerk" oder als „Radiokunst" oder einfach als Radioprodukt ohne künstlerische Relevanz beobachtet werden kann. Die Unterscheidung hängt von den Beobachtungen ab, die durch das Objekt oder den Betrachter provoziert werden.

10. Netzwerk-Intelligenz und Emotionen

> We are all interface. We are computer-mediated and computer enhanced.[54]

> Technological transformations do not impress me, biological technology does not impress me, Internet does not impress me. I say this not out of arrogance. No doubt much of what we do will change if we adopt the different technological options at hand, but our actions will not change unless our emotioning changes.[55]

[52] N. Luhmann: Das Medium der Kunst, op. cit., S. 199.
[53] H. D. Huber: *Interview mit Niklas Luhman*, op. cit., S. 121.
[54] Roy Ascott: The Architecture of Cyberperception [1994], in: *Telematic Embrace*. Berkeley: University of California Press 2003, S. 319.
[55] Humberto Maturana: *Metadesign*, 1996, https://www.pangaro.com/hciiseminar2019/Maturana_Metadesign.pdf (abgerufen 01.02.2021).

Die Frage nach der gegenwärtigen Entwicklung der Klangkunst ist eng mit der Frage nach der Bedeutung der Technologie verbunden. Die Entstehung einer Techno-Kultur ist nicht zu leugnen, aber es gibt unterschiedliche Auffassungen darüber, ob und wie diese Entwicklung die Grundlage des Menschen beeinflussen oder radikal verändern wird. Ich möchte an dieser Stelle die Begeisterung mit der Skepsis konfrontieren, um einige Prinzipien zu definieren. Anschließend präsentiere ich einige Vorschläge für die zukünftige Arbeit im Bereich der Klangkunst. Die Komplexität des Themas erfordert die Beschränkung auf einige Kerngebiete.

Begeisterung

Die Techno-Begeisterung fängt mit der Idee einer neuen Wahrnehmung der Welt an, in der alle Simulationen glaubwürdig erscheinen. Alle Sinne – Sehen, Hören, Tasten, bald auch Riechen – werden durch die Digitalisierung zersetzt und zusammengesetzt. Ebenso werden alle Formen, Gestalten und Texturen durch das Kalkül zugänglich. Um diese qualitative Veränderung der Erkenntnis und des Wahrnehmungsvermögens aufgrund der neuen Technologien zu betonen, hat Roy Ascott den Begriff *Cyberwahrnehmung* (cyberperception) eingeführt: „Cyberperception involves a convergence of conceptual and perceptual processes in which the connectivity of telematic networks plays a formative role.“[56]

Die Cyberwahrnehmung bezeichnet eine neu erworbene Fähigkeit des Daseins durch die Konvergenz zwischen realen und virtuellen Realitäten in einem neuen Raum: dem *Cyberspace*. Der Cyberspace ist also der Raum der technologischen Netzwerke, der eine Verbindung zwischen dem physischen und dem mentalen Raum herstellt. Es ist ein Vermittlungsraum, der zu der organischen Interaktion zwischen Geist und Körper addiert wird. Der Cyberspace ist zugleich materiell und virtuell. Die Materialität des Cyberspace ist gekennzeichnet durch die Möglichkeit, Kombinationen, Permutationen und Konfigurationen von Netzwerken zu konstruieren. Seine Virtualität beruht auf einigen Gemeinsamkeiten mit dem Geist; z.B. spielen beide mit Repräsentation und Simulation, verarbeiten Informationen, stützen sich auf Gedächtnis und Intelligenz.

---

[56] R. Ascott: The Architecture of Cyberperception, op. cit. S. 319-320.

Gegenwärtig erleben wir in der Netzwerk-Kommunikation die Anzeichnen einer Rekonstruktion der Sinne und des Sensoriellen durch die digitalen Formen des Multimedialen und der Virtualität. Das *Internet* vermittelt über den Bildschirm zwischen den Sinnen und der Welt und wird dadurch ein Ort der kognitiven Erfahrung. Aber die Voraussetzung für die Entfaltung einer Netzwerk-Intelligenz ist die Existenz einer *direkten Verbindung zwischen Denken und Maschine* wie etwa die fließende und unmittelbare Beziehung, die zwischen unseren Gedanken und unserem persönlichen Gedächtnis besteht. In diesem Zusammenhang spricht Derrick de Kerckhove von der Notwendigkeit, eine Architektur der Intelligenz zu gestalten, die als Architektur der Konnektivität (*connectivity*) zu verstehen ist: „It is the architecture that brings together the three main spatial environments that we live in and with today: mind, world and networks."[57] Diese Architektur der Netzwerke, der Verbindungen zwischen realen und virtuellen Räumen, symbolisiert das neue soziale und kognitive Bewusstsein des Menschen in der Utopie der telematischen Gesellschaft: Das kleine *Ich* verschwindet und wird durch das „konnektive" *Sein* ersetzt.

Skepsis

Seit der berühmten Formel von McLuhan – *The medium is the message* – wird die Aufmerksamkeit auf die Oberfläche der Medien gerichtet. Diese Oberfläche wird hauptsächlich mit den Massenmedien assoziiert, die einen manipulativen Charakter haben und das künstlerische Potenzial zerstören. Das Mediale fungiert heutzutage „als Synonym für die Auflösung, für die Unterminierung und letztendlich für die Annullierung jeder auktorialen, individuellen, subjektiven Intention"[58]. Neben der verblendeten Oberfläche wird auch die Telematik Gegenstand der Medienkritik. Mit Telematik, einem Kunstwort aus Telekommunikation und Informatik, wird in diesem Zusammenhang die neuartige emporwachsende kommunikative Komplexität bezeichnet, die auf dem Prinzip des Apparates und der Automation von Medien beruht. Die Einrichtungen der telematischen Kommunikation bringen die entfernten Menschen näher zusammen, ermöglichen neue Arten von Dialogen, aber sie haben auch ihre Kehrseite, wie von Vilém Flusser stets betont wird: Die Apparate programmieren die Menschen für ein bestimmtes Verhalten, automatisieren das Denken und versperren

---

[57] D. de Kerckhove: *The Architecture of Intelligence*, op. cit., S. 7.
[58] Boris Groys: *Unter Verdacht. Eine Phänomenologie der Medien*, München: Carl Hanser 2000, S. 97.

dadurch den Weg zur Kritik an der Gegenwart. Der Mensch ist nicht mehr in der Lage, die Absichten hinter der Oberfläche zu erkennen, die Apparate und die technisierte Gesellschaft in Frage zu stellen.[59]

Eine noch radikalere Kritik an der Fähigkeit der Technologie, unser Dasein als Mensch zu verändern, wird von Humberto Maturana auf der Grundlage der Theorie der Autopoiesis formuliert. Danach werden Lebewesen als molekulare autopoietische Systeme bezeichnet, die als geschlossene Netzwerke für die Produktion von Molekülen funktionieren. Die autopoietische Struktur der Lebewesen wird also durch ihre Anatomie und Physiologie gekennzeichnet. Das ist der erste Bereich der Existenz. Es gibt einen zweiten Bereich der Existenz, nämlich das Medium, in dem das Lebewesen entstanden ist und mit dem es durch rekursive Interaktionen in Verbindung steht. Aber die zwei Bereiche funktionieren unabhängig voneinander, es gibt keine kausale Beziehung zwischen ihnen. Maturana sieht in der Fähigkeit der Kommunikation durch die Sprache die Grundlage des Mensch-Seins. Das kulturelle Netzwerk der sprachlichen Konversationen organisiert die menschliche Identität, wobei der rationale Bereich, in dem wir als rationale Wesen funktionieren, durch die *Emotionen* bestimmt wird.

Die Expansion der Biotechnologie hat weder das Verständnis von Lebewesen noch das Verständnis von uns Menschen selbst erweitert, sagt Maturana. Im Gegenteil wirft uns die Biotechnologie in eine Kultur des Merkantilismus, die alle Ebenen unserer psychischen Existenz durchdringt und die Ansicht von uns selbst trübt. Nach Maturana ist das, was wir virtuelle Realität nennen, bloß eine Entwertung der Erfahrung. Virtualität ist im Grunde genommen nichts besonderes, es sei denn, sie wird als mächtiges Mittel für die Manipulierung des anderen Lebens verwendet. Solange sich unser System nicht ändert, werden auch die negativen Merkmale unserer Kultur nicht verändert. Die Technologie ist nicht die Lösung für die Probleme des Menschen, weil die Probleme des Menschen im Bereich der Emotionen verankert sind. Die Realität, in der wir leben, entsteht nicht durch quantifizierte Information, sondern durch das Netzwerk der Emotionen in jedem Augenblick unseres Lebens, behauptet Maturana. Jedes Ding kann ein Objekt des Designs werden, wenn das Design die strukturellen Kohärenzen des Bereiches, in dem es stattfindet, respektiert.

[59] Vgl. V. Flusser: *Ins Universum der technischen Bilder*, op. cit.

11. Zusammenfassung

Die Kunst als autopoietisches Kommunikationssystem zu verstehen bedeutet, um Wittgenstein zu paraphrasieren, ihre *Lebensformen* zu verstehen. Kunst zu verstehen bedeutet, nicht die Zeichen zu interpretieren, sondern den Gebrauch der Zeichen in einem Zeichensystem zu verstehen. Das Verstehen der Kunst – genauso wie der Sprache – ist vor allem eine Frage des Erlernens. Die Zeichen werden nicht durch erklären, sondern durch abrichten gelernt, wie am Beispiel des Musikunterrichts erläutert wird: „Wer etwa ein Musikinstrument spielen lernt, dem muss der Lehrer erst einmal zeigen, wohin die Finger gehören, wie man sich halten muss usw. – der Charakter des Abrichtens ist in diesem Fall ganz klar.“[60] Das Kunstwerk setzt einen rekursiven Prozess von Beobachtung von Beobachtungen in Gang, in dem sowohl das Kunstwerk als auch die Beobachtung der Kunstwerke – wie zum Beispiel die wissenschaftliche Beobachtung der Medientheorie – beobachtet werden. Die technische Reproduktion löste die Kunst aus ihrem traditionellen Dasein. Die digitale Reproduktion setzt den Auflösungsprozess durch die Zersetzung und Neu-Zusammensetzung der Information fort. Die neuen Technologien erhöhen das Auflösungs- und Rekombinationspotenzial der elektronischen Medien und führen zu weiteren Ausdifferenzierungen des Kunstsystems.

Die traditionelle Kunst hat die Aufmerksamkeit auf den Schein der Dinge und ihre Repräsentation gerichtet. Jetzt beschäftigt sich die Kunst weniger mit dem Äußeren und der Oberfläche und mehr mit Prozessen von Transformation, Konstruktion und Entstehen. Die Kunst soll die Interaktion mit der realen und virtuellen Umwelt in den Vordergrund stellen, das Bewusstsein auf die Konstruktion von vernetzten Systemen, wie z.B. intelligenten Apparaten, Environments und künstlichen Organismen, lenken. Dazu gehört auch die Auseinandersetzung mit dem menschlichen Körper, der zu einem Raum der Transformation und der Konstruktion geworden ist: „Das Kunstwerk muss nicht mehr notwendigerweise als ein materieller Gegenstand existieren. Es kann als provisorischer Verbund von Elementen in einem Datenstrom existieren, als vorübergehende ‚Differenz‘ im Datenraum.“[61] Es ist erforderlich, eine neue Intelligenz der me-

---

[60] J. Schulte: *Wittgenstein. Eine Einführung*, op. cit., S. 143.

[61] Roy Ascott: Der Geist des Museums, *Telepolis - Zeitschrift für Netzkultur* [09.12.1996], https://www.heise.de/tp/features/Der-Geist-des-Museums-3445885.html (abgerufen 01.02.2021). [Original: Roy Ascot: The Mind of the Museum, in: *Telematic Embrace*, Berkeley: University of California Press 2003, S. 340-355.]

dialen Netzwerke zu entwickeln, die den Menschen in seiner Ganzheit – Körper, Geist, Emotionen – erfasst und die reflexive Wahrnehmung in der medialen Kommunikation ermöglicht. Reflexive Wahrnehmung (Wahrnehmung der Wahrnehmung) ist eine vorsoziale Voraussetzung der Interaktion, weil sie zur Kommunikation zwingt.[62]

12. Metadesign – das Design des Designs

In den vorangegangenen Kapiteln habe ich einige Fragen und Ansätze der Ästhetik einer Klangkunst im Zeitalter ihrer Vernetzbarkeit angedeutet, die ich jetzt in Form von Vorschlägen einer zukünftigen Praxis zusammenfassen möchte. Am Anfang dieses Artikels habe ich auf die Zentralstellung des Designs in unserer Gesellschaft hingewiesen. Der Begriff *Design* als Verschmelzung der Ideen der Kunst, Technik und Wirtschaft steht für den „Verzicht von Wahrheit und Echtheit" und für die Gestaltung von alternativen Wirklichkeiten in sensoriellen und kognitiven Formen. Design bekommt also negative Konnotationen, wenn es mit Vorstellungen assoziiert wird wie z.B. der Beschönigung der Realität oder der Gestaltung der (medialen) Oberfläche. Positiv geladen wird der Begriff Design, wenn er mit der Vorstellung von Konstruktion der Realität oder dem Entwerfen von virtuellen Kulturen in Verbindung gebracht wird. Es stellt sich die Frage: „Was ist der Zweck des Designs?" Oder mit anderen Worten: „Was ist die Ethik des Designs?" Aus der Perspektive der Kybernetik müsste dann die Antwort lauten: „Der Zweck des Designs ist das Design des Designs" – oder, anders formuliert, „das Metadesign." Damit betone ich das zentrale Prinzip der Zirkularität und postuliere die Notwendigkeit eines *interdisziplinären* Ansatzes als Zielvorstellung für die Arbeit.[63] Stellt man sich das Metadesign als Ziel vor, dann ist es möglich, mit Begriffen wie Kunst, Kultur und Technologie rekursiv zu operieren und Inhalt zu vermitteln, ohne sich dabei „um die Wege, Bahnen und Trajektorien kümmern zu müssen".[64] Metadesign bedeutet, Prozesse umkehren zu können und in der Lage zu sein, sich zwischen den unzähligen realen und virtuellen Welten als Migrant zu bewegen.

---

[62] Vgl. N. Luhman: *Soziale Systeme. Grundriss einer allgemeinen Theorie*, op. cit., S. 560 ff.

[63] Vgl. Heinz von Foerster: Ethik und Kybernetik zweiter Ordnung, in: *KyberEthik*. Berlin: Merve 1993.

[64] H. v. Foerster: *Der Anfang von Himmel und Erde hat keinen Namen*, op. cit., S. 223.

Zum Schluss hier noch stichwortartig drei Schwerpunkte, auf deren Grundlage Modelle für die interdisziplinäre Arbeit der Klangkunst entwickelt werden können:

1. Klangraum und Simulation:
- Erprobung und Konstruktion von Klangräumen in realen, virtuellen und vernetzten Environments.
- Immersion, Surround, Klanginstallationen, Virtuellen Realität, psychoakustische Simulation.

2. Interaktivität und Interfaces:
- Erforschung und Anwendungen von Sensoren und audiovisuellen Interfaces für interaktive Kunstgestaltung und Live-Spiel.
- Verbindung zwischen akustischen, visuellen, kinetischen und architektonischen Kunstformen und insbesondere Berücksichtigung der neuartigen Synchronisationsmöglichkeiten.

3. Netzwerk und Telematik
- Entwicklung von telematischen Instrumentarien für das interaktive Spiel mit realen und virtuellen Erscheinungsformen.
- Intelligente Systeme für die Erzeugung, Speicherung und Distribution von Musik und Musikinformation.

Mediale Felder der Klangkunst, die in die Arbeit mit einbezogen werden sollen:

- **Medienspezifische Klangkunst** wie z.B. Radio (Akustische Kunst), Videogames (Geräusche und Musik), Internet (Audio- und MIDI- Anwendungen).

- **Medienübergreifende Klangkunst** wie z.B. Soundscapes, Audio- und visuelle Installationen, Video, Film, Laser.

- **Technisch-wissenschaftliche Klangkunst** wie z.B. Klangdesign, Virtual-Audio, (MIDI-)Synthesizer-Programmierung und Programmierung von Computersprachen für Klanganalyse und Klangsynthese.

- **Performance-Klangkunst** wie z.B. Klangregie, Improvisation, Spielen mit interaktiven Systemen für Klangerzeugung, Entwicklung von Audio- und Visuellen Interfaces

9. The Great Trickster of Electronic Music.

Karlheinz Stockhausen (1928-2007)[65]

The emergence of European electronic music as a specific art form [Gattung] in the mid-20th century cannot be separated from a discussion about how greatly Karlheinz Stockhausen contributed to its development. Specific artistic and scientific tendencies emerging from that time period converged in his work, leading to a new consciousness and exploration of the creative potential of technology. While other composers, artists, and engineers of his generation contributed significantly to the technical and aesthetic evolution of electronic music, Stockhausen succeeded in making it widely known. He promulgated breakthroughs that have influenced successive generations of musicians, including some outside the field of classical music. Stockhausen challenged the musical community not only through new sounds and musical ideas, but most strikingly, through his capacity to inspire audiences. As an instigator of sorts, he found great purpose in juggling people's expectations, becoming famous early in his career, but never stagnating like other composers of his generation. He continued to experiment throughout his life, expanding the horizons of his music. Yet, his talent to incite and surprise caused both fascination and disappointment in equal measure. This was clearly demonstrated by his controversial statement in the aftermath of the 09/11 attack on the World Trade Center, which caused deep collateral damage to his image and legacy.

Those who had the privilege to work closely with Stockhausen, myself included, enjoyed his charisma and fine sense of humor. His collaborators would inevitably discover his power to seduce and engage people, often for his own purposes. Stockhausen was never afraid of taking such risks, as he knew how to control any damage that may have resulted and was always able to move forward to his advantage. An example of this is *WDR – Studio für Elektronische Musik 'kaputt'*, [66] which he wrote March 12, 1998 immediately after cancelling the production of his piece *Michaelion* at the Studio for Electronic Music.[67]

---

[65] Erstveröffentlichung.

[66] Karlheinz Stockhausen: WDR-Studio für Elektronische Musik ‚kaputt', in: *Texte zur Musik 1991-1998,* Bd. 13, Imke Misch (Hrsg.), Kürten: Stockhausen-Verlag 2014, S. 465-472.

[67] Stockhausen worked every two years for a period of approximately three months in the Studio for Electronic Music of the Westdeutscher Rundfunk (WDR). As Klangregisseur [sound director] of the studio (1990-99), I assisted Stockhausen in the production process, contributing

In prompt response to Stockhausen's report, I wrote an essay entitled *Ein Regler ist nicht ein Regler ist nicht ein Regler. Oder wie man aus der Opera „Licht" eine virtuelle Operette schafft [A Fader is not a Fader is not a Fader. Or How the Create a Virtual Operetta from the Opera "Licht"]*.[68] It is both a thoughtful, personal letter that reflects our mutual respect and friendly relationship, while also serving as a refutation to the obscure and distracting inaccuracies in Stockhausen's own account of his work during this production at the WDR studio. Both texts speak for themselves and reflect a period of growing tension at the Electronic Studio due to the uncertainties threatening its existence. Rumors had been circulating all throughout that time, from possible relocation, to association with a music university, to definitive closure. The WDR management obscured the fate of the studio, avoiding any discussion of the reasons behind these potential changes. Indeed, in 2000 the studio ceased its production activities and one year later its equipment was relocated to a basement on the outskirts of Cologne.

While reading the aforementioned texts in 2008 while still feeling the acute impact of Stockhausen's death, I became intrigued by the significance of the word "kaputt" [English kaput], widely used in everyday German. "Kaputt" is associated with meanings such as "broken", "out of order" and "destroyed." As I searched for insight into Stockhausen's motivation for his use of this particular word, I turned to its etymology. According to many sources, *kaputt* comes from the French *capot*, a word from the card game known as piquet. It originally referred to the winning move by the player who took all of the tricks, scoring 40 points. The expression *faire capot* [make kaput] means to win all the tricks and the expression *être capot* [become kaput] means to lose all the tricks or be out of plays. The interesting thing about the expression *faire capot* is that it implies indirectly that the successful player was able to overturn an adverse situa-

artistic and technical ideas, and working on audio software and MIDI technology. In 1991, I designed the sound spatialization system consisting of a MIDI-sequencer controlling faders of digital mixers, which was used in the realization of the 8-channel electronic music of *Oktophonie*. This system was developed in close collaboration with sound engineer Volker Müller, who had worked closely with Stockhausen beginning in the early 1970s. Deeply devoted to Stockhausen, Müller is a highly creative and generous professional with a deep understanding of electronic music composition. His insights and advice have benefited every one of the composers who worked at the WDR studio including Stockhausen.

[68] Paulo C. Chagas: Ein Regler ist nicht ein Regler ist nicht ein Regler oder wie man aus der Oper ‚Licht' eine virtuelle Operette schafft, in: *Zwischen Klängen und Apparaten: Zur Theorie und Praxis der elektronischen Musik*, Remscheid: Rediroma-Verlag 2021, S. 48-67.

tion, putting himself in an advantageous position. In other words, the player who makes something kaput is a trickster — a skillful, ingenious person who disposes of the powers of maneuvering and deceiving. He is a cheater, a master of fraud.

In the mythology of many cultures, the trickster appears a divine figure who doesn't follow rules and norms. On the contrary, he disobeys, upsets people, provokes, and creates chaos. For example, the malicious *Elegba* (also known as *Eshu*) — a so-called *orisha* (divinity) of the Yoruba mythology that is worshiped in many religions in West Africa, North and South America — is known for his repertoire of indomitable characters and countless tricks. In many Native American cultures, the anthropomorphic, mythic *coyote* performs a similar function. Both of these figures are simultaneously celebrated for their powers as creators and communicators, as much as they are feared. Through their tricks, they establish a connection between the mundane and the sacred worlds, though those who follow their path are not necessarily saved. The trickster can cause our ascent to sublime spheres or drive us into the deep abysses. In the midst of the danger only he knows how to survive; he masters the challenges of the world using his trickery. Above all, he loves to play games.

It is in this spirit that the designation "trickster" applies to the greatness of Stockhausen's contribution. He engaged us with his music, stories, and magic. As a source of knowledge, art provides insight into the transcendental, while producing illusion as entertainment. We find both things in Stockhausen. One of my great memories of our time together in the WDR studio was going through the tape archives kept in the main production room and accessible to everyone. Stockhausen took pleasure in browsing the tapes and making comments on other composers' works. On one of these occasions, he let the following thought slip, in an almost confessional tone: *Ich bin ein Überlebenskünstler* [I am a survivor].[69] Indeed, as a young man, he survived the aftermath of World War II in decimated Germany and maintained a survivor mentality throughout his life, parallel to his fortunate career as composer. The compelling, contradictory forces of creation and destruction that drive the great creators clearly possessed him — Stockhausen the great trickster of electronic music. *Il a fait capot!*

Riverside, 01.02.2008

---

[69] The German word "Überlebenskünstler" combines the words "survivor" and "artist", suggesting that the survivor is the one who masters the art of surviving.

10. Die Naivität eines Kindes.

Henri Pousseur (1929-2009) und die humanistischen Quellen der Kreativität[70]

Mit Henri Pousseur verbinde ich die Idee des europäischen Humanismus. Er war ein Humanist in vielerlei Hinsicht: als Mensch, als Vater und Großvater, als Lehrer und als Komponist. Ich habe vieles von Pousseur gelernt und bin stolz sagen zu können, dass ich von ihm stark beeinflusst wurde. Bevor ich Pousseur kannte, hatte ich schon in Brasilien seine Musik gehört und Aufsätze von ihm gelesen. Mein Kompositionslehrer an der Universität von São Paulo – der 1939 geborene Willy Correa de Oliveira – hatte Pousseur in den sechziger Jahren in Darmstadt kennengelernt. Dadurch kam meine Verbindung mit Pousseur zustande. In Januar 1980 bin ich von São Paulo nach Lüttich umgezogen. Meine Reise wurde mit einem Stipendium aus Brasilien finanziert, und zwar für eine Promotion bei Pousseur an der Universität Lüttich. Damals war er Dozent an der Universität und Direktor des Conservatoire Royal de Musique de Liège. In dieser Position war er mit einem ungeheuren Pensum von Pflichten und Verantwortungen ziemlich ausgelastet. Unter Pousseurs Leitung ist das Konservatorium zu einer lebendigen Musikinstitution geworden. Pousseur hat neue Konzepte für die musikalische Ausbildung geschaffen. Er hat ausländische Komponisten und Musiker als Professoren verpflichtet – wie die Amerikaner Frederic Rzewski und Garrett List – und damit neue musikalische Einsichten ermöglicht. Rzewski war Professor für Komposition und List unterrichtet immer noch Improvisation. 1980 kam Patrick Lenfant aus Paris als Professor für elektronische Musik. Ich habe sowohl mit Rzewski als auch bei List und Lenfant studiert und habe sehr viel vom Conservatoire und vom vitalen Musikleben, das damals in Lüttich herrschte, profitiert.

Der Kontakt zwischen Pousseur und mir war seit 1980 nicht abgebrochen. Während ich von 1980 bis 1982 in Lüttich wohnte, war die Beziehung natürlich intensiver, später jedoch wurde sie persönlicher. Ich habe Pousseur als Mentor, Lehrer und Freund erlebt. Ich habe zwar kein Kompositionsstudium im her-

[70] Originalveröffentlichung: Paulo C. Chagas: Die Naivität eines Kinds. Pousseur und die humanistischen Quellen der Kreativität, *MusikTexte* 121 2009, S. 63-65.

kömmlichen Sinne bei ihm absolviert, aber ich habe das Privileg, ein Kompositionsprojekt gemeinsam mit ihm realisiert zu haben: das Stück *La Passion selon Guignol* für Orchester und Vokalquartett von 1982.[71] Diese Zusammenarbeit ist ein Beispiel für die integrative Philosophie, die Pousseur als Künstler und kreativer Mensch auszeichnete. *La Passion selon Guignol* wurde in Februar 1983 mit den virtuosen Vokalisten des Ensemble „Electric Phoenix“ und den Lütticher Philharmonikern unter der Leitung von Pierre Bartholome in der „Grande Salle du Conservatoire“ uraufgeführt. Das Stück kam bei den Musikern und dem Publikum sehr gut an; weitere Aufführungen fanden in Frankreich, Großbritannien und den USA statt.

Durch die Zusammenarbeit an diesem gemeinsamen Stück habe ich viele Einsichten in Pousseurs kreatives Universum erhalten. *La Passion selon Guignol* ist eines der vielen Werken, die sich aus der Oper *Votre Faust* (1961-1968) entwickelt haben. Mit *Votre Faust* hat Pousseur eine kreative Matrix für seine Musik geschaffen. Die Komposition, die sich über viele Jahre hingezogen hat, stellt die Überwindung der seriellen Technik in Pousseurs Schaffen dar. Durch die Verwendungen von Zitaten verschiedener Stile und Epochen – wie zum Beispiel die Musik von Monteverdi, Glück, Mozart, Weil, Webern und so weiter – hat Pousseur die Grundlage für ein neues Konzept der Harmonie entwickelt. Durch das System der „Harmonischen Netzwerke“ [réseaux harmoniques] – dass er in seinem Essay „L'Apothéose de Rameau“[72] entwickelt hat – lässt sich die gesamte Geschichte der europäisches Musik in ein harmonisches Netzwerk integrieren. Das „Systeme der Netzwerke“ [système des réseaux] ist einer der wichtigsten Beiträge Pousseurs als Musiktheoretiker. Damit steht er in der Tradition von Komponisten wie zum Beispiel Rameau, Schönberg und Janáček.

Von heute aus betrachtet lässt sich *Votre Faust* selbst als ein musikalisches Netzwerk bezeichnen. Das Stück ist keine Oper im herkömmlichen Sinne, sondern eine „fantaisie variable genre opéra“, wie Pousseur das Stück nennt. 1982 erlebte ich die deutsche Uraufführung von *Votre Faust* in Gelsenkirchen. Ich

---

[71] https://soundcloud.com/paulocchagas/henri-pousseur-paulo-c-chagas-la-passion-selon-guignol-1982 (abgerufen 01.02.2021).

[72] Henri Pousseur: L'Apothéose de Rameau: Essai sur la question harmonique, *Révue d'esthétique* 21 (2–3–4). 1968, S. 105-172. [Deutsche Übersetzung: Henri Pousseur: *Die Apotheose Rameaus: Versuch zum Problem der Harmonik*, (Üb. Klaus Stichweh), Darmstadt: Wissenschaftliche Buchgesellschaft 1987.]

bin zusammen mit Pousseur im Auto von Lüttich nach Gelsenkirchen gefahren und habe dort die Proben und Aufführungen miterlebt. Das Hotel, in dem wir gewohnt haben, befand sich im Zentrum von Gelsenkirchen. Am Sonntagmorgen konnte man die Glocken der vielen Kirchen der Stadt läuten hören. Ich erinnere mich, dass wir uns darüber unterhalten haben. Durch die Glocken hat Pousseur mich in die akustische Umwelt Deutschlands eingeführt. Die Bedeutung des Glockenklangs hat sich tief ins musikalische Bewusstsein Europas eingeprägt und spielt in der europäischen Musik eine viel wichtigere Rolle, als man im Allgemeinen wahrnimmt.

Die Reise nach Gelsenkirchen zur *Votre Faust* war meine erste musikalische Erfahrung in Deutschland. In September 1982 bin ich von Lüttich nach Köln gezogen und habe dort bis November 2004 ständig gewohnt. 2001 habe ich die deutsche Zweitaufführung von *Votre Faust* in der Kunst- und Ausstellungshalle Deutschland in Bonn durch das Ensemble „musikFabrik“ erlebt. Die Inszenierung war viel gelungener als die in Gelsenkirchen. Pousseur war damit zufrieden. Als ich ihm gesagt habe, dass ich die Inszenierung mochte, war er sehr glücklich. Die meisten seiner engen Freunde fanden die Inszenierung entsetzlich und Pousseur war davon ziemlich betroffen.

Votre Faust ist in nicht nur unter musikalischen Gesichtspunkten ein Selbstportrait Pousseurs. Das ist nicht zufällig. Es geht im Stück um einen Komponisten, der Henri heißt. Er wird in die „Apparatur“ des Musiklebens der europäischen Nachkriegsgesellschaft verwickelt und muss sich immer wieder neu erfinden. Sein Gegner ist der Schauspieldirektor. Dieser und Henri stehen sich gegenüber wie Mephisto und Faust. Pousseur hat den Mythos von Faust dekonstruiert, indem er gleichzeitig verschiedene Faust-Erzählungen und -Varianten einander gegenüberstellt. *Votre Faust* ist sowohl ein musikalisches als auch ein literarisches Werk, genauso wie viele andere, die Pousseur in Zusammenarbeit mit Michel Butor geschaffen hat. Die Zusammenarbeit mit Michel Butor, die mit *Votre Faust* begonnen hat, ist ein Beispiel für den interdisziplinären künstlerischen Ansatz Pousseurs.

Der Witz von *Votre Faust* liegt auch in seiner mobilen Struktur, die die Utopie des „Offenen Werks“ spiegelt. Das Publikum ist in die Aufführung miteinbezogen; die Zuschauer werden aufgefordert, zwischen verschiedenen Varianten der Geschichte auszuwählen. *Votre Faust* zeigt den Überlebenskampf des Komponisten in der europäischen Nachkriegsgesellschaft. Pousseur hatte Höhen und

Tiefen erlebt. Er musste immer wieder von vorne anfangen, zum Beispiel, als er Ende der achtziger Jahre aus Paris wieder nach Lüttich zurückkehrte und die Leitung des Konservatoriums nicht wieder aufnehmen konnte.

Pousseur hat sich sehr für die neuen Möglichkeiten der Musiktechnologie interessiert. Er hat den Beginn der elektronischen Musik in Köln zusammen mit seinem damaligen Freund Karlheinz Stockhausen miterlebt, von dem er sich später distanziert hat. 1972 hat er das wichtige Werk *Systeme des paraboles* im Studio für elektronische Musik des WDR realisiert, acht Etüden rein elektronischer Musik mit einer gesamten Dauer von fast vier Stunden. Pousseur verwendet Analog-Oszillatoren in einer sehr organischen Art und Weise. Er bildet eine Polyphonie von periodischen Wellen, die sich gegenseitig modulieren. Die Praxis der Musik mit den elektronischen Apparaten – die charakteristisch für die Ästhetik des Kölner Studios war – hat Pousseur stark beeinflusst.

Auf der Grundlage der Periodizität entwirft Pousseur eine zyklische Vision der Musik im Essay „Pour une périodicité généralisée."[73] Die Musik wird als ein Netzwerk von periodischen Bewegungen dargestellt, die sich unter rhythmischen, melodischen und klanglichen Aspekten beschreiben lässt. Durch die Bewegungen, die die Materie erschüttern, erhebt sich der Geist. Pousseur hat sich mit Philosophen wie Ernst Bloch, Edgar Morin und Peter Sloterdijk auseinandergesetzt. Durch den Begriff der Periodizität verbindet Pousseur die Polyphonie mit der elektronischen Musik. Ähnlich wie der elektronische Klang artikuliert sich die Polyphonie wie ein Netzwerk periodischer Bewegungen, die sich gegenseitig modulieren. So bearbeitet Pousseur seine Erfahrung mit der analogen Technik: Die periodische Oszillation wird zur Metapher des musikalischen Denkens und das Netzwerk wird zur Metapher der musikalischen Kreativität. Die Musik ist eine Vernetzung von Perioden: von den periodischen Mikrostruktur des Klanges zu den periodischen Formen der musikalischen Werke und zum periodischen Verlauf der Musikgeschichte.

Votre Faust hat nie den Erfolg gebracht, den Pousseur sich erhoffte. Die erste Aufführung in dem Mailänder Theater der „Piccola Scala" 1969 wurde als Schiffbruch [*naufrage*] bezeichnet. Verbunden mit Pousseur ist auch Ikarus.

[73] Henri Pousseur: Pour une périodicité généralisée, in: *Fragments théoriques I sur la musique expérimentale*, Bruxelles: Éditions de l'Institut de Sociologie de l'Université Libre de Bruxelles 1970, S. 239-290.

Der Name dieser mythischen Figur taucht als Titel einiger seiner Stücke auf. Durch häufige Anspielungen auf Ikarus betont Pousseur die symbolische Bedeutung des Ikarus-Mythos in seinem Leben. Die Ikarus-Metapher hat auch mit seinen vielen pädagogischen Aufgaben zu tun: zum Beispiel in Lüttich, Paris, Leuven und so weiter. Die Position als Leiters des „Conservatoire Royal de Musique" hat ihm die meiste Anerkennung und das meiste Prestige gebracht. Aber die Sicherheit der Stelle hat auch ihren Tribut gefordert. Die vielen Aufgaben haben immense Energie gefordert. Pousseur hat nie aufgehört zu komponieren, aber musste manchmal unter ziemlichem Zeitdruck arbeiten. Das ist natürlich nicht unüblich für Komponisten.

Ich erinnere mich an eine Situation, als ich ihn in seinem Direktionsbüro besuchte. Das Büro war weiträumig und man blickte durchs Fenster zum Hof. Auf der anderen Seite des Hofes stand das Haus, in dem Pousseur mit seiner Frau Théa und den vier Kindern – Isabelle, Marianne, Dennis und Hélène – lebte. Von zu Hause brauchte er nur ein paar Schritte durch den Hof zu laufen, um sein Büro zu betreten. Der Weg zur Arbeit war nur kurz und genau so verwischt war die Trennungslinie zwischen Arbeit und Familie. Als ich also in seinem Büro war, hat Pousseur mir die Partitur seines neuesten Stückes gezeigt. Er sprach über die begrenzte Zeit, die ihm für das Komponieren blieb, und dann sagte er so etwas Ähnliches wie: „Ich bin ein Gelegenheitskomponist", oder „ich bin ein Wochenendkomponist". Ich weiß nicht mehr genau, wie er sich damals ausgedrückt hat. Selbstverständlich war diese Eigenbezeichnung von Pousseur nicht zutreffend. Aber es war klar, dass er sich mehr Zeit zum Komponieren gewünscht hat.

Henri Pousseur ist einer der wichtigsten Komponisten der Nachkriegsgeneration gewesen. Er hat sich mit vokalen, instrumentalen und elektroakustischen Klängen beschäftigt. Er hat sehr originelle Musik komponiert, dabei die Musik der Gegenwart mit der Musik der Vergangenheit verbunden und Wege zur Musik der Zukunft gezeigt. Er hat sich zum Beispiel sowohl mit den Liedern von Schumann – in seinem Werk *Dichterliebesreigentraum* von 1992/1993 – als auch mit dem Begriff der audiovisuellen Komposition auseinandergesetzt. Er bezeichnet sein Werk *Voix et vues planetaires* (2002/2003) – eine Zusammenarbeit mit Michel Butor, seinem Sohn Denis und seinem Schwager Enrico Bagnoli – als „multimediale Musik". Pousseur war immer offen für neue Ideen, Einsichten und Ansätze. Er hatte eine sehr sympathische und joviale Ausstrahlung. Er hat sich die Naivität eines Kindes stets erhalten: Er zeigte sich oft fröhlich, neugierig und hat sich die Fähigkeit zum Staunen bewahrt. Zur Geburt unseres Sohnes Lukas hat uns Pousseur 1996 ein sehr schönes Geschenk gemacht: mit eigenen Gedichten, poetischen Texten und Zeichnungen verzierte Karten und Blätter. Er hat sich sehr über das neue Leben gefreut. Pousseur ist nach Waterloo umgezogen, weil er in der Nähe seiner Kinder und Enkel sein wollte. Die Familie war für ihn sehr wichtig. Pousseur war auch ein Dichter, tatsächlich, nicht nur im übertragenen Sinne.

Was mich bei Pousseur immer wieder fasziniert hat, war sein Sinn für den Menschen. Er betonte immer das Menschliche, sowohl in der Musik als auch im Leben. Nachdem ich 2004 nach Kalifornien umgezogen bin, habe ich Pousseur nicht mehr gesehen. Seitdem sind wir über E-Mail in Verbindung geblieben. Als ich ihm ein Essay von mir über Musik, Körper und Technologie zur Lektüre geschickt habe, hat er sich über die Beziehung zwischen Musik und Technologie folgendermaßen geäußert: „Sehr von Deinen technologischen Projekten beeindruckt, von denen ich erwarte, dass sie Dich nicht völlig von den menschlichen Wurzeln unserer Kunst wegführen. [...] Ich glaube wie Du, dass sich die Menschheit weiterhin entfalten wird, mit und dank ihrer Maschinen und Systeme, und dass wir nur dafür sorgen müssen, dass die archaischen Quellen aller dieser Schöpfungen erhalten bleiben."

Riverside, 21.04.2009

11. Pulsierende Knoten

Vom Studio für elektronische Musik zu neuen Modellen musikalischer Kreativität[1]

Zusammenfassung

Jahrzehntelang wurde elektroakustische Musik vorwiegend in Studios öffentlicher oder privater Institutionen produziert. *Musique concrète* und *elektronische Musik* beschreiben ästhetische Tendenzen der fünfziger Jahre, die historisch gesehen mit den Studios in Paris bzw. Köln in Verbindung gebracht werden. Ab 1990 verloren die Studios ihre zentrale Bedeutung. Die Entwicklung des Computers und der digitalen Informations- und Kommunikationsnetze – die Komposition, Produktion und Vertrieb von Musik im Allgemeinen beeinflusste – hatte auch Auswirkungen auf die elektroakustische Musik. In diesem Essay soll es um die ästhetischen Aspekte dieser Entwicklung gehen. Um den „posthistorischen Kontext" der elektroakustischen Musik zu bestimmen, steige ich zunächst in die Diskussion über die Unterschiede zwischen *musique concrète* und elektronischer Musik ein. Anschließend beschäftige ich mich mit der Ästhetik des Klangs in der elektronischen bzw. der konkreten Musik und der Kreativität im Studio für elektronische Musik des WDR, mit besonderem Hinblick auf den Kontext des Rundfunks und meine Arbeit als Klangregisseur (1990-1999). Zu guter Letzt befasse ich mich mit einigen Aspekten der Kreativität und der Subjektivität in der digitalen Welt, die mit meiner derzeitigen Tätigkeit als Professor für Komposition an der University of California, Riverside, zusammenhängen.

1. Einleitung: Studios und pulsierende Knoten

Historisch gesehen entstand das, was wir heute „elektroakustische Musik" nennen, Anfang der fünfziger Jahre, als die Komponisten anfingen, elektrische und elektronische Instrumente und Geräte zu verwenden, um Klänge zu speichern,

[1] Originalveröffentlichung: Paulo C. Chagas: Pulsierende Knoten: Vom Studio für Elektronische Musik zu neuen Modellen musikalischer Kreativität, in: H. U. Werner / R. Lankau (Hrsg.), *Medien. Kreativität. Interdisziplinarität.* MuK Bd. 176/177, Siegen: Universität Siegen 2009, S. 53-107.

zu reproduzieren, zu verwandeln und zu synthetisieren.[2] Der systematische Gebrauch von Elektrizität und elektrischen Geräten unterscheidet insofern die elektroakustische Musik von der akustischen Musik – ob vokal oder instrumental –, was später in Anbetracht des wachsenden Einflusses der Technologie auf alle Bereiche der Musik – Komposition, Produktion und Verteilung – immer schwieriger wurde. Erste elektroakustische Kompositionen entstanden hauptsächlich in Paris, Köln und New York. Das Pariser und das Kölner Studio, die beide staatlichen Rundfunkanstalten angegliedert waren, erhielten symbolischen Charakter, indem sie ästhetische Ansätze entwickelten, die nicht nur die elektroakustische Musik, sondern die Musik insgesamt beeinflussten. Das New Yorker Studio war, wie auch die meisten anderen, die später in den USA entstanden, an Universitäten oder Forschungsunternehmen angegliedert.

Die medialen Strukturen – vor allem das Radio – waren ausschlaggebend für die intensive Tätigkeit der europäischen Studios in den Bereichen der Produktion und der Aufführung von elektroakustischer Musik und trugen so zu ihrem bedeutenden Einfluss auf die zeitgenössische Musik des 20. Jahrhunderts bei. Der Lehr- und Forschungsauftrag der amerikanischen Studios legte die Grundlage der Computermusik, die sich parallel zu der elektroakustischen Musik entwickelte. Während der Begriff *elektroakustische Musik* eine vor allem künstlerische Konnotation hat und Komposition bzw. musikalisches Schaffen betrifft, bezeichnet die *Computermusik* das interdisziplinäre Zusammenspiel von Kunst, Wissenschaft und Technik in Bereichen wie Komposition, Kognition, Psycho-Akustik, Interaktivität zwischen Mensch und Maschine, Klangsynthese, Entwicklung von Hard- bzw. Software, künstliche Intelligenz, Robotertechnik usw. Elektroakustische Musik und Computermusik stehen also für ein weit gefächertes Spektrum künstlerischer und ästhetischer Visionen.

Neben diesen beiden Begriffen ist, dank der massenwirksamen Verbreitung von Musik über das Internet (iTunes) und mobile Geräte (iPod, iPhone), immer mehr die Rede von „digitaler Musik“. Vom kapitalistischen bzw. kulturindustriellen Standpunkt aus stellt die digitale Musik die Hoffnung auf neue Systeme der Kommerzialisierung und dementsprechend neue Ertragsquellen dar. Andererseits zeugen die diversen und unterschiedlichen Konnotationen des Adjektivs „digital“ in musikalischer und künstlerischer Hinsicht – z.B. „digitale Musik“,

[2] Für eine historische und kritische Betrachtung dieser Zeit vgl. Bennet (1970), Manning (2004) und Ungeheuer (2002).

„digitale Kunst" – von einem neuen Bewusstsein angesichts einer Architektur der Vernetzung, der *Konnektivität*, welche die Welt, die Körper und die virtuellen Informations- und Kommunikationsnetzen miteinander verbindet (De Kerckhove 2001). Der fließende und multidisziplinäre Charakter digitaler Musik im Zeitalter der Konnektivität weist, wie ich bereits in einem anderen Text darlegte (Chagas 2003), auf den Prozess der *Differenzierung* hin, der in der Gesellschaft als Ganzes (Luhmann 1996), in der Kunst und somit auch in der akustischen Kommunikation – Musik, Klangkunst, Klangdesign, Soundscape, Multimedia usw. – stattfindet.

Die Geschichte der elektroakustischen Musik zeigt, welchen Einfluss die Technologie auf unsere Wahrnehmung und unser Bewusstsein von der Welt hat. Die Möglichkeit, durch die Manipulation von technischen Geräten Klänge und Bilder zu erzeugen, ist einer der Kreativitätsvektoren der postindustriellen Gesellschaft. Die neuen Formen des Denkens beschränken sich nicht auf den linearen Code der Schrift, sondern führen zu einer neuen Form von Kreativität, die Flusser (1996: 39-45) *Einbildungskraft* nennt. Um die Architektur der Konnektivität, die diese Einbildungskraft formuliert, analysieren zu können, schlug Flusser die Metapher des *telematischen Dialogs* vor. Sie drückt die Utopie einer Gesellschaft aus, in der Menschen und Apparate als Cyber-Partner bei der systematischen Erzeugung neuer Informationen agieren.

Wie bereits zuvor von mir beschrieben (Chagas 2002; 2006), verkörpert das Studio für elektronische Musik ein Modell für den „telematischen Dialog". Die Partner in diesem Dialog – Komponisten, Musiker, Wissenschaftler, Techniker, Toningenieure, Hörer usw. – bilden eine Struktur kreativen Flusses, der sich in musikalischen Werken kristallisiert. Die Untersuchung dieses Modells hilft uns, den kreativen Knoten nachzugehen, die aus den technologischen Strukturen der posthumanen Gesellschaft entstehen (Hayles 1999). Die Bilder und Klänge, die iPods, Handys, Chats, Blogs, Second Life usw. produzieren, symbolisieren die Verdichtungspunkte des Ideenflusses im digitalen Netz, die durch den Informationsaustausch entstehen. Die Informationen verbreiten sich „rhyzomartig" (vgl. Deleuze/Guattari 1980) durch das Netz und verdichten sich in polyphonen, heterogenen Subjektivitätsgebilden. Guattari (1992) zufolge beschränkt sich die Subjektivität nicht länger auf das menschliche Bewusstsein, sondern findet auch in der Technologie statt. Er definiert diese Subjektivität als polyphon und maschinell, weil sie verschiedene gleichzeitige Wahrnehmungsebenen in Zusammenhang bringt, die mit Hilfe der Technologie vermittelt werden.

Schlussendlich spiegelt der Gedanke von „pulsierenden Knoten“ auch meine optimistische Vision wider, dass diese Kreativitätsmodelle die Möglichkeit einer *anderen* sozialen Organisation bzw. neuer Formen autopoietischer Vermittlung aufzeigen.

2. Elektroakustische Musik und die Nachgeschichte

In dem 1948 im Club d‘Essai unter Pierre Schaeffer gegründeten Pariser Studio entstand die Ästhetik der *musique concrète*, welche die Möglichkeiten des Aufnahmegeräts erforschte, um „konkrete“ Klänge aufzunehmen und zu verfremden. Das Kölner Studio, das Herbert Eimert 1951 beim Nordwestdeutschen Rundfunk ins Leben rief, entwickelte die Ästhetik der elektronischen Musik, die hauptsächlich aus synthetischen – „abstrakten“ –, mit elektronischen Geräten erzeugten Klängen bestand. Die Unterscheidung zwischen *musique concrète* und elektronischer Musik entfachte eine Polemik, die die musikalische Ästhetik der fünfziger Jahre beherrschte. Während die *musique concrète* auf aufgenommenen Klängen basierte – Stimmen, Instrumenten, Geräuschen aus Natur und Technik –, bezog die elektronische Musik ihr Material von Oszillatoren, Rausch- und Impulsgeneratoren usw. (Morawska-Büngeler 1988). Indessen entwickelten beide Studios ähnliche Techniken zur Verfremdung des Materials. Typische Verfahrensweisen der elektroakustischen Komposition wie die Zerstückelung, die Umwandlung und die Neuzusammenstellung von Klängen beruhten auf dem subversiven Gebrauch des Tonbandgeräts. Die Technologie der Studios war wegweisend für die Entwicklung einer neuen Form von Kreativität, die durch die Erforschung von ungewöhnlichen Kombinationen der Apparate entstanden ist. Der kreative Eingriff befreite das Tonbandgerät von seiner rein reproduktiven Funktion und stellte diese letzten Endes selbst in Frage. Die Ästhetik der elektroakustischen Musik entwickelt so ein Bewusstsein dafür, dass die Reproduktion von Klängen nicht die akustische Realität widerspiegelt, sondern ein symbolischer Verfremdungsprozess ist, der neue Wahrnehmungs- und Bewusstseinsmuster erzeugt.

Die Polemik zwischen *musique concrète* und elektronischer Musik wurde im Laufe der zweiten Hälfte des 20. Jahrhunderts vor allem aus zwei Gründen neutralisiert: Erstens fingen die Komponisten an, mit hybridem Material zu arbeiten – aufgenommenen und elektronisch produzierten Klängen – und dementsprechend Werke zu schaffen, in denen sie akustische Instrumente, Stimmen und synthetisch produzierte Klänge verbanden. Zweitens liefen Komposition und Produktion von elektroakustischer Musik in gewisser Hinsicht auf demselben technischen Apparat zusammen – dem Computer.

Von den achtziger Jahren an ersetzte die digitale Technik die analoge, sowohl in den Aufnahmestudios als auch in den Studios für elektronische Musik. Die Kommerzialisierung von digitalen Aufnahmegeräten, Synthesizern und MIDI-Keyboards trug zur Verbreitung der elektroakustischen Musik bei. Komposition und Produktion – Aufnahme, Montage und Verfremdung – konnten mit dem PC und einer erschwinglichen Peripherie realisiert werden. Das Heimstudio, wie man die in Wohnzimmern und Garagen untergebrachten Anlagen nannte, wurde für die Komponisten zur kostengünstigen Kompositions- und Produktionsplattform. Auch die Entwicklung des Internets und der digitalen Kommunikations- und Informationsnetze, die der Musik neue Vertriebsmöglichkeiten boten, hatte Einfluss auf die Produktion von elektroakustischer Musik. Die Institution des Studios verlor ihre Vorherrschaft als zentrale Wirkungsstätte der Erzeugung, Produktion und Verteilung von elektroakustischer Musik.

Zum Ende des 20. Jahrhunderts bezeichnete der Begriff *elektroakustische Musik* sowohl die Ästhetik der *musique concrète* als auch die der elektronischen Musik. Eigentlich ging es dabei jedoch weniger darum, bestimmte Tendenzen zusammenzubringen, als vielmehr um eine Abgrenzung zwischen E- und U-Musik. Diese Unterscheidung ist durchaus bedeutender als die Querele zwischen den Komponisten des Pariser und des Kölner Studios in den fünfziger Jahren, weil sie das historische Verständnis von Musik insgesamt betrifft. Mit der Verbreitung der digitalen Technik fanden elektronische Apparate Anwendung in der Pop-Musik und in den neuen Gattungen der U-Musik, die ab den achtziger Jahren entstanden sind, wie Hip-Hop, House, Techno usw. Mit „elektronischer Musik“ wurde von da an jede Art von Musik bezeichnet, die sich elektronischer Elemente bedient.

Als typischer Vertreter elektronischer Musik wird nicht der Komponist angesehen, der im Studio seine Werke produziert, sondern der DJ, der seit den achtziger Jahren als Performance-Künstler, der die Apparate live bedient, in Erscheinung tritt. Der symbolische Raum, in dem die elektronische Musik gehört wird, ist nicht der Konzertsaal, sondern die Disco bzw. der Club. Beim Konzert bleiben die Körper sitzen und still; sie hören konzentriert einer unsichtbaren Musik zu, die aus den Lautsprechern kommt. In der Disco tanzen, reden und bewegen sich die Körper im Raum in einer Choreographie aus Klängen, Lichtern, Gesten usw. Wie in einer Stammesgesellschaft erfüllt der DJ, der Klangapparate bedient und manipuliert, eine mystische Funktion. Er ist eine Art Schamane, der Geschichtenerzähler bzw. -sänger des globalen Dorfes (McLuhan 1994). Es gibt jedoch einen Unterschied zwischen der Magie von Stammesgesellschaften und derjenigen des DJs: Erstere ist nach Flusser „prähistorischer Art", denn sie basiert auf der Ritualisierung von Mythen, während die zweite „posthistorisch" ist und auf einer Ritualisierung von Programmen basiert (Flusser 1996: 16). Der DJ muss keine originäre Botschaft vermitteln, sondern kann auch lediglich Verhaltensweisen automatisieren (Flusser 1996; 1997a), Hysterie gleichschalten und Panik homogenisieren (Sloterdijk 1998).

Der hier formulierte Gegensatz Komponist vs. DJ muss allerdings überdacht werden. Er stellt ein nur begrenzt taugliches Konstrukt dar und dient hier zur Betrachtung unterschiedlicher Varianten einer elektronischen und digitalen Ästhetik, die den kreativen Knotenpunkten populärer Kultur entspringen (vgl. z. B. Lysloff/Gay 2003 und Taylor 2001).

Der Franzose Pierre Henry (1927-2017) und der Deutsche Karlheinz Stockhausen (1928-2007), deren künstlerische Laufbahnen jeweils eng mit dem Pariser und dem Kölner Studio verbunden waren, erreichten als Komponisten am ehesten den Status eines Gurus der elektronischen Musik. In ihren innovativen Werken, vor allem aus den fünfziger und sechziger Jahren, entwickelten sie eine neue Dimension des Klangspektakels, die dazu beitrug, elektronische Musik einem sehr viel größeren, vor allem jungen Publikum näherzubringen. Stockhausens Gesicht auf dem Cover des *Sgt.-Peppers*-Albums der Beatles (1967) gilt als eines der wichtigsten Zeugnisse für den Einfluss der elektronischen E-Musik auf die Musiker bzw. Künstler der Populärkultur. Nach der anfänglichen Explosion in den Sechzigern wurde sie allerdings von den Strukturen der zeitgenössischen Musik vereinnahmt und verlor den Reiz des Besonderen. Ihre Magie wanderte schließlich in die populäre Ästhetik über, woraufhin das Interesse an den Komponisten elektronischer E-Musik abnahm. Selbst der eigentliche Begriff *elektronische Musik* wurde bald mit Populärmusik assoziiert und entfernte sich von seiner ursprünglichen Bedeutung.

Die Komponisten reagierten auf diese Entwicklung, indem sie den Begriff *elektroakustische Musik* erfanden. Er steht also für eine historische Unterscheidung zwischen der *Musik der Apparate* in „ernster" und „unterhaltender" Tradition.

Die ernste Variante – die mit der *musique concrète* und der elektronischen Musik begann – wurde in „elektroakustische Musik“ umbenannt und so per Selbst-Definition „posthistorisch“, zumal sie sich in gewisser Hinsicht von den Polemiken und Analysen befreite, die sie mit ihrer Entstehung in den fünfziger Jahren ausgelöst hatte. Als „nachgeschichtlich“ konnte sie nach Flusser aufgrund des systematischen Gebrauchs der Apparate von Anfang an bezeichnet werden.

Die *Apparate* sind Flusser zufolge (1996) Spielzeuge der postindustriellen Gesellschaft, die zu dem Zweck gebaut wurden, das Denken zu simulieren. Wenn wir einen Apparat auf kreative Weise benutzen, zum Beispiel, um elektroakustische Musik zu komponieren, spielen wir mit seinen virtuellen Möglichkeiten, nämlich den Programmen (nicht zu verwechseln mit der Software). Die Apparate bilden eine Synthese aus historischem, wissenschaftlichem, mathematischem, fiktionalem und anderem Wissen, das in der „posthistorischen“ Gesellschaft aufgesplittert wurde. Die Apparate und Meta-Apparate sind somit Instanzen „nachgeschichtlichen“ Wissens. Genau deswegen üben sie und ihre Programme eine doppelte und ambivalente Funktion aus: während sie neue Informationen erzeugen, schaffen sie gleichzeitig neue Automatismen, die die Fähigkeit der Kritik abschaffen und die Information ungehemmt in der Gesellschaft zerstreuen können.

Schließlich führt uns die Diskussion über die „posthistorische“ Realität der Apparate zu der Frage, inwieweit der Begriff *elektroakustische Musik* sinnvoll ist. Das künstlerische Schaffen in der digitalen Welt ist multidisziplinär und multipolar geworden. Die Kreativität in der Manipulation der Apparate zeigt sich sowohl in der Elite als auch in der Massenkultur. Flusser zufolge ist „Programmierung nachideologisches Manipulieren“ (1996: 37a). Daher halte er es auch für einen Fehler, die Debatte über den Apparat und die Massenkultur auf ideologischer Ebene zu führen. Diese Sichtweise steht im Gegensatz zu den *critical studies*, einem bedeutenden Forschungsgebiet US-amerikanischer Akademiker, das sich mit Themen wie Postkolonialismus, Machtverhältnissen, ethnischen Fragen usw. auseinandersetzt – Themen, die auch den Diskurs der *neuen Musikwissenschaft* bestimmen und fraglos wichtig sind, aber im Zusammenhang mit Aspekten der Materialität und der Geschichtlichkeit der musikalischen Erzeugnisse betrachtet werden müssen.[3] Die folgenden Ausführungen sollen ein paar Wege in der musikalischen Forschung und Praxis aufzeigen.

3. Ästhetik des Klangs: Sichtbarkeit und Unsichtbarkeit

Die ersten Kompositionen von *musique concrète* und elektronischer Musik aus den fünfziger Jahren überraschten die Hörer mit einem neuen Universum von Klängen und Geräuschen. Die Reaktionen schwankten zwischen Begeisterung und Ablehnung. Damals stritt man darüber, ob das Gehörte überhaupt als Musik bezeichnet werden könne. Dahlhaus beschreibt dies in seinem Artikel „Ästhetische Probleme der elektronischen Musik“ (1970). In den Argumenten gegen die elektroakustische Musik sprach man entweder von einer „Geräuschkunst“, die das Geräusch zum musikalischen Klang erhebe, oder aber es hieß sogar, das Gehörte verdiene es nicht, Musik genannt zu werden. Diese Verurteilung zeigte laut Dahlhaus, dass die gerade erst aufkommende elektroakustische Musik das in den letzten beiden Jahrhunderten vorherrschende Musikverständnis in Frage stellte. Musik wurde als „Tonkunst“ definiert, was bedeutete, dass sie nur aus dem bestehen konnte, was einer bestimmten Auffassung nach als Ton bezeichnet wurde, und nicht als Geräusch. Dahlhaus hält diese Definition für problematisch, weil sie sich vor allem auf die von Harmonie und Klangfarbe beherrschte Ästhetik der europäischen E-Musik bezieht. Damit würde ein Großteil der nichteuropäischen Musik – z.B. diejenige einiger afrikanischer oder indonesischer Kulturen, wo Harmonie und Klangfarbe keine grundlegende Rolle spielen – nicht als Musik bezeichnet werden. Dahlhaus kam zu dem Schluss, dass die elektroakustische Musik das traditionelle Verständnis von Musik bedrohte, indem sie das, was bisher als Geräusch galt, zum musikalischen Ausdruck machte und die Vormachtstellung eines traditionellen europäischen Ton-Begriffs zerstörte. Die elektroakustische Musik zeigte auf drastische Weise, dass Musik ein historisches – oder vielleicht sogar im Sinne Flussers „posthistorisches“ – Phänomen ist, das sich festen, unveränderlichen Definitionen entzieht.

Auch wenn die Definitionen von dem, was Musik ist, je nach Kultur und Gesellschaft variieren, stellt Dahlhaus klar, dass das Verstehen von Musik nur in einem historischen Kontext möglich ist: „Eine Definition der Musik, die sich

---

[3] Vgl. dazu auch Susan McClary: *Feminine Endings: Music, Gender, and Sexuality*, Minneapolis: University of Minnesota Press 1991; Lawrence Kramer: *Classical Music and Postmodern Knowledge*, Berkeley: University of California Press 1995.

über die Geschichte hinwegsetzt, wäre entweder leer oder willkürlich: leer, wenn sie alles umfasst, aber nichts besagt; willkürlich, wenn sie feste Grenzen zieht, wo es sich um fließende Übergänge handelt“ (1970: 82). Ob ein Klangphänomen als Musik bezeichnet werden kann oder nicht, darüber entscheidet die geschichtliche Kontinuität oder Diskontinuität, also der „Zusammenhang mit der Tradition oder die Beziehungslosigkeit zum Vergangenen“ (ebd.), die, nicht zu vergessen, von den Menschen hergestellt und diskutiert werden, die sie formulieren. Davon ausgehend stellt Dahlhaus die nächste Frage: Hat sich die elektroakustische Musik aus der Musikgeschichte heraus entwickelt oder kommt sie von außen? Mit anderen Worten: Ist die elektroakustische Musik eine Weiterentwicklung der Kompositionstechnik akustischer Musik – ob instrumental oder vokal – oder entstammt sie anderen Kontexten, die der Musik einverleibt wurden? Für Dahlhaus kommt sie unverkennbar von innen, da sie an die Entwicklungstendenzen der seriellen Musik anknüpft, vor allem an die Methode der Klangfarbenkomposition und die Komponisten der Zweiten Wiener Schule (Schönberg, Berg und vor allem Webern). Die serielle Musik, so Dahlhaus, war die grundlegende und entscheidende Voraussetzung für die Entstehung der elektronischen Musik; es ist der geschichtliche Kontext der seriellen Musik, der es uns erlaubt, die elektroakustische Musik als Musik im weitesten Sinne des Wortes zu bezeichnen.

3.1. Die Komposition von Geräuschen und Klangfarben

Tatsächlich beherrschte die serielle Strukturierung von Klangfarben ausgehend von „reinen“ Elementen die Ästhetik des Kölner Studios für elektronische Musik in den fünfziger Jahren. Das wichtigste Element der ersten elektronischen Kompositionen waren die Sinustöne, die als Teiltöne kombiniert wurden, um komplexe harmonische und nichtharmonische Klangfarben zu erzeugen. Die ersten elektronischen Werke von Komponisten wie Herbert Eimert, Karlheinz Stockhausen, Karel Goeyvaerts, Paul Gredinger, Gottfried Michael Koenig und Henri Pousseur sind auf der Grundlage der Herstellung von Spektren durch die Kombination von Teiltönen entstanden. Neben den Sinustönen wurden andere reine, elektronisch generierte Klänge, zum Beispiel das Geräusch und der Impuls, denselben seriellen Methoden unterworfen, um eine Klangfarbensynthese zu erhalten (Eimert 1958). Die Idee der seriellen Strukturierung wurde später aufgegeben, aber die Analogie zwischen der Komposition von Tönen und Klangfarben und der musikalischen Komposition entwickelte sich zum Grundgedanken nicht nur der elektronischen Musik, sondern der elektroakustischen

Musik im weitesten Sinne sowie auch einem Großteil zeitgenössischer „akustischer“ Musik der zweiten Hälfte des 20. Jahrhunderts. In den Sechzigern war es laut Pousseur (1970: 82) schon schwieriger, eine genaue Trennlinie zwischen der inneren Komposition des Klangs und höheren Kompositionsebenen zu ziehen. Er bestand auf der Idee, dass der *musikalische* Klang nur innerhalb eines bestimmten Kontextes existieren kann – sei es ein virtueller oder der einer musikalischen Form. Deswegen, so Pousseur, „ist es nicht mehr möglich, von isolierten Klangphänomenen zu sprechen, ohne ihre kompositorischen Möglichkeiten auch nur ansatzweise in Betracht zu ziehen“ (ebd.).

Die Idee der Klangfarbenkomposition als Basis der musikalischen Komposition – eines der ästhetischen Prinzipien der elektroakustischen Musik – verweist auf eine der Grundfragen zeitgenössischer Musik, nämlich das Problem der Hermetik. Aus Sicht der elektroakustischen Musik lässt sich diese Frage im Sinne der Sichtbarkeit und Unsichtbarkeit des Klangs in der Komposition stellen. Dahlhaus zufolge (1970: 85) erfordert die elektroakustische Musik eine Unmittelbarkeit des Hörens, die mit rigorosem Konstruktivismus unvereinbar ist. Im Gegensatz zur Instrumental- und Vokalmusik, der eine Partitur zugrunde liegt – und die deswegen durch Lektüre und Analyse verstanden werden kann –, darf die elektroakustische Musik es sich nicht leisten, undurchschaubar zu sein. Die Komposition muss transparent, wahrnehmbar, sein. Die Klangfarbenstruktur, die aus Teiltönen besteht und vom Prinzip des Seriellen inspiriert ist, bleibt undurchschaubar. Aus diesem Grund wurde sie aufgegeben, so Dahlhaus.

Die Notwendigkeit, den Ton sichtbar zu machen, brachte die seriellen Komponisten dazu, Materialien und Modelle von außen in ihre elektronischen Kompositionen mit einzubeziehen, wie z. B. Gesangsstimmen (Stockhausen, *Gesang der Jünglinge*, 1956); Sprechstimmen (Berio, *Thema - Omaggio a Joyce*, 1958, Eimert, *Epitaph für Aikichi Kuboyama*, 1960/62); akustische Instrumente (Stockhausen, *Kontakte*, 1960, *Mikrophonie I*, 1964); Geräusche aus Natur und Technik (Pousseur, *Trois Visages de Liège*, 1961); Radioklänge und musikalische Zitate (Stockhausen, *Hymnen*, 1966/67) usw. Auf der Imitation und Simulation instrumentaler und vokaler Klänge basiert die Ästhetik der „Klangsynthese“ mit Hilfe des Computers (Risset 1990). Die Sichtbarkeit akustischer Musik in der elektroakustischen Musik, durch die Verwendung von Stimmen und Instrumenten, führt uns wieder zu Dahlhaus‘ Frage nach der historischen Kontinuität. Pousseur zufolge (1970: 81) stellt die elektroakustische Musik kein separates Gebiet, keine spezielle musikalische Ästhetik dar, sondern eine Auswahl instrumentaler (im weitesten Sinne) Mittel, welche die bereits existierenden (menschliche Stimme und traditionelle Musikinstrumente) ergänzen und nach Möglichkeit bereichernd mit ihnen zusammenwirken. Gleichzeitig verändern die elektronischen Mittel nach und nach bestehende Mittel und Wahrnehmungen.

3.2. Die Illusion des unsichtbaren Hörens

Die Frage nach der Sichtbarkeit und Unsichtbarkeit von Tönen stellt sich auch im Kern der *musique concrète*, deren theoretische Referenz das *Traité des objects musicaux* ist (Schaeffer, 1966). Beeinflusst von Husserls Phänomenologie entwickelte Schaeffer die Idee vom „reduzierten Hören", wonach Töne als autonome Objekte zu hören sind, aus ihrer ursprünglichen Umgebung herausgelöst. Das Klangobjekt kennt keinen historischen, sozialen oder kulturellen Hintergrund; das Bewusstsein soll sich auf das akustische Phänomen konzentrieren und potentielle semiotische Bedeutungen ignorieren. Schaeffer ließ sich vom griechischen Begriff der Akusmatik inspirieren, wo es darum geht, Wissen allein über das Hören weiterzugeben. Damit griff man zurück auf die Methode Pythagoras', dessen Schüler fünf Jahre lang hinter einem Vorhang versteckt in absoluter Stille den Vorlesungen ihres Meisters lauschten, ohne ihn zu sehen. Das Adjektiv akusmatisch bezeichnet den unsichtbaren Ton, das „Geräusch, das man hört, ohne seinen Ursprung zu sehen" (Schaeffer 1966: 91).

In der Akusmatik wird der Klang also als unsichtbares Phänomen wahrgenommen. Dieser Ansatz, so Schaeffer, ermöglicht es, die historisch-kulturellen Umstände instrumentaler und vokaler Praxis zu überwinden, mit dem Ziel, neue Möglichkeiten musikalischer Kreativität freizulegen. „Externe" Zusammenhänge müssen beseitigt werden, damit die Fantasie sich ganz auf das klangliche Phänomen konzentrieren kann und die Stereotypen klassischer und romantischer Tradition vergessen lassen. Wir sollen die Musik hören wie Pythagoras' Schüler seine Vorlesungen. Wir müssen die „Stimme" des Klangs hören. Wobei es sich nicht um eine Rückkehr zur mündlich übermittelten Information handelt, denn wir hören nicht mehr die Vibrationen eines Körpers oder Gegenstandes – wie im Falle der Stimme oder eines Instruments –, sondern diejenigen von technischen Geräten. Die *musique concrète* ist der Technologie der Reproduktion verpflichtet, insbesondere dem Tonbandgerät, das nach dem Zweiten Weltkrieg erfunden wurde. Schaeffer weist daraufhin, dass „das Tonbandgerät die Funktion von Pythagoras' Vorhang übernimmt, da es neue Phänomene zur Betrachtung stellt und vor allem neue Bedingungen der Betrachtungen schafft" (Schaeffer 1966: 98). Die Enkodierung des Klangs im Tonbandgerät schließt den Bezug zum historischen Kontext aus und ermöglicht die Entstehung neuer Kontexte musikalisch-klanglicher Art. In diesem Sinne entspricht die symbolische Funktion des Tonbandgeräts der des Fotoapparats, dem Symbol-Apparat eines „Universums der technischen Bilder" (Flusser 1996; 1997a).

Betrachtet man die Produktionsweise von *musique concrète*, so ist das Tonbandgerät nur eines der Elemente des Verfahrens, das darin besteht, einen realen Klang aufzunehmen, ihn in ein durch Apparate manipulierbares Objekt zu verwandeln und das Ergebnis in die reale Welt zu entlassen. Sicherlich nimmt das Tonbandgerät eine besondere Rolle in diesem Prozess ein, denn es ist der Apparat, der die symbolische Umwandlung eines Klangobjekts in ein Musikobjekt verwirklicht. Eine Phänomenologie der *musique concrète* muss aber sämtliche Mechanismen der Enkodierung und Dekodierung berücksichtigen, die dem Klangobjekt neue Bedeutungen verleihen. Deswegen müssen wir außerdem zwei weitere Geräte berücksichtigen: das Mikrofon und den Lautsprecher. Jeder dieser drei Apparate erfüllt eine besondere Funktion: das Mikrofon erfasst den Klang, das Tonbandgerät hält ihn fest und der Lautsprecher gibt ihn wieder. Diese drei Funktionen symbolisieren drei Erkenntniskategorien – Wahrnehmen, Speichern und Wiedergeben –, die sich in der musikalischen Ästhetik der *musique concrète* vervielfältigen. Diese Kategorien vermischen sich im heutigen digitalen Produktionsablauf von elektronischer Musik, wo der Computer wichtigster Kompositionsapparat geworden und sein Hauptcharakteristikum das Zusammenlaufen von Funktionen ist.

Die erste Kategorie – das Wahrnehmen – ist die Erfahrung des Hörens, des Aufnehmens und Verstehens der Welt durch Klangobjekte. Akusmatisches Hören ist ein vorsätzlicher Akt, der nichtauditive Konnotationen ausschließt. Das Mikrofon ist zuständig für die Vermittlung zwischen Welt und Hören (dem Körper). Diese Vermittlung ist ein sowohl selektiver als auch wechselseitiger Prozess: Während das Hören das Mikrofon beeinflusst, beeinflusst das Mikrofon das Hören (den Körper).

Die zweite Kategorie – das Speichern – bedeutet, das Gehörte zu registrieren und bewusst umzuwandeln. Der von technischen Apparaten festgehaltene Klang wird zum manipulierbaren Objekt. Die *musique concrète* nutzt die Funktionen des Tonbandgeräts, um die Charakteristiken von Klangobjekten zu verändern und sie so in Musikobjekte zu verwandeln, indem man z.B. den Ton transponiert, zerlegt, Tonfragmente wiederholt, um einen Loop herzustellen, oder die Klangfragmente neu kombiniert usw.

Die dritte Kategorie – das Wiedergeben – besteht darin, den wahrgenommen und gespeicherten Klang in den kontinuierlichen Erfahrungsfluss zu integrieren. Das durch den Lautsprecher reproduzierte Klangobjekt wird unserer Hörerfahrung wiedergegeben. Der Klangapparat erzeugt einen kybernetischen Prozess der Rückkopplung, indem die Klang- bzw. Musik-Objekte, die manipulierte Klänge aus der realen Welt sind, in die reale Welt projiziert und selbst zu Objekten werden, die wiederum manipuliert und vervielfältigt werden können. Der Klang, der aus den Lautsprechern kommt, erzeugt ein Feedback, das den Abstraktionsprozess realer Klänge beschleunigt.

Die *musique concrète* und die Akusmatik haben einen bedeutenden Einfluss auf die Entwicklung der Ästhetik des Klangs und der elektroakustischen Musik ausgeübt. Die Grenzen des strukturalistischen Ansatzes, der charakteristisch ist für die *musique concrète*, zeigen sich jedoch u. a. in den unterschiedlichen, von Schaeffer und seinen Anhängern entwickelten Morphologien und Typologie: Die Tabellen, in denen die Klang- und Musikobjekte beschrieben, kategorisiert und zusammengefasst werden, eine Art Schlussfolgerung aus dem *Traité des objects musicaux* (Schaeffer 1966: 584-587; vgl. auch Chion 1983); der spektrale Ansatz, der die Fantasie diverser Komponisten beflügelt (Smalley 1986; Wishart 1996); die Untersuchungen zu klanglichen und audiovisuellen Poetiken (Chion 1998). Einer der häufigsten Kritikpunkte hält der *musique concrète* eine Diskrepanz zwischen Klangmaterial und musikalischem Ergebnis vor. Risset schreibt, die *musique concrète* böte, „da sie von aufgenommenen realen Tönen ausgeht, ein riesiges klangliches Vokabular: aber die klanglichen Verfremdungen erschienen mir rudimentär im Verhältnis zum Reichtum und der Persönlichkeit der ursprünglichen Klänge“ (Risset 1990: 108).

Meiner Meinung nach liegt der grundlegende Widerspruch der Theorie der *musique concrète* in ihrer Unfähigkeit, den Betrachter in den Prozess der Betrachtung mit einzubeziehen. Obwohl die akusmatische Reflexion sich mit der veränderten Rolle der Technologie auseinandergesetzt hat, hat sie dennoch einen entscheidenden Einfluss der Kybernetik auf das künstlerische Denken und Schaffen außer Acht gelassen (Wiener 1948). Ein weiterer grundlegender Mangel der Theorie der *musique concrète* besteht darin, die ästhetischen Implikationen zu ignorieren, die die Manipulation der Apparate und die Feedback-Mechanismen der von Apparaten erzeugten Klänge mit sich brachten. Mit anderen Worten: das Ziel des unsichtbaren Hörens, das die Akusmatik verfolgt, hinderte sie daran, sich mit der Sichtbarkeit des Apparates innerhalb des künstlerischen Prozesses auseinanderzusetzen.

4. Kreativität im Kölner Studio für elektronische Musik

4.1. Die elektronische Implosion des Radios

„Das Kunstwerk im Zeitalter seiner technischen Reproduzierbarkeit“, Walter Benjamins Essay aus der Mitte der dreißiger Jahre des 20. Jahrhunderts, wurde zum Referenzwerk für Studien zur Beziehung zwischen Kunst, Medien und Technologie. In einer der meistzitierten Passagen erklärt Benjamin, „die technische Reproduzierbarkeit des Kunstwerks emanzipiert dieses zum ersten Mal in der Weltgeschichte von seinem parasitären Dasein am Ritual“ (1977: 144). Benjamin analysiert hier die Technologie klanglicher und visueller Reproduktion und ihren Einfluss auf das künstlerische Schaffen. Das Ritual hat die Funktion, die Menschen einander näher zu bringen. Es wird an einem physischen Ort zelebriert, in Gegenwart der Körper. Historisch gesehen hat die Kunst ihre rituelle Funktion angenommen, als sie sich von der Religion trennte und als ihr Ersatz verehrt wurde. Die Aura des Kunstwerks ist demnach auf ein Simulacrum religiösen Inhalts zurückzuführen, das unsichtbar wurde, als das Kunstwerk selbst zum Ritual wurde. Die Technik der Reproduzierbarkeit entwickelte so etwas wie eine „audiovisuelle Präsenz“, die sich ihre eigenen Rituale mit posthumanen Körpern schafft (vgl. Hayles 1999). Prototypen des Audiovisuellen sind der Fotoapparat und das Tonbandgerät. Die erste Kunstform, die aus der Kombination von technischen Bildern und Tönen hervorgeht, ist das Kino.

Historisch gesehen ist Benjamins Essay eine Kritik am Aufstieg des Faschismus in Europa. Er behandelt die Ereignisse der dreißiger Jahre, die im Ausbruch des Zweiten Weltkriegs und vor allem im Holocaust gipfelten. Benjamin analysierte zum Beispiel die Proletarisierung und Vermassung des Menschen, ein Prozess, den u.a. Marx und Nietzsche schon zum Ende des 19. Jahrhunderts beobachtet hatten. Aus zeitgenössischer Sicht sind Benjamins Schlussfolgerungen ambivalent, denn sie zeigen sowohl positive als auch negative Tendenzen auf. Ersteres gilt zum Beispiel für den Film, der für Benjamin eine befreiende Funktion haben kann, wenn er auf kreative Weise die künstlerischen und wissenschaftlichen

Möglichkeiten des technischen Apparates nutzt, in diesem Fall die Fotografie, die Grundlage des Kinos. Das heißt: Der Film kann revolutionär sein, wenn er eine eigene Ästhetik entwickelt. Dieser Standpunkt, der das schöpferische Potenzial der Apparate hervorhebt, beeinflusste unter anderem Flussers Abhandlungen über die Fotografie (1997a) und das „Universum der technischen Bilder“ (1996). Weder Benjamin noch Flusser befassen sich mit dem Einfluss der Technologie der Reproduzierbarkeit auf die Musik. Immerhin erwägt Flusser, Kammermusik könne als kreatives Modell in der postindustriellen telematischen Gesellschaft dienen (Flusser 1996: 173-181).[4]

Andererseits äußert sich Benjamin negativ über die, von Flusser ebenfalls beschriebene, unterhaltende Funktion des Films. Das Kino versetze das Publikum in einen Zustand zerstreuter, fragmentierter Aufmerksamkeit. Er sah voraus, dass der Faschismus sich diese Eigenschaft zunutze machen würde, weil sie die Kritikfähigkeit verwässert und ausschaltet: „Der Faschismus läuft folgerecht auf eine Ästhetisierung des politischen Lebens hinaus“ (1977: 168). Benjamin sagt, dies führe unausweichlich zum Krieg. Seine Voraussicht hat sich mit dem Zweiten Weltkrieg bestätigt.

In diesem Kontext lässt sich das Verhältnis von Radio und elektroakustischer Musik verstehen. Das Radio war eines der wichtigsten Instrumente zur Mobilisierung der Massen im Dritten Reich. Die Bedeutung des Lautsprechers zur Kontrolle des Klangbilds ist vergleichbar mit derjenigen der modernen Verkehrsmittel zur Herrschaft über den Raum: „Ohne Kraftwagen, ohne Flugzeug und ohne Lautsprecher hätten wir Deutschland nicht erobert“, hat Hitler betont (Weinbrenner 1983: 3). Die im Radio übertragenen Reden von Hitler simulierten eine auditive Realität: Er stand nicht im Aufnahmestudio, sondern im Freien. Der Nachhall seiner Stimme im monumentalen Raum und das Vibrieren der tosenden Massen sind Beispiele für die ästhetische Manipulation des Radios durch das Naziregime. Die raumakustische Simulation trug dazu bei, ideologische Inhalte zu verstärken, wie zum Beispiel den Kult um die Figur des Führers. Als Propaganda-Instrument entwickelte das Radio im Dritten Reich eine klangliche Ästhetik, die sowohl die Raumakustik als auch den künstlerischen Gebrauch der Aufnahme- und Übertragungstechnik bewusst instrumentalisierte.

[4] Mit den Charakteristiken dieses Modells von Flusser beschäftigt mein Essay „A Música de Câmara Telemática: a Metáfora de Flusser e o Universo da Música Eletroacústica“ (Chagas 2008).

Zu der Intensivierung der raumakustischen Bemühungen gehörte auch die Gestaltung der Senderäume als Erlebnisräume, wie sich durch diese Aussage des Oberingenieur Dr. Braunmuehl – Abteilungsleiter in der Reichsrundfunk GmbH – feststellen lässt:

Die raumakustischen Bedingungen lassen sich nämlich nicht, wie etwa die Eigenschaften der Mikrophone, Verstärker und Lautsprecher, allein vom rein technischen Standpunkt erfassen. Während die elektro-akustischen Übertragungselemente nur nach der Forderung der Übertragungstreue zu entwickeln sind, gehört die Hörsamkeit eines Raumes untrennbar zu dem entstehenden Klangbild, wirkt sie doch auch auf die Sprecher, Musiker und die etwa anwesenden Zuhörer zurück (Braunmuehl 1938: 70).

McLuhan (1964) verbindet das Radio mit den europäischen Gesellschaften, die ihm zufolge weniger visuell und eher dem Element Erde zuzuordnen sind als die amerikanischen Gesellschaften; deswegen seien sie empfänglicher für die Magie des Radios, die einem Stammesritual ähnele. Das Radio stellt Nähe her und bietet eine Welt von unausgesprochener Kommunikation zwischen dem Sprecher vor dem Mikrofon und dem Hörer vor dem Lautsprecher. „Die unterschwelligen Tiefen des Radios sind erfüllt vom Widerhall der Stammeshörner und uralter Trommeln“, so McLuhan (1964: 299). Das Radio hat also eine Dimension der Resonanz, die aus der Gesellschaft eine einzige Echokammer macht. Die Klänge aus dem Radio erreichen die Menschen auf mehreren Wegen. Sie aktivieren objektive und subjektive Kommunikationsprozesse über elektromagnetische Wellen, die die Massengesellschaft in ein globales Dorf verwandeln. Unter diesem Gesichtspunkt war das Radio eines der effektivsten Instrumente der Globalisierung des Kapitalismus. McLuhan zufolge bestand seine Rolle darin, die elektronische Implosion auszulösen: „Das Radio ließ zum ersten Mal die elektronische Implosion massiv erleben, jene Umkehrung der Tendenz und Bedeutung der alphabetisierten westlichen Welt“ (1964: 300).

In seiner Analyse der dreißiger Jahre in Deutschland beschreibt McLuhan ein Gefühl von Klaustrophobie, zu dem die elektronische Implosion des Radios und die Verdichtung des physischen Raumes beitrugen. Die Besessenheit von der Idee des Lebensraums, die Nazideutschland befallen hatte, ist Ausdruck dieses Prozesses. Sie ist tief in der deutschen Geschichte verwurzelt. Die Stammesvergangenheit ist nie aus dem deutschen Unterbewusstsein verschwunden, behauptet McLuhan. Trotz der Kritik an den historischen Anachronismen in solchen

Analysen stimme ich dieser Beobachtung voll und ganz zu. Sie bestätigt den subjektiven Eindruck, den ich in meinen 25 Jahren in Deutschland gewonnen habe.[5] Andererseits ist der Stammescharakter, den man der deutschen Vorstellungswelt zuordnen kann, förderlich für die Entwicklung mündlicher (Mythen) und auditiver (Radio) Kommunikationsformen und regt den Zugang zur subatomaren Welt der Physik des Klangs an. Der Klang des Radios kann als eindringlich bezeichnet werden. McLuhan sieht das Radio als heißes Medium, das eine voralphabetische Vitalität übermittelt: „Die Botschaft des Radios ist eine Botschaft heftiger, umfassender Implosion mit Echowirkung" (1964: 301).

Nach dem Zweiten Weltkrieg wurde das deutsche Rundfunkwesen neu organisiert und in einem Sendernetz auf das ganze Land verteilt. Die neue Struktur war zwar orientiert am britischen Modell der BBC, unterschied sich aber von ihm durch ihre Dezentralisierung. Ähnlich wie viele andere Strukturen der deutschen Nachkriegsgesellschaft brach der Rundfunk mit dem Erbe des Naziregimes. Als eine der Folgen dieses Bruchs entstand eine experimentelle Kreativität sowohl im künstlerischen als auch im technischen Bereich. Persönlichkeiten wie der deutsche Künstler Joseph Beuys (1921-1986) und der amerikanische Komponist John Cage (1912-1992) symbolisieren jene Kreativität, die den eigentlichen Begriff von Kunst und Kunstwerk in Frage stellte. So verwandelte der Bruch mit der Vergangenheit die Implosion des Radios in eine kreative Explosion der Nachkriegszeit. Der Rundfunk übernahm eine wichtige Rolle in der Organisation musikalischen Lebens in Deutschland. Innerhalb dieses Kontextes tauchte die elektronische Musik auf.

4.2. Geschichten der elektronischen Musik

Die Geschichte des Kölner Studios für elektronische Musik muss noch geschrieben werden.[6] Der offiziellen Version, die in den Archiven des WDR dokumentiert ist, sollten dabei unbedingt inoffizielle Geschichten gegenübergestellt werden, Erzählungen und Berichte der Menschen, die dort gearbeitet ha-

[5] Im Januar 1980 zog ich von Brasilien nach Europa. Zuerst lebte ich in Lüttich, Belgien, und fuhr von dort aus regelmäßig in die Bundesrepublik Deutschland. Im September 1982 zog ich dann nach Köln und blieb dort ohne Unterbrechung bis zum November 2004. Seitdem lebe ich in Kalifornien, USA.

[6] Das Buch von Morawska-Büngeler behandelt die Geschichte des Kölner Studios in dem Zeitraum von der Gründung bis Mitte der achtziger Jahre. Die Produktion von 1990-99 habe ich in einer Reihe von vier Artikeln für die Zeitschrift DEGEM-Mitteilungen dokumentiert (Chagas 2000a-d). Vgl. die aktualisierte Fassung der drei Artikel in diesem Buch.

ben oder auf andere Art mit dem Studio zu tun hatten. Inoffiziell entstand das Studio für elektronische Musik des Nordwestdeutschen Rundfunks 1951, als die Entwicklung einer rundfunkeigenen Musik mit elektronischen Apparaten in Angriff genommen wurde. Bis zur endgültigen Einrichtung des Studios im Kölner Funkhaus dauerte es allerdings noch eine Weile (Morawska-Büngeler 1988: 7-18). Der Phonetiker und Kommunikationswissenschaftler Werner Meyer-Eppler (1913-1960) spielte eine wichtige Rolle in der Vorgeschichte des Studios (Ungeheuer 1992). Er inspirierte Komponisten wie Herbert Eimert (1897-1972) und vor allem Karlheinz Stockhausen (1928-2007). Das Stück *Gesang der Jünglinge* ist ein Beispiel für den Einfluss der Phonetik auf die elektronische Komposition. Phonetische Ansätze zeigen sich sowohl in der Herstellung des Materials – hybride Klänge, die Stimmen mit elektronischen Signalen kombinieren – als auch in der Ausarbeitung von Klangstrukturen.

Offiziell wurde das Studio 1953 gegründet, als die ersten Konzerte mit elektronischer Musik im Kölner Funkhaus stattfanden. Der Konzertsaal, strategisch günstig im Zentrum von Köln, in der Nähe von Hauptbahnhof und Dom gelegen, diente gleichzeitig als Aufnahme- und Senderstudio. Nach der Teilung des NWDR im Jahre 1956 wurde das Studio dem WDR unterstellt, zu dem es noch heute gehört. Im Januar 2001, 50 Jahre nach der inoffiziellen Gründung, stellte das Studio für elektronische Musik des WDR offiziell seine musikalische Produktion ein. Das gesamte Equipment wurde aus dem Haus in der Annostraße (Südstadt), wo es seit Ende der achtziger Jahre residierte, in einen Lagerraum von Ossendorf, einem Vorort von Köln, überführt. Das Haus in der Annostraße wurde aufgegeben und verkauft. Der Toningenieur Volker Müller war verantwortlich für die Erhaltung des Studios. Müller leitete die Digitalisierung des Bestandes in die Wege und führte diese Aufgabe auch nach seiner Pensionierung im Jahr 2007 weiter aus. Der Prozess der Verwandlung des Studios, der mit der Einstellung der Produktionstätigkeit einsetzte, ist noch zu analysieren. An dieser Stelle möchte ich nur feststellen, dass damit eine der wichtigsten Produktionsstätten elektronischer Musik ihr Ende fand.

Eine der Konstanten in den kreativen Knotenpunkten der Kölner elektronischen Musik war ihr experimenteller Charakter, gemäß dem Prinzip des hier schon beschriebenen telematischen Dialogs (Flusser 1996; Chagas 2008). Die interdisziplinären Aktivitäten des Studios erzeugten ein Feedback zwischen Komponisten, Technikern und Maschinen, das eine Anzahl von Werken elektronischer Musik hervorbrachte, von denen einige bedeutenden Einfluss auf die Musikgeschichte hatten. Die große historische, mythische Persönlichkeit des Kölner Studios war ohne Zweifel Karlheinz Stockhausen. Und auch seine künstlerische Laufbahn hängt eng mit dem Studio zusammen. Er war dort musikalischer Assistent (1952-1962), künstlerischer Leiter (1963-1989) und Komponist in residence (1990-1998). Stockhausen ist die internationale Bedeutung des Studios zu verdanken. Er verstand es, das Radio als Kompositionsmittel einzusetzen und als Instrument zur Verbreitung elektronischer Musik in vielen Teilen der Welt zu nutzen. Die Konzerte, die bei der Weltausstellung 1970 im Osakaer Kugelauditorium über mehrere Monate stattfanden, gelten als Markstein in der internationalen Etablierung elektronischer Musik, zu der sowohl Stockhausen als auch das Kölner Studio beitrugen. Stockhausen nutzte sowohl die Kreativität der Studiotechniker, um seine Werke zu realisieren, als auch die Struktur des WDR, um sie aufzuführen und aufzunehmen. Gleichzeitig wurde er in seiner Arbeit nachhaltig vom Radio beeinflusst. Der mythische Charakter des Radios spiegelt sich zum Beispiel in Stücken wie *Hymnen* (1966/67), *Sirius* (1975-77), *Oktophonie* (1990-92) wider, aber auch im monumentalen Opernzyklus *Licht* (1977-2003), der teilweise im Studio entstand. Stockhausens von Planeten, Sternen und dem Kosmos inspirierte Ästhetik, die einen wichtigen Aspekt seines musikalischen Universums darstellt, ist eine Umsetzung der Vorstellung von globaler Kommunikation, die das Radio symbolisiert.

Unbeachtet blieb in der offiziellen Geschichte des elektronischen Studios die Wirkung der Klangtechniker, die „im Schatten der renommierten Komponisten und Studioleiter“ standen (Werner 2005: 105). Das ist z.B. der Fall von Heinz Schütz (1921-2005), wahrlich eine Ikone der Gründungszeit des Studios. Seine virtuose Manipulation von Analoggeräten würde der heutigen Performance eines DJ in nichts nachstehen. Als er zu Besuch in die Annostraße kam, konnte ich im so genannten Museum[7] einer erstaunlichen Demonstration seiner Klangkreativität miterleben: Mit beiden Händen und Füßen bediente er gleichzeitig und wechselwirkend Tonbandgeräte, Oszillatoren, Mischpult, Filter und andere analoge Geräten der fünfziger und sechziger Jahre, um somit sehr innovative

[7] Das sog. „Museum“ war ein Raum in der zweiten Etage der Annostraße, in dem alte Studiotechnik und Geräten des WDR-Studios funktionsfähig erhalten wurden. Volker Müller hatte die Idee, die gleiche Raumverteilung und Produktionsbedingungen der fünfziger und sechziger Jahre für die Komponisten der Neunziger zur Verfügungen zu stellen. Er hat gehofft, dass die Komponisten die „alte“, analoge Technik in der Produktion neuer Stücke einsetzen würden. So weit ist leider nicht gekommen. Es war aber eine sehr interessante Idee, die vielleicht vom WDR in der neuen Auflage des Studios weiterverfolgt werden könnte.

und individuelle Klänge zu erzeugen. Wahrscheinlich stellte seine einzigartige und ausgeprägte Kreativität die hierarchische, im Kölner Studio herrschende Beziehung zwischen Komponisten und Technik selbst in Frage. 1958 hat Schütz das elektronische Studio verlassen und ist zum Tontrickstudio des WDR-Hörfunks gewechselt, aus dem später das Studio von Klangdesign entstehen sollte. Zu Recht schreibt Werner (2005: 105): „Der Autodidakt Heinz Schütz hat mit seiner schöpferischen Denk- und Lebensweise die Anfänge des Studios sehr geprägt und damit wie ein Katalysator auch die weltweite Entwicklung, ja die heutige Präsenz elektronischer Klänge in allen Medien und in der Klangkunst."

4.3. Klangregie und Kritik

Zwischen 1990 und 1999 arbeitete ich als Klangregisseur im Studio für elektronische Musik des WDR und hatte somit auch das Privileg, einen Teil seiner Geschichte zu begleiten. Der Klangregisseur übte die Funktion eines technisch-musikalischen Assistenten aus, für die normalerweise ein Komponist zuständig war. Stockhausen (1952-62) war der erste; es folgten unter anderem Gottfried Michael Koenig (1954-64), Mesias Maiguashca (1968-72) und Péter Eötvös (1971-73). In meinem Essay „Spiel und Dialog" (2002) beschäftige ich mich mit den theoretischen und ästhetischen Fragen dieser Arbeit. Ich analysiere die Produktionsstrukturen des Studios in den neunziger Jahren und erörtere Beispiele des telematischen Dialogs – zwischen Künstlern, Technikern und Apparaten –, den ich für das Substrat der Kreativität im Studio halte.

Die Bezeichnung „Klangregisseur" geht auf Wolfgang Becker zurück – den ehemaligen Leiter der Redaktion Neue Musik, dem das Studio unterstellt war – und sollte der alten Funktion des Assistenten angesichts jener in den Neunzigern aufkommenden digitalen Realität gerecht werden, die einen umfassenderen Blick auf das Verhältnis zwischen Technik und Kunst erforderte. Tatsächlich war ich als Klangregisseur nicht nur in die Produktion als solche verwickelt, sondern auch in Bereiche wie Planung, Investition und Organisation von Konzerten. Die Arbeit des Klangregisseurs bestand darin, Technik, Kunst und Verwaltung miteinander zu verbinden. Zusammen mit den Technikern und Komponisten trug der Klangregisseur zu den kreativen Knoten bei, aus denen die im Studio produzierten Werke entstanden. Andererseits war der Klangregisseur im Sinne Flussers ein „Funktionär", so wie die Techniker, Komponisten, Redakteure usw.: Der Begriff bezeichnet die personelle oder institutionelle Instanz, die den Apparat funktionieren lässt, und ist sofern ambivalent, als der Apparat sowohl auf kreative als auch auf repetitive Weise funktionieren kann. Der Apparat Studio für elektronische Musik kann als Teil des Meta-Apparates Rundfunk betrachtet werden, der wiederum Teil des Meta-Apparates Medien ist usw.

Mitte der neunziger Jahre fingen die „Funktionäre" in den höheren Instanzen der administrativen Hierarchie des WDR an, Pläne für die Zukunft des Studios zu schmieden. Obwohl das Studio als Prestigeobjekt galt, wurde seine Funktion in der neuen Rundfunklandschaft nach der Wiedervereinigung und dem Ende des Kalten Krieges in Frage gestellt. Die Zeit des Experimentierens ging dem Ende zu. Das Radio definierte sich neu und auf pragmatischere Weise seiner Medienstruktur entsprechend, mit dem Ziel, sich von den digitalen Netzen zu unterscheiden. Ich wurde nie offiziell über die Umstrukturierungspläne informiert, obwohl ich selbst neue Vorschläge anbrachte. Insgesamt war es ein relativ undurchsichtiger Prozess, in den weder die Techniker und Komponisten des Studios noch die deutsche Musiklandschaft miteinbezogen wurden. Ende des Jahres 2000 startete die Zeitschrift *MusikTexte* eine Umfrage zur Zukunft des Studios: „Sollte der Westdeutsche Rundfunk in Köln sein elektronisches Studio aufgeben oder erhalten und in welcher Form?" (MusikTexte 2001). Komponisten, Musikwissenschaftler, Redakteure und andere, die direkt oder indirekt mit dem Studio zu tun hatten, reagierten mit Aussagen, Kommentaren und Kritiken, die in der Februarausgabe veröffentlicht wurden. Nichtsdestotrotz hatte die Initiative keine Auswirkung auf die Entscheidung des WDR, das Studio aufzugeben.

Mein Beitrag zu jener Umfrage war der Artikel „Zur Zukunft des elektronischen Studios: die künstlerische Herausforderung" (Chagas 2001), den die Zeitschrift ohne Titel veröffentlichte. Darin nehme ich den Standpunkt ein, dass das Studio keine künstlerische Vision mehr geboten habe, die sein Fortbestehen gerechtfertigt hätte. Ich wies auf den Differenzierungsprozess der elektronischen Musik hin und die neuen Richtungen zu Beginn des 21. Jahrhunderts:

Vergangen ist die Zeit, als man von einer „elektronischen Musik" als eigenständiger Erscheinung in der Musikwelt sprechen und die Arbeit des Studios dementsprechend in eine bestimmte Richtung kanalisieren konnte. Die Zeit der reinen Entdeckung, als der elektronische Klang und das Medium Radio zum Gegenstand der musikalischen Auseinandersetzung instrumentalisiert wurden, ist also vorbei. Heute ist der Begriff „elektronische Musik" mit subjektiven Bedeutungen, die sich in verschiedene Richtungen ausbreiten, geladen und umfasst praktisch alle musikalischen und akustischen Formen, die sich elektronisch reproduzieren lassen. Dazu kommt auch die technologische und mediale Entwicklung, die neue Kommunikationsstrukturen und Wahrnehmungsräume für die Musik öffnet und gleichzeitig das akustische Phänomen eng mit komplexen Beziehungsfeldern verknüpft (Chagas 2001: 17-18).[8]

Im selben Artikel ist die Rede davon, dass das Studio die Entwicklung der elektronischen Musik in den neunziger Jahren verpasst hätte. Der Komponist York Höller, von 1990 bis 1999 künstlerischer Leiter des Studios, fühlte sich von meiner Kritik persönlich angegriffen und veröffentlichte einen offenen Brief mit schweren Anschuldigungen gegen meine Person. Tatsächlich war das Problem, auf das ich hingewiesen hatte, nicht personenbezogen; ich hatte mich hauptsächlich auf die Unfähigkeit des Radios und seiner „Funktionäre“ (im weiter oben beschriebenen Sinne) bezogen, auf den Differenzierungsprozess in der elektronischen Musik zu reagieren. Ich äußerte mich zu den grundlegenden Veränderungen, die das Medium Radio durchlief, und erklärte, in der neuen deutschen Rundfunklandschaft sei kein Platz mehr für eine experimentelle Kunst, die so viele Fachkräfte erfordere, wie es die Art von elektronischer Musik täte, die im Kölner Studio produziert werde. Am Ende des Artikels heißt es:

Die elektronische Musik ist heute ein lebendiges pulsierendes Feld, das sich durch alle Bereiche der Gesellschaft ständig ausbreitet – sowohl im positiven als auch im negativen Sinn. Das Zusammenrücken von industriellen, wissenschaftlichen und künstlerischen Kategorien führt zur Vielfalt der musikalischen Formen. Die Zukunft der elektronischen Musik hängt schon lange nicht mehr von der Existenz des Studios für elektronische Musik ab (Chagas 2001: 19).

Kurz, das Kölner Studio verschwand, weil es überflüssig geworden war. In den neunziger Jahren beschränkte sich sein Wirken auf die deutsche und europäische Neue Musik. Die eingeladenen Komponisten produzierten vor allem gemischte Werke, in denen die elektronischen Töne ihr Dasein mit Klängen von Instrumenten und/oder Stimmen teilten, wobei korrekterweise erwähnt werden muss, dass in dieser Zeit auch rein elektronische Werke entstanden.[9]

---

[8] Vgl. die aktualisierte Fassung des Artikels in diesem Buch.

[9] Ich habe die folgenden Werke elektronischer Musik produziert: *Migration 12-kanalige Elektronische Musik* (1995-1997), *Projektion 12-kanalige Elektronische Musik* (1999-2000) und *Projektion 12-kanalige Klanginstallation* (1999-2001).

4.4. Der multidimensionale Klangraum

Neben Stockhausen war der Toningenieur Volker Müller eine weitere Schlüsselfigur in der Geschichte des Studios für elektronische Musik. Offiziell arbeitete er dort von 1970 bis 2007. Müller war auch verantwortlich für den Umzug des Studios aus dem Funkhaus in das Haus in der Annostraße, der mehrere Jahre dauerte und erst 1987 abgeschlossen war. Müller entwickelte ein modulares, flexibles Konzept, das die Arbeit des Studios in den neunziger Jahren prägte. Diese Flexibilität zeigte sich sowohl in der Architektur als auch in der technischen Infrastruktur. Zwei Beispiele: 1. Im Studio gab es mehrere Räume, die paralleles Arbeiten an verschiedenen Projekten erlaubten; 2. Die Konfiguration der Mischpulte und Lautsprecher konnte verändert werden. Für Volker Müller standen die künstlerischen Belange an erster Stelle. Die Produktionsmethoden mussten sich den Bedürfnissen des kreativen Prozesses anpassen, den er als interdisziplinären Dialog verstand: „Arbeitsverfahren und Arbeitsweise müssen flexibel den Wünschen / Vorstellungen der Komponisten / Regisseure / Macher ... angepasst werden können.“[10]

Einer der wesentlichen Aspekte des Projektes der Annostraße war die Tatsache, dass es die Kontinuität der Tradition des Studios bezüglich der Produktion von elektronischer Musik mit Schwerpunkt auf den Klangraum gewährleistete. Die von Volker Müller konzipierte Studiotechnik für Aufnahme, Abmischung und Klangprojektion erweiterte die Möglichkeiten der Mehrkanaligkeit. Wichtige Apparate dafür waren z.B. das PTR – ein analoges Mischpult mit Digitalsteuerung, das speziell von der Firma Lawo für das WDR-Studio angefertigt wurde – und zwei Sony PCM 3324-A 24-Spur Digital-Tonbandmaschinen. Mit der Einführung des ersten Pro Tools Systems um 1995 nahm die digitale Apparatur eine immer wichtigere Rolle in der Mehrkanal-Produktion ein. Die neue Technologie veränderte auch die Arbeitsmethoden in einem Sinne, dass die Zersplitterung der Technik durch die digitale Apparatur einerseits zu einer Fragmentierung und Spezialisierung der Aufgaben und andererseits zum Verlust der tech-

[10] Notizen von Volker Müller (*Allgemeine Ziele / Allgemeine Anforderungen*) am Anfang der Planungsphase des Umbaus des Studios (ca. 1982). Vgl. Paulo C. Chagas: Der Pluralistische Raum: die Produktion des Studios für Elektronische Musik des WDR in den 90er Jahren. Eine Einführung und Dokumentation. Teil I, in: *Zwischen Klängen und Apparaten: Zur Theorie und Praxis der elektronischen Musik*, Remscheid: Rediroma-Verlag 2021, S. 68-80.

nischen Autonomie führte (Chagas 2000a: 28).[11]

Die flexible Aufstellung der Lautsprecher war ein anderer wichtiger Aspekt. Im Hauptproduktionsraum (Raum 304) hing unter der Decke eine spezielle Metallkonstruktion mit einer kreisförmigen Schiene – einem Ring von ca. 8,20 Metern Durchmesser. Zwölf Lautsprecher waren mit Zugaufhängung daran befestigt und konnten leicht geschoben und an jeden Punkt des Rings platziert werden; vier weitere Lautsprecher hingen fest in den Ecken. Die maximale Konfiguration von 16 Lautsprechern ermöglichte also zwei verschiedene Geometrien von Klangprojektionen: eine kreisförmige, bewegliche mit zwölf Kanälen und eine quadratische, fixe mit vier Kanälen. Abgesehen davon konnten an jedem beliebigen Ort im Studio weitere Lautsprecher aufgestellt werden. Für *Oktophonie* (1990-92) entwickelte Stockhausen das Konzept eines Klangraum-Kubus mit acht gleich weit voneinander entfernten Lautsprechern – vier auf dem Boden und vier aufgehängt. In meinen Kompositionen *Migration* (1995-97) und *Projektion* (1999-2000) habe ich mich mit dem Konzept vom Zirkulär-Klangraum unter Verwendung der zwölf Lautsprecher auf dem Ring auseinandergesetzt.[12]

Anders als in den anderen Studios des WDR gab es im Studio für elektronische Musik große Fenster, Tageslicht und Frischluftzufuhr. Volker Müller legte Wert auf eine angenehme Arbeitsatmosphäre. Die eingeladenen Komponisten verbrachten drei bis sechs Monate im Studio und arbeiteten täglich mehrere Stunden dort, manchmal auch nachts, normalerweise zusammen mit dem Toningenieur, einem weiteren Techniker und dem Klangregisseur, aber nach Wunsch oder Bedarf auch allein. Stockhausen brachte meistens zahlreiche Assistenten mit, die ihm bei der Produktion halfen. Volker Müllers enorme Kreativität, sein Einsatz und seine Hingabe trugen maßgeblich zur Atmosphäre der Zusammenarbeit und des Austauschs bei, an der auch Redakteure, Techniker, Musikwissenschaftler und andere beteiligt waren. Die Kenntnisse und Informationen, die in dieser Struktur des Dialogs entstanden, bildeten eine Architektur kybernetischer Zirkularität als Grundlage für die Produktion von elektronischer Musik (Chagas 2002; 2006a). Dieser Gedanke entspricht dem Ansatz von Luhmann (1997), wonach ein Kunstwerk eine Abfolge von Beobachtungen ist, was sowohl für den Schaffensprozess – die Arbeit des Komponisten – als auch

[11] Vgl. Die aktualisierte Fassung des Artikels in diesem Buch.

[12] Diesem Konzept der Räumlichkeit widme ich mich in meinem Essay „Composition in Circular Sound Space: Migration 12-channel Electronic Music (1995-97)“ (Chagas 2008b).

für die Rezeption – die eigentliche Aufführung, aber auch die Kommentare und Bemerkungen des Publikums, der Medien usw. gilt.

Die kybernetische Zirkularität im Kölner Studio wurde unterbrochen – oder vielleicht auch nur gebremst –, als dort keine neuen Werke mehr produziert wurden. Es gab also einen Kreativitätsfluss, der sich in den Knotenpunkten der diversen Musikwerke niederschlug, die im Studio produziert und vom WDR aufgeführt und der Gesellschaft unterbreitet wurden. Ohne dieses Feedback-Loop konnte nichts Neues entstehen. Die Stilllegung des Studios für elektronische Musik bedeutete das Ende einer besonderen Art von Kreativität – der Produktion von experimenteller elektronischer Musik innerhalb einer Rundfunkstruktur –, aber nicht das Ende der Kreativität im Radio. Der Knoten der elektronischen Musik, den das Studio darstellte, pulsierte nicht mehr, es taten dafür aber andere, sogar innerhalb des WDR, wie z.B. die Hörspiele, produziert vom Studio Akustische Kunst; die Werke der *Neuen Musik*, die in den Konzerten der Reihe Musik der Zeit (Hilberg / Vogt, 2002) aufgeführt wurden; die Sendungen von Studio elektronische Musik und andere mehr.

5. Kreativität und Subjektivität in der Musik

Wahrheit ist die Erfindung eines Lügners.
Heinz von Foerster

Im folgenden Abschnitt widme ich mich den Themen Kreativität und Subjektivität in der Musik und im Zuge dessen meiner derzeitigen Tätigkeit an der University of California in Riverside. Zuerst möchte ich einige Formen von Kreativität vorstellen, die unter anderem auf Studien zum musikalischen Verständnis, der Theorie der Autopoiesis und der Theorie sozialer Systeme basieren. Ich erörtere die These, wonach die zeitgenössische Klangkunst eine abgewandelte Form der Polyphonie ist. Anschließend befasse ich mich mit Jacques Attalis Essay *Bruits* (2001), in dem es um das Verhältnis von Musik, Macht und Gewalt geht, und stelle seine subjektive, ideologische Abhandlung der phänomenologischen Annäherung Flussers gegenüber. Der Dialog zwischen diesen beiden Denkern soll unterschiedliche Perspektiven zur Analyse der kreativen Knoten in der heutigen Gesellschaft aufzeigen.

5.1. Autopoiesis, Polyphonie und Klangkunst

Die phänomenologischen Ansätze zur Untersuchung der musikalischen Kreativität, die ich bereits vorgestellt habe, basieren auf dem Konzept der *absoluten Musik*. „Die Idee der absoluten Musik ist zum ästhetischen Paradigma der deutschen Musikkultur des 19. Jahrhunderts geworden", so Dahlhaus (1988: 15). Er analysiert die Kontroversen, die dieses Paradigma bezeichnen, so zum Beispiel die symbolische Polemik, die Eduard Hanslick Richard Wagner gegenüberstellt. Hanslick war ein Verfechter der *absoluten Tonkunst*, und damit der reinen, typischerweise instrumentalen Musik. Wagner entwickelte das Gesamtkunstwerk, das heißt, die Komposition, die in einem interdisziplinären Zusammenhang steht und Oper, Theater, Licht usw. mit einbezieht. Die Frage nach der absoluten Musik lässt sich folgendermaßen stellen: Kann die Musik aus sich heraus verstanden werden – aus ihrem Inneren – oder benötigt sie einen äußeren Rahmen? Prinzipiell ist absolute Musik diejenige, die nichts anderes als sich selbst, ihre Technik und ihre kombinatorischen Strukturen bedeutet. In diesem Sinne kommt die Musik dem mathematischen Sprachspiel und darüber hinaus den Programmiersprachen bzw. der Logik von Computern nahe. Deswegen konnte sie sich als Modell der Kreativität so leicht in der digitalen Welt integrieren. Reicht es aber aus, die Auseinandersetzung mit Klängen, Melodien, Harmonien, Notation, Software usw. nachzuvollziehen, um das musikalische Erlebnis als Ganzes wirklich zu begreifen? Und wenn die Musik als eigenständiges Phänomen verstanden werden soll, wie soll sie sich dann erneuern? Mit anderen Worten: Wie kann Musik es schaffen, die ihr eigenen Elemente zu reproduzieren und dabei kreativ zu bleiben?

Die Theorie der Autopoiesis bietet einige Antworten auf diese Fragen. Der Begriff Autopoiesis geht zurück auf die chilenischen Biologen Humberto Maturana und Francisco Varela (1980), die Grundvorstellungen der Kybernetik wie Autonomie und Selbstorganisierung verwendeten, um die Organisation von Lebewesen zu beschreiben.[13] Die Autopoiesis betrachtet Lebewesen als autonome Maschinen, die in der Lage sind, sich selbst zu organisieren und zu reproduzieren. Autopoietische Maschinen sind Lebensformen. Das Auto zum

[13] Varela definiert die Autopoiesis wie folgt: „Ein autopoietisches System ist organisiert wie ein Netz von Produktionsprozessen von Komponenten, die (a) durch ihre Umwandlung und Interaktion ständig das Netz erneuern, das sie hervorgebracht hat, und die (b) das System als konkrete Einheit im Raum darstellen und den topologischen Bereich spezifizieren, in dem er als Netz vorkommt." (Varela 1989: 45).

Beispiel ist eine Maschine, aber nicht autopoietisch, weil es sich aus eigenen Mitteln nicht reproduzieren kann. Luhmann übertrug die Metapher der Autopoiesis auf die Struktur der Gesellschaft. Er charakterisierte die sozialen Systeme als autopoietisch. Die Gesellschaft ist bei Luhmann ein soziales System, das sich selbst in Subsystemen wie Kunst, Politik, Recht, Familie, Religion, Wirtschaft, Bildung usw. organisiert. Es handelt sich dabei um eine posthumane Gesellschaft, in deren Zentrum nicht mehr der Mensch selbst, sondern die Kommunikation steht. Nach Luhmanns Vorstellung ist die Kommunikation eine autopoietische Maschine, die sich selbst reproduzieren kann. Die Molekularstruktur der Kommunikation hat also ähnliche Merkmale wie die Zellen von Lebewesen. So wie die Zelle für die Autopoiesis des Lebens zuständig ist, ist es die Kommunikation für die Autopoiesis der Gesellschaft und ihre Fähigkeit, sich selbst zu organisieren und zu reproduzieren. „Es geht um Reproduktion von Kommunikation aus Resultaten der Kommunikation“, so Luhmann (1996: 150).

Die Kunst ist demnach ein autopoietisches soziales System und gleichzeitig ein autopoietisches Subsystem der Gesellschaft. Davon ausgehend ist die Musik gleichzeitig ein eigenständiges autopoietisches soziales System und ein autopoietisches Subsystem des Systems Kunst. Kunst produziert und reproduziert spezifische Formen der Wahrnehmung und der Kommunikation. Eine der Eigenschaften von Kunst ist Luhmann zufolge die *Überraschung*. Wenn wir den Begriff *Überraschung* mit *Kreativität* übersetzen, lässt sich sagen, dass die Kunst *Kreativität* als Kommunikationsform produziert und reproduziert. Künstlerische Kreativität ist ein Prozess von Beobachtungen – Wahrnehmung und Kommunikation – von Kunstobjekten. Die Musik bringt Klang- und Musikobjekte hervor, die von uns wahrgenommen werden. Wir werden uns ihrer bewusst, indem wir über sie kommunizieren. Die Frage des Beobachters, die u.a. von der Kybernetik gestellt wurde, beinhaltet die Vorstellung, dass der Beobachter auch beobachtet wird, dass er also auch ein Objekt der Beobachtung ist. In der Kybernetik zweiter Ordnung geht es um eine Beobachtung zweiter Ordnung, um die Beobachtung beobachtender Systeme. Das wiederum bedeutet, dass jede Erkenntnis ein Netz ständiger unendlicher Beobachtung ist. Die Vorstellung vom Komponisten, der vor dem Computer sitzt und mit der Software Pro Tools an einer klangmusikalischen Komposition arbeitet, zeigt, wie der kreative Prozess verschiedene Arten von Tätigkeiten und Kompetenzen umfasst. Der Komponist agiert in unterschiedlichen kreativen Sphären, um Werke zu schaffen, die von der Gesellschaft beobachtet werden, wie z.B. musikalische

Aufführung, CD, mp3-Datei, Kommentare in Medien, Internet, Blogs usw.

Die Anwendung der Theorie der Autopoiesis auf die Gesellschaft (oder den künstlerischen Schaffensprozess) kann mit der Begründung abgelehnt werden, dass die Kommunikation nicht die molekulare und organische Lebendigkeit biologischer Systeme besitzt. Varela erklärt dazu, es sei „besser, die Anwendung des Begriffs [der Autopoiesis] auf natürliche und künstliche Systeme zu beschränken, die einem chemischen Netzwerk nahekommen" (1989: 49). Selbst wenn man die Autopoiesis beiseitelässt, kann man nicht leugnen, dass es eine Vielzahl relativ eigenständiger Bereiche musikalischer Kreativität gibt. Das fängt schon bei Disziplinen wie Theorie, Geschichte, Ästhetik und Philosophie an, die an Musikschulen und Hochschulen gelehrt werden. Die Musikforschung existiert auch unabhängig von einer musikalischen Praxis; ihr wesentliches Merkmal ist die Erzeugung von Beobachtungsgegenständen. Viele Musiktheorien wurden im Laufe der Geschichte entwickelt, und ihr Studium ist ein Beobachtungsprozess, der uns ein umfangreiches musikalisches Wissen erschließt. Die Theorie hat sich erweitert und entfaltet in musikalische Fächer wie Musikwissenschaft oder Ethnomusikwissenschaft und interdisziplinäre Gebiete wie Psychoakustik, Musikpsychologie, Musikkognition, Musiksoziologie usw. Jede musiktheoretische Tätigkeit unterscheidet sich darum von der musikalischen Praxis als relativ eigenständiges Beobachtungsfeld. Theorie und Praxis bilden auch die Grundlage des Musikstudiums, wie es seit einigen Jahrhunderten praktiziert wird. Die Kombination von Theorie und Praxis ist wesentlich, um Musik als Wissensgebiet zu verstehen. Ohne Praxis ist die Theorie steril und ohne theoretische Reflexion bleibt die Praxis mechanisch.

Aus der Perspektive der Praxis basiert das musikalische Verständnis auf dem Studium vokaler und instrumentaler Aufführungstechniken, die man individuell oder kollektiv in Klangkörpern (Chor, Kammermusik, Orchester) lernt. Aus der Perspektive der Theorie orientiert sich das musikalische Verständnis an Notationscodes und Kompositionstechniken. Die Notationscodes sind grundsätzlich Systeme für die Repräsentation klanglicher Parameter – Rhythmus, Tonhöhe, Tempo, Lautstärke, Klangfarbe usw. – sowie Anweisungen, wie die Musik aufzuführen ist. Neben der Notation helfen das Studium von Kontrapunkt, Harmonie, serieller Musik, Orchestrierung und anderen Kompositionstechniken, die Musik in ihrem historischen Kontext zu verstehen. Auch die Komposition ist zum akademischen Arbeitsfeld geworden und kann, genau wie die Theorie, mit musikalischer Praxis verbunden sein, muss es aber nicht. Der verhältnismäßig eigenständige Charakter der Komposition setzt das Vorhandensein von musikalischen Werken voraus, die sich als eigenständige Objekte zur Beobachtung stellen. Die Geschichte der europäischen Musik seit dem Mittelalter hat ein enormes Repertoire von Werken und Methoden der Beobachtung hervorgebracht: Aufführungspraxis, Aufnahme, Analyse, Theorie, Philosophie usw. Angetrieben von der Kommunikations- und Reproduktionstechnologie wurde die Musik dann von Beginn des 20. Jahrhunderts an zum globalen Phänomen. Die Tradition der europäischen Musik lebt mit anderen Traditionen von populärer Musik aus der Vergangenheit und Gegenwart zusammen. Der Prozess der Differenzierung von Musik hat auch das Gebiet der Komposition auf die neuen Bereiche technologischer und audiovisueller Kreativität wie elektroakustische Musik, Computermusik, Sounddesign, Filmmusik usw. ausgedehnt.

Die Kompositionslehre rückte ins Zentrum meines Interesses, als ich 2004 eine Stelle an der University of California, Riverside (UCR) aufnahm, zuerst als „Assistant Professor" und dann, seit 2008, als „Full Professor" der Komposition. Diese Lehrtätigkeit war in gewisser Hinsicht eine Fortsetzung meiner Arbeit als Klangregisseur im Kölner elektronischen Studio, zumal ich dort den Komponisten beibrachte, mit den Geräten und den Kompositionsmethoden der elektroakustischen Musik umzugehen. Diese berufliche Erfahrung – die Produktion von elektroakustischer Musik im Rahmen des Rundfunks – schlug sich auch in meiner Promotion nieder, die ich 2003 mit der Dissertation *Polyphonie, Forme, Art Sonore* an der Universität von Lüttich in Belgien absolvierte. Gestützt auf meine praktische Erfahrung und auf Ideen von Denkern wie zum Beispiel Wittgenstein und Luhmann entfalte ich die autopoietische Vision von der Entwicklung der Musik von der mittelalterlichen Polyphonie bis hin zur zeitgenössischen Klangkunst. Ich vertrete den Standpunkt, dass die Polyphonie das Grundprinzip der Musik ist. Sie ist die Metapher, die es uns ermöglicht, die Gleichzeitigkeit des Klangphänomens zu verstehen und sie sich in musikalischer Hinsicht zunutze zu machen (Chagas 2005).[14]

Eines der Probleme, mit denen ich mich in meiner Dissertation und auch in späteren Texten beschäftige (Chagas 2005; 2006c; 2008a), ist die Frage nach dem *Verständnis* von Musik, der ich in Wittgensteins Sinne als semiotischem Pro-

[14] Vgl. „Polyphony and Embodiment: a Critical Approach to the Theory of Autopoiesis" (Chagas 2005); der Aufsatz vertieft die Untersuchungen zur Polyphonie und zur Anwendung der Theorie der Autopoiesis in der Musik.

zess von *Lebensformen* und *Sprachspielen* nachgehe. Das Verstehen von Musik ist, so wie das Verstehen von Sprache, nur in den Kontexten möglich, in denen die musikalischen Zeichen gebraucht werden. Die Untersuchung der Polyphonie im historischen Kontext europäischer Musik – vor allem ihr erstes Auftreten im Mittelalter – erleichtert das Verständnis neuer interdisziplinärer Musikbereiche, die man als *Klangkunst* bezeichnen kann. Der Begriff *Klangkunst* schließt dabei sowohl die Musik als auch andere Formen der klanglichen Gestaltung mit ein, egal, ob sie in einem technischen, medialen oder interdisziplinären Zusammenhang stehen oder nicht. Dazu zählen: Radio, Tonaufnahmen, Tonmeister, Klangregie, Klangsynthese, Sounddesign, Raumklang, Filmmusik, Musik für Videospiele, das Entwerfen neuer Musikinstrumente, Installation, Performance, Multimedia, Interaktivität, Telematik usw.

Das Konzept der *Klangkunst* entspricht auch einer Auffassung, wonach das musikalische Zeitalter der *Reproduzierbarkeit* ins heutige der *Konnektivität* übergegangen ist, in dem wir leben (Chagas 2003; 2006b). Die Ästhetik der Konnektivität befasst sich mit der *Hybridisierung* künstlerischer, technischer und wirtschaftlicher Ideen, die sich in den alternativen Welten des digitalen Scheins verwirklichen, so wie Flusser (1997b) sie beschrieben hat. Ein Aspekt der Ästhetik der Konnektivität ist die Bedeutung des Designs. *Design* ist der hybride Kreativitätsbereich, der sich bei dem Ingenieurswesen, den Künsten und den Wissenschaften im Allgemeinen bedient. Es spielt zum Beispiel eine wesentliche Rolle bei der Entstehung digitaler Interfaces, mit denen wir im Alltag zu tun haben. Über das Design bewegen wir uns durch die Kommunikationsnetze und erhalten Zugriff auf ihre Informationen.

Der iPod ist ein Beispiel für die Rolle des Designs in der Gestaltung einer vernetzenden Kreativität. Anfangs war der iPod ein Apparat zum Musikhören, den Apple im Zusammenhang mit iTunes – dem ersten kommerziell erfolgreichen Modell zur Verbreitung digitaler Musik – vertrieben hat. Im Grunde ist iTunes eine Datenbank von digitalen Musikarchiven – Songs –, die heruntergeladen und auf den iPod übertragen werden können. Das Design von iTunes ermöglicht es, die musikalischen Informationen nach unterschiedlichen Kriterien anzuordnen und auszuwählen, zum Beispiel nach Genre, Interpret oder Albumtitel. Mit nachfolgenden iPod-Generationen kamen weitere Funktionen wie das Abspielen von Videos oder ein drahtloser Internetzugang hinzu. Die Funktionen des iPod wurden auch für das iPhone übernommen, einen hybriden Apparat, der Mobiltelefon, Musikplayer, Videoplayer, Gameboy, Computer, GPS usw. in sich vereint. Die Entwicklung vom iPod zum iPhone ist ein Beispiel dafür, wie Musik neue Kreativitätsmodelle schaffen kann, die gesellschaftliche Tendenzen vorwegnehmen.

Ein weiterer Aspekt des Designs ist seine Ambivalenz. Nach Flusser (1997c) ist die digitale Welt oberflächlich, weil das Wissen sich buchstäblich auf der Oberfläche der Apparate konzentriert. Der Glanz der Monitoroberfläche nimmt ihm die Tiefe wie eine Blackbox oder das schwarze Loch eines Universums, zu dem wir keinen Zugang haben. Deswegen schätzen wir das Design der leuchtenden Oberfläche und missachten Kunst und Technik als Quellen der Erkenntnis. Das Design macht uns bewusst, „dass alle Kultur ein Betrug ist, dass wir betrogene Betrüger sind und dass jedes Engagement an der Kultur auf Selbstbetrug hinausläuft“ (Flusser 1997c: 12). Flusser beseitigt hier jeden restlichen Glauben an eine Wahrhaftigkeit der Kultur. Die Wahrheit sei vom Holocaust ausgelöscht worden, der in seinen Augen das Ende der Geschichte darstellt; das Ende des Glaubens an ein lineares Denken; das Ende der Überzeugung, Wissen könne Fortschritt bedeuten. Die Aussicht darauf, dass die Welt und der Mensch durch einen Prozess der Selbstverneinung des eigenen Lebens vernichtet werden können, spiegelt die ambivalente Rolle der Technologie wider. Die Technologie ist ein Instrument, das sowohl für das Gute als auch für das Böse eingesetzt werden kann; sie ist gleichzeitig befreiend und apokalyptisch. Nach Flussers Auffassung tauchen die digitalen Medien und die Informations- und Kommunikationsnetze uns in die Utopie einer telematischen Gesellschaft ein, in der die Freiheit des Einzelnen zum Synonym eines schnellen und effizienten Austauschs von Informationen und Wissen wird. Andererseits begünstigen die Strukturen des globalisierten Kapitalismus die Konzentration von Macht und stärken totalitäre Strömungen, die zum Scheitern der interaktiven und konnektiven Modelle der digitalen Gesellschaft und zum Ende des telematischen Dialogs führen können.

5.2. Das Geräusch und die Komposition

In seinem Buch *Bruits* betrachtet Jacques Attali das Verhältnis von Musik, Macht und Gewalt und sorgte damit an amerikanischen Universitäten für großes Interesse. Die englische Übersetzung des Buches erschien unter dem Titel *Noise* mit einem Nachwort von Susan McClary (1985), der vielleicht wichtigsten Vertreterin der „New Musicology:. Darin schreibt sie, *Noise* werfe eine Menge provokanter Fragen auf und entfache damit einen buchstäblichen „Lärm“ in der

Stille, die den Hochschulen durch die Musiktheorie und -geschichte und die traditionellen Aufführungspraktiken auferlegt worden war. McClary weist außerdem auf die Notwendigkeit eines Umdenkens in der Musikgeschichte hin, und zwar aus subjektiver Sicht und Berücksichtigung ihrer jeweiligen sozialen Grundlage. Diese subjektive Betrachtung widerspricht posthumanen und phänomenologischen Ansätzen, wo die Musik im Allgemeinen durch abstrakte, absolute Modelle – akustische, mathematische, kognitive usw. – und Computersprachen dargestellt wird. Attalis Betrachtungen sind auch deswegen wichtig, weil sie die Frage des Musikverstehens im Zusammenhang mit den neuen Strukturen der digitalen Gesellschaft stellen.[15] Im Anschluss wollen wir einige Aspekte von Attalis Denken beleuchten, um die neuen pulsierenden Knotenpunkte musikalischer Kreativität hervorzuheben.

Attali geht vom Gegensatz Geräusch vs. Musik aus, womit er auf eine ähnliche Zweideutigkeit hinweist, wie sie, wie bereits angesprochen, bei Autoren wie Benjamin und Flusser zu finden ist, und zwar in Bezug auf die widersprüchliche Rolle der Technologie als gleichzeitiges Instrument der Freiheit und der Unterdrückung. Das Geräusch repräsentiert die Unordnung, das Chaos. Attali zufolge ist das Geräusch „Quelle der Freiheit, der Transzendenz, des Traums, der Forderung und des Aufruhrs" (2001: 15). Musik ist die Kontrolle des Geräuschs. Sie repräsentiert die Macht über das Geräusch – Macht im Allgemeinen, aber auch die Subversion von Macht. Attali hebt hervor, dass es „keine Macht ohne die Kontrolle des Geräuschs gibt, ohne Regeln, nach denen man die Klänge analysiert, bezeichnet, einschränkt, bändigt, unterdrückt und kanalisiert" (2001: 16). Ich halte diese Definition für ungenügend und verwirrend, da sie nicht zwischen Geräusch und Klang unterscheidet. Attali behandelt nämlich diese beiden Begriffe als Synonym für alles, was man wahllos auf der Welt hört – mit anderen Worten: die akustische Umwelt.

Indirekt bezieht sich Attali auf die Auffassung von Musik als *organisiertem Klang*, einem Begriff, der angeblich von Edgard Varèse in die Welt gesetzt wurde und manchen Komponisten und Theoretikern der elektroakustischen Musik als Orientierung dient. Wenn man Musik als organisierten Klang bezeichnet, dann definiert man gleichzeitig Geräusch als *unorganisierten Klang*.

[15] Die erste Ausgabe von *Bruits* erschien 1977. Mit den neuen Formen musikalischer Kreativität beschäftigt sich Attali vorwiegend in der zweiten Ausgabe (2001), die allerdings nicht ins Englische übersetzt wurde.

Der organisierte Klang – also die Musik – verbindet die Menschen, verstärkt das Gemeinschaftsgefühl und festigt die Machtbeziehungen. In gleichem Maße ist sie aber auch Quelle von Freiheit, von individueller und kollektiver Transzendenz; Musik drängt dazu, Regeln zu brechen und Grenzen zu überschreiten. So entfaltet sich der widersprüchliche Gegensatz Geräusch vs. Musik innerhalb der Musik selbst: Musik organisiert das Geräusch und kontrolliert so Macht und Gewalt, aber gleichzeitig löst sie diese Organisation wieder auf, indem sie neue Geräusche einführt, die wiederum kontrolliert und in neue Musiken verwandelt werden müssen usw. Die Kontrolle des Klangs bedeutet Macht.

Aus einem historischen, evolutiven Blickwinkel schlägt Attali vier Kategorien für die Betrachtung von Subjektivität in der Musik vor: *Opfern*, *Repräsentieren*, *Wiederholen*, *Komponieren*. In der ersten Kategorie – *Opfern* – entsteht die Musik aus dem Ritual der Opferung; ihre Funktion ist es, die Gewalt zu kontrollieren und zu zeigen, dass die Gesellschaft möglich ist. Die Musik manipuliert das Geräusch, um es zu bändigen und so die Gewalt zu zähmen (Attali 2001: 45). Attalis Vorstellung vom Ritual spiegelt sowohl anthropologische, strukturelle Ansätze von Levi-Strauss als auch die Ästhetik der *musique concrète* wider. Bezieht man sich auf die drei bereits in Abschnitt 3.2. beschriebenen Erkenntniskategorien – das Wahrnehmen (hören), das Speichern (aufnehmen) und das Wiedergeben (reproduzieren) –, die sich wie gesagt den drei prototypischen Apparaten der *musique concrète* – Mikrofon, Aufnahmegerät und Lautsprecher – zuordnen lassen, so lässt sich sagen, dass Attali die Geräusche der Welt hört, aufnimmt und wiedergibt. In dieser Hinsicht tut er Ähnliches wie der Anthropologe Levi-Strauss, der die Eindrücke seiner Forschungsreise durch Brasilien in den dreißiger Jahren in seinem Buch mit dem symbolischen Titel *Traurige Tropen* festhielt. Attali scheint jedoch nicht die Nostalgie der vielen europäischen Sozialwissenschaftler vom Anfang des 20. Jahrhunderts zu teilen, die sich auf die ethnographische Reise nach Übersee wagten. Als zeitgenössischer Forscher erforscht er eher das virtuelle Territorium der Geschichte und speziell die Machtverhältnisse und die Gewalt in der Welt. Attali lehrt uns, die Rituale der Gewalt zu hören, die in der digitalen Welt entstehen.

Vom Simulacrum des rituellen Todes (der Kategorie *Opfern*) ging die Musik über zu jenem des Tauschs und der Harmonie und damit zur Kategorie *Repräsentieren*. Die Repräsentation orientiert sich an der Logik des Marktes und des Geldes. Die Musik wird zu einer Form merkantilistischer Darstellung, der „Affirmation einer im Tausch möglichen Harmonie“ (Attali 2001: 109). Die Entwicklungsstufen der europäischen Musik vom Barock zur Klassik, zur Romantik und zur zeitgenössischen Musik sind Instanzen der Repräsentation, die mit spezifischen Machtstrukturen zusammenhängen. Im Kontext der Repräsentation wird das Geräusch als Dissonanz und die Musik als Konsonanz kodifiziert. Wieder hat die Musik eine doppelte Funktion: Während sie Harmonie innerhalb der Gesellschaft stiften soll, um z.B. Leiden zu simulieren, muss sie gleichzeitig begeistern und verführen und deswegen dissonante Geräusche hervorbringen. Also produziert sie ständig Geräusche in Form von Dissonanz, die in Konsonanz umgestaltet wird, die wiederum in Dissonanz umgewandelt wird usw. Die Dissonanzen z.B., die Wagner und Schönberg ins tonale System einarbeiteten, führten zur Atonalität und zur seriellen Musik, die wiederum die Ästhetik der elektronischen Musik des Kölner Studios beeinflussten. Die ästhetischen Richtungen der Musik des 20. Jahrhunderts entwickelten unterschiedliche Auffassungen von Dissonanz und Konsonanz, die als Instanzen des Gegensatzes Klang vs. Geräusch zu betrachten sind. Die elektroakustische Musik der fünfziger Jahre machte den Unterschied zwischen Klang und Geräusch zum zentralen Punkt ihrer Ästhetik.

Die Tonaufnahme kennzeichnet die dritte Kategorie – das *Wiederholen* (oder *Reproduzieren*). Aufgenommene Musik lässt sich serienmäßig reproduzieren, wie ein Konsumgut. Durch die Aufnahme wird die Musik zum Simulacrum eines individuellen Opfers. Die musikalische Reproduktion erzeugt außerdem ein auditives Gedächtnis. Attali zufolge (2001: 201) „ist die Anhäufung von Musik abermals eine Beschwörung des Todes." In der heutigen Gesellschaft wird Musik in Form von Dateien in digitalen Datenbanken (iTunes) angehäuft. Die Dateien (Songs) können übertragen und mit Computern oder mobilen Abspielgeräten (iPod, iPhone), die neue, individuelle Hörbedingungen schaffen, als Töne entschlüsselt (und außerdem mit Bildern kombiniert) werden. Das Hören mit Kopfhörern schließt die Umgebung aus und unterdrückt Umweltgeräusche. Die von Lautsprechern wiedergegebene Musik mutiert zum Hintergrundgeräusch in Autos, Bussen, Bahnhöfen, Flugzeugen, Flughäfen, Geschäften, Restaurants, Supermärkten, Arztpraxen, Büros, Fahrstühlen usw.

Die Wiederholung (Reproduktion) wurde außerdem Grundlage einer musikalischen Kreativität, die sich die Reproduzierbarkeit und Konnektivität von Klangobjekten zu Eigen macht – Rhythmen, Melodien, Harmonien usw. Sie findet sich in so unterschiedlichen Richtungen wie Minimalismus (Reich, Adams, Glass) und Hip-Hop. Mit Hilfe digitaler Technologie lassen sich die kompositorischen Techniken, die auf der Idee der Wiederholung basieren, perfektionieren und erweitern. Die Technik des Loops, typisch für Drumcomputer und Sequencer, ist ein Beispiel dafür, wie die automatische Wiederholung durch analoge und digitale Maschinen in die Komposition eingeflossen ist. Die musikalische Wiederholung erweist sich außerdem als symbolischer Prozess der Erzeugung von *Gedächtnis* durch Anhäufung von Objekten aus dem Repertoire. Karaoke ist z.B. eine neue Form von musikalischer Praxis, die selektiv auf das kollektive musikalische Gedächtnis zugreift.

Die vierte und letzte von Attali aufgestellte Kategorie ist die *Komposition.* Dies ist die wichtigste Kategorie, denn sie bringt seine optimistische Vision von der Zukunft zum Ausdruck:

> Heute beginnt eine neue Ära, die sich mit den alten Werkzeugen des Denkens weder vorhersehen noch vorstellen ließ. Es wird weder eine Rückkehr zum Ritual noch eine Rückkehr zum Spektakel sein, weil beide durch den Durchgang der Wiederholung niedergeschlagen wurden; im Gegenteil, es wird das Aufkommen einer radikal neuen Form von politischer Ökonomie (Attali 2001: 255).
>
> [Aujourd'hui commence une nouvelle ère que les outils anciens de la pensée ne permettent ni de prévoir ni même d'imaginer. Ce ne sera ni un retour au rituel, ni un retour du spectacle, l'un et l'autre broyés par le passage de la répétition ; mais, au contraire, l'avènement d'une forme radicalement neuve de l'économie de la politique.]

Attali vertritt den Standpunkt, Musik habe die Fähigkeit, gesellschaftliche Veränderungen vorwegzunehmen. Die Musik sieht die Zukunft voraus. Jedes Mal, wenn eine Veränderung bevorsteht, macht sich die Musik als eine Form der Organisation von Gewalt bemerkbar. Um die Zukunft zu verstehen, muss man sich der Wissenschaften bedienen, die mit der Immaterialität der Information umgehen, so Attali. Ihm zufolge betreten wir eine neue Ära der Kreativität, die von der Komposition beherrscht wird. Wir werden komponieren „aus Freude daran, sich spielen zu hören, aus Spaß an der Improvisation, am Komponieren und daran, seine Komposition außerhalb des Marktes zu teilen“ (2001: 226). Die Komposition ist eine Form der Revolte gegen die Wiederholung in der Gesellschaft. Attali erwähnt den Free Jazz, den Reggae in Jamaika, und den Rap in den USA als Beispiele von Ästhetiken, die sich gegen diese Wiederholung der Gesellschaft aufgelehnt haben, indem sie auf das *Recht der Improvisation* pochten.

Im Netzwerkkapitalismus der heutigen Gesellschaft hängt der Marktwert einer Information davon ab, inwieweit sie die Menschen, die sie verwenden, miteinander verbinden kann. Attali äußert die Hoffnung, die Musik könne neue Organisationsformen hervorbringen, die im Zeichen des Spiels und der Freude stehen und in denen der Tausch in nichtkommerziellen Strukturen stattfindet. Musikkonsumenten werden gleichzeitig Schöpfer, die Datenbanken manipulieren, Klänge verwandeln und Musik wie virtuelle DJs komponieren. Attali stellt zwei gegensätzliche Kompositionsbegriffe gegenüber: Bei dem ersteren, von Cage vertreten, soll der Komponist dem Drang widerstehen, den Klang kontrollieren zu wollen. Das bedeutet, dem Klang eine eigenständige Existenz zu lassen statt ihn als Vehikel für Theorien oder Gefühle zu missbrauchen. Die gegenteilige Vorstellung, wie sie Boulez vertritt, ist die logozentrische und absolutistische Überzeugung, nach der die Komposition ein erworbenes Wissen darstellt und für die Masse nicht zugänglich ist.

Mit der phänomenologischen Utopie einer telematischen Gesellschaft entwirft Flusser ein von der Kammermusik inspiriertes Kommunikationsmodell, in dem sich die Interpreten dem Austausch musikalischer Informationen durch einen raffinierten subjektiven Dialog widmen. In der posthumanen Gesellschaft findet der telematische Dialog statt: Die „Komponisten" – Menschen und intelligente Maschinen – improvisieren gleichzeitig an verschiedenen Orten und zu verschiedenen Zeiten nach bestimmten Regeln, die einen Konsens bilden und sich allerdings ständig ändern. Attalis Utopie der Komposition vermittelt – obwohl sie von subjektiven Voraussetzungen ausgeht, die sich von Flusser wesentlich unterscheiden – eine ähnliche existentielle Grundeinstellung:

> Die Komposition kündigt ein soziales System an, das über den Bereich der Musik hinausgeht: Die Freude, Musik zu machen, sie kostenlos zu hören und anderen zu geben, skizziert eine Gesellschaft, in der sich jeder in der Schöpfung und im Austausch von Schöpfungen erfüllen würde. Wo jeder lernen würde, sich selbst zu entdecken, sich selbst zu lieben, dann Freude daran zu haben, von anderen entdeckt zu werden und dann zu geben, ohne etwas dafür zu erwarten (Attali 2001: 279-80).
>
> [La composition annonce un système social qui dépasse le domaine de la musique : le plaisir de faire de la musique et de la donner gratuitement à entendre

et à d'autres esquisse une société où chacun se réaliserait dans la création et dans l'échange de créations. Où chacun apprendrait à se découvrir, à s'aimer soi-même pour trouver ensuite du plaisir à être découvert par l'autre puis à donner sans rien attendre de retour.]

6. Coda: der mögliche Tausch

In den vorherigen Untersuchungen habe ich einige Modelle musikalischer Kreativität aus historischer Sicht dargestellt. Ausgehend von der *musique concrète* und der elektronischen Musik habe ich mich mit Ästhetiken und Tendenzen auseinandergesetzt, die sich in der gegenwärtigen Realität der digitalen Welt entfalten. Der Gebrauch von Computern und Internet ist heute selbstverständlich. Das Prinzip des „Austauschs von Informationen" im Netz kennzeichnet die Idee von Freiheit, in den von Flusser und Attali entworfenen Utopien der digitalen Welt. Beide Autoren betonen die Möglichkeit des Tauschens, und dadurch unterscheiden sie sich von Baudrillard (1999) – einem ebenfalls an amerikanischen Universitäten beachteten Denker. Bei Baudrillard ist der Tausch unmöglich. Zum Abschluss befasse ich mich zuerst mit Baudrillards These vom „unmöglichen Tausch" und stelle daraufhin den Entwurf eines semiotischen Modells zur Untersuchung der musikalischen Kreativität in der posthumanen Gesellschaft vor.

Die Möglichkeit des Tauschs entsteht, wie bereits gesehen, aus einer Netzstruktur von mehrpoligen, multiplen Verbindungen und Beziehungen, die kennzeichnend ist für die Kommunikation in der digitalen Welt. Diese Struktur regt eine vom Universum der Musik inspirierte Form der Kreativität in der posthumanen Gesellschaft an, die mit dem Gedanken des telematischen Dialogs (Flusser) oder der Vorstellung von Komposition (Attali) verknüpft ist. Flussers Phänomenologie eröffnet Perspektiven zur Untersuchung der Apparate, ihrem Gebrauch, ihrer Logik, ihren semiotischen Konnotationen und ihrer Wirkung auf das Denken. Die politische Ökonomie der Musik untersucht die Subjektivität der Macht, die „materielle und soziale Unvollkommenheit der Welt, in der wir leben" (McClary 1985: 150). Attali analysiert soziale Prozesse der Kanalisierung von Gewalt, die sich aus dem dialektischen Verhältnis von Geräusch und Musik erklären. Er zeigt neue Formen der Anordnung der Welt auf, während Flusser die Idee von alternativen Welten entwirft. Sowohl bei Attali als auch bei Flusser tritt die musikalische Kreativität als Paradigma gesellschaftlichen Wandels hervor.

Für Baudrillard liegt die Unmöglichkeit des Tauschs an der Ungewissheit der Welt. Die Welt hat kein Äquivalent, sie kann gegen nichts eingetauscht werden. Entgegen Flussers und Attalis Behauptung gibt es nichts, das man auf der Welt tauschen könnte, keine Information. Was u.a. bedeutet, dass die ökonomische Sphäre – die Sphäre allen Tauschs – in ihrer Gesamtheit gegen nichts ausgetauscht werden kann. Die derzeitige Krise des Kapitalismus, die seit September 2008 in der ganzen Welt spürbar ist, wurde durch die Einschränkung der Kredite in der Weltwirtschaft ausgelöst. In Folge dieser Krise verringerten sich die Tauschaktionen zwischen Gläubigern und Schuldnern auf radikale Weise. Das Tauschsystem, das Institutionen wie Banken, Firmen und Individuen umfasst, hatte eine Spirale virtuellen Kredits globalen Ausmaßes erzeugt. Irgendwann brach diese Spirale in sich zusammen. Es wurde sehr viel schwieriger – und für viele unmöglich –, einen Kredit zu bekommen. Das führte zu einem Einbruch der Tauschaktionen, die auf der Grundinformation des wirtschaftlichen Systems beruhen: auf dem Geld.

Die aktuelle Kapitalismuskrise zeigt erneut, dass man Geld gegen nichts tauschen kann. Baudrillard sagt: „Nirgends gibt es eine metaökonomische Äquivalenz der Ökonomie, da ist nichts, gegen das sie sich als solche austauschen könnte, nichts, um sie in einer anderen Welt freizukaufen. Sie ist gewissermaßen insolvent, jedenfalls nicht für ein Gesamtverständnis aufzulösen" (Baudrillard 1999: 12). Die einzige Gewissheit auf der Welt ist die Ungewissheit, von der sowohl die Ökonomie als auch andere Sphären betroffen sind – Politik, Recht, Ästhetik, Biologie usw. Die Ungewissheit betrifft selbst die Sphäre des Realen, die sich nicht mehr gegen die der Zeichen austauschen lässt. Genau wie die Ökonomie wird das Reale immer ungewisser. Wir leben im Zeitalter der Simulation, der Spekulation einer virtuellen Realität. Dasselbe Prinzip der Spekulation, das den Kapitalmarkt organisiert, organisiert auch Unterhaltungsmodelle wie Online-Kasinos und YouTube. All diese Modelle erkunden die Möglichkeiten der Kommunikation im Netz. Heute erleben wir eine Ansammlung virtuellen Tauschs im Internet, der sich auf alle Bereiche der Gesellschaft ausdehnt. Wenn Tausch aber unmöglich ist, wie Baudrillard sagt, dürfte es auch keinen Tausch im Internet geben. Mit anderen Worten: Das, was sich normalerweise virtueller Tausch nennt – alles, was auf digitalem Wege kommuniziert wird –, ist auch unmöglich. Wie also verhält es sich angesichts des unmöglichen Tauschs mit der Utopie vom Informationstausch?

Ohne näher auf Baudrillard eingehen zu wollen (das wäre Thema eines anderen Aufsatzes), stelle ich abschließend ein Modell musikalischer Kreativität vor, dass auf dem semiotischen Quadrat von Hayles (1999: 247-282) beruht:

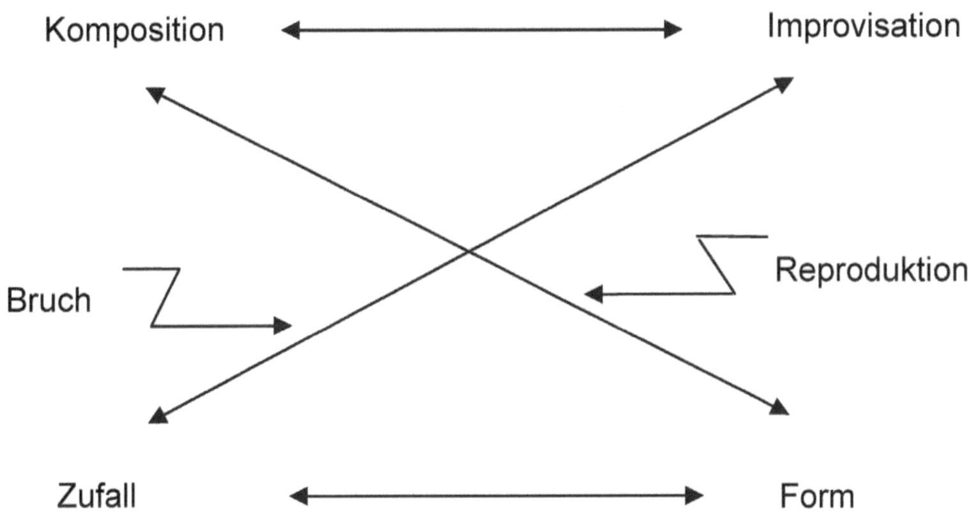

Figur 1: Die Semiotik der musikalischen Kreativität.

In der semiotischen Struktur von Figur 1 steht die Dialektik von *Komposition* bzw. *Improvisation* in der Primärachse und die von *Zufall* bzw. *Form* in der Sekundärachse.[16] Beide Achsen stehen sich nicht gegenüber, sondern schließen sich aus. Die Diagonale Komposition/Form wird als *Reproduktion* bezeichnet; die Diagonale Improvisation/Zufall im Kontrast dazu als *Bruch*. Komposition und Improvisation ersetzen hier den Gegensatz *Anwesenheit/Abwesenheit* in Hayles semiotischem Quadrat zur posthumanen Virtualität (Vgl. Hayles 1999: 248).

Die von Hayles dargestellte Dialektik von *Anwesenheit* und *Abwesenheit* findet sich auch im Konzept des Kunstwerks. Unser musikalisches Verständnis ist geprägt vom Begriff des *musikalischen Werkes*. Die Komposition symbolisiert die Anwesenheit des Kunstwerks; die Improvisation dessen Abwesenheit. Die

[16] Die von Hayles benutzten Begriffe sind „randomness" und „pattern" (vgl. Hayles 1999: 247-248). Die deutschsprachige Übersetzung von „pattern" wäre eigentlich „Muster", „Form" schien mir aber geeigneter, da der damit verbundene Begriff breit gefächert ist und die Idee von Organisation, die in „pattern" enthalten ist, besser wiedergibt.

Anwesenheit bzw. Komposition stellt eine dynamische Beziehung zur Form her, die seine Reproduktion gewährleistet. Die Abwesenheit bzw. Improvisation bricht mit der Illusion von Anwesenheit und „offenbart ihre mangelnde originäre Vollständigkeit“ (Hayles 1999: 248). Im Attalis Sinne könnte man die Achse *Zufall/Form* durch *Geräusch/Musik* ersetzen.

Eine der Charakteristiken des semiotischen Quadrats besteht darin, dass man die Struktur des Quadrats auf jeden der einzelnen Pole rekursiv neu anwenden kann. Zum Beispiel können wir uns die Improvisation als eine Grundlage der Kreativität vorstellen, in der sich dann die dialektischen Achsen Komposition/Improvisation, Zufall/Form und die Diagonalen Bruch/Reproduktion wiederholen. Dasselbe rekursive Verfahren lässt sich auf die Komposition und jedes andere Element des semiotischen Quadrats anwenden, und zwar unendlich oft.

Die Improvisation ist eine Grundlage musikalischen Schaffens, die auf dem Zufall beruht und im Laufe der Musikgeschichte in unterschiedlicher Form auftritt. Als Ornament zum Beispiel spielte sie eine entscheidende Rolle bei der Entwicklung der mittelalterlichen Polyphonie (Chagas 2003). In der Musik des 20. Jahrhunderts diente das Ornamentale unter anderem der Organisation von Klangfarben in der Instrumentalmusik, der Verfremdung von Klangobjekten in der *musique concrète*, der Entwicklung der klanglichen Synthese in der elektronischen Musik oder der auf Zufallsmodellen basierenden Computerkomposition (Algorithmisch Komposition). Der Sample – die mit dem Computer manipulierbare Klangeinheit – ist das typische Klangobjekt der digitalen Welt. Genauso ist die Klangsynthese ein Klangobjekt in der elektroakustischen Komposition. Der DJ improvisiert, indem er Samples manipuliert. Der Musikverbraucher improvisiert, indem er Songs von iTunes runterlädt. Sein Hörerlebnis ist geprägt von jenen Klang- und Musikobjekten, die er selektiert und sortiert.

Die Dialektik von Komposition und Improvisation reproduziert sich im Prozess der Komposition. Komponisten wie Bach, Mozart, Beethoven und viele andere improvisierten auf Tasteninstrumenten, bevor sie die Musik aufs Papier brachten. Die Improvisation von Klangfarben ist ein kompositorisches Prinzip in der Musik, sowohl in der instrumentalen als auch in der elektroakustischen. Der Komponist improvisiert mit Tönen, Rhythmen, Melodien, Akkorden, Klangfarben usw. oder im Falle der elektroakustischen Musik mit Klangobjekten. Jede Form, einschließlich der musikalischen, entsteht aus der dialektischen Beziehung zwischen Zufall und Form. Heute improvisieren Musiker auf dem Computer und benutzen dabei Notations-, Kompositions-, Schnitt- und Klangbearbeitungsprogramme. Auch die künstlerische Zusammenarbeit ist insofern ein Improvisationsvorgang, als sie subjektive, zwischenmenschliche und/oder posthumane Kommunikation beinhaltet. Jede Form, einschließlich der musikalischen, mehrt die Redundanz und schafft Vielfalt auf der Welt. Kunstwerke, so Luhmann (1987: 183), erzeugen imaginäre Zeiten und Räume. Die Kommunikation eines Kunstwerks hängt von seiner Fähigkeit ab, die Redundanz in Zeit und Raum zu verdichten und so ein höheres Maß an Varietät zu gewährleisten.

Die Frage der Komposition muss man auch in Bezug auf die Gestaltung des Klanges in der Gesellschaft stellen, auf das, was man heute als akustische Kommunikation bezeichnet. Der Begriff deutet auf den Differenzierungsprozess der Klanggestaltung und auf die damit verbundene Vermittlung von Wissen, Erfahrung, Werte usw. hin. Darüber hinaus verweist er auf eine akustische Kreativität, die sich parallel zu der elektroakustischen Musik entwickelte und teilweise der gleichen technischen Apparate bzw. gestalterischen Mitteln bediente. Beispiele dafür sind das Sounddesign (Hörspiel, Film, audiovisuelle Kunst) und die Klangkunst (Hörskulptur, Videoinstallation usw.). Nach Werner steht das Sounddesign „in Wechselwirkung mit der auditiven Kultur als Ganzem" wie z.B. Multimedia und Spielwelten. Diese „teilen mit elektronischer Musik im Konzertsaal und Virtual Audio ein intensives Sound-Processing" (Werner 2009: 34). Das Zusammenspiel von gestalterischen und forschenden Perspektiven ist ein wichtiger Aspekt der akustischen Kreativität. Es geht nicht nur darum, neue Klänge zu schaffen, sondern darum, „konstruktiv-konstruktivistische Prozesse zu stärken", wie Werner betont (ebd.).

Die Notwendigkeit, die Dialektik, Redundanz/Vielfalt zu artikulieren, verleiht der Komposition eine gewisse Ambivalenz. Vom Standpunkt der politischen Ökonomie der Musik aus kann die Komposition sowohl Vielfalt erzeugen als auch Wiederholungstendenzen verstärken. Das zumindest entspricht dem, was ich in meinen Kompositionskursen an der UCR zurzeit beobachte, was wiederum Thema einer anderen Abhandlung wäre. Ich möchte an dieser Stelle meine Ausführungen mit der Behauptung beschließen, dass, anders als Baudrillard gesagt hat, Tausch möglich ist. Musikalische Kreativität ist der Beweis dafür.

Literaturverzeichnis

Attali, Jacques (2001). *Bruits. Essai sur l'économie politique de la musique*. Paris: Fayard/PUF.

Baudrillard, Jean (1999). *L'Échange impossible*. Paris: Galilée.

Benjamin, Walter (1977). „Das Kunstwerk im Zeitalter seiner technischen Reproduzierbarkeit." In: Ders., *Illuminationen: ausgewählte Schriften*, (136-169). Frankfurt a. M.: Suhrkamp.

Bennet, Gerald (1970). „Repères électro-acoustiques." *Musiques Electroniques.* Contrechamps 11, 29-52. [Engl. Originaltext: *Notes on Electroacoustic Music.* http://www.gdbennett.net/texts/Contrechamps_article.pdf (abgerufen 01.02.2021).

Boulez, Pierre (1966). *Releves d'apprenti*. Paris: Editions du Seuil.

Braunmuehl, Hans Joachim von (1938). „Akustik von Senderäumen." In: H. J. Weinbrenner (Hrsg.), *Handbuch des Deutschen Rundfunks*, (70-73). Heidelberg; Berlin: Kurt Vowinckel Verlag.

Chagas, Paulo C. (2000a). „Der Pluralistische Raum: die Produktion des Studios für Elektronische Musik des WDR in den 90er Jahren. Eine Einführung und Dokumentation. Teil I." *Mitteilungen DEGEM* 35, 27-31.
Vgl. Paulo C. Chagas: Der Pluralistische Raum: die Produktion des Studios für Elektronische Musik des WDR in den 90er Jahren. Eine Einführung und Dokumentation. Teil I, in: *Zwischen Klängen und Apparaten: Zur Theorie und Praxis der elektronischen Musik*, Remscheid: Rediroma-Verlag 2021, S. 68-80.

Chagas, Paulo C. (2000b). „Der Pluralistische Raum: die Produktion des Studios für Elektronische Musik des WDR in den 90er Jahren. Eine Einführung und Dokumentation. Teil II." *Mitteilungen DEGEM* 36, 44-51.
Vgl. Paulo C. Chagas: Der Pluralistische Raum: die Produktion des Studios für Elektronische Musik des WDR in den 90er Jahren. Eine Einführung und Dokumentation. Teil II, in: *Zwischen Klängen und Apparaten: Zur Theorie und Praxis der elektronischen Musik*, Remscheid: Rediroma-Verlag 2021, S. 81-100.

Chagas, Paulo C. (2000c). „Der Pluralistische Raum: die Produktion des Studios für Elektronische Musik des WDR in den 90er Jahren. Eine Einführung und Dokumentation. Teil III." *Mitteilungen DEGEM* 37, 30-36.
Vgl. Paulo C. Chagas: Der Pluralistische Raum: die Produktion des Studios für Elektronische Musik des WDR in den 90er Jahren. Eine Einführung und Dokumentation. Teil III, in: *Zwischen Klängen und Apparaten: Zur Theorie und Praxis der elektronischen Musik*, Remscheid: Rediroma-Verlag 2021, S. 101-119.

Chagas, Paulo C. (2000d). „Paradoxien der Elektronischen Musik: Wozu braucht man das Elektronische Studio." *Mitteilungen DEGEM* 38, 31-33.

Vgl. Paulo C. Chagas: Paradoxien der Elektronischen Musik. Wozu braucht man das Elektronische Studio, in: *Zwischen Klängen und Apparaten: Zur Theorie und Praxis der elektronischen Musik*, Remscheid: Rediroma-Verlag 2021, S. 120-126.

Chagas, Paulo C. (2001). „Zur Zukunft des Elektronischen Studios: die künstlerische Herausforderung.“ *MusikTexte* 88, 17-19. [Der Beitrag wurde ohne Titel veröffentlicht]

Vgl. Paulo C. Chagas: Zur Zukunft des Elektronischen Studios. Die künstlerische Herausforderung, in: *Zwischen Klängen und Apparaten: Zur Theorie und Praxis der elektronischen Musik*, Remscheid: Rediroma-Verlag 20219, S. 127-132.

Chagas, Paulo C. (2002). „Spiel und Dialog: das Komponieren mit Apparaten.“ In: E. Ungeheuer (Hrsg.), *Elektroakustische Musik. Handbuch der Musik im 20. Jahrhundert*, Band 5, (299-312). Laaber: Laaber-Verlag. [Englische Version: Vgl. Chagas 2006a]

Chagas, Paulo C. (2003a). *Polyphonie, Forme, Art Sonore*. Unveröffentlichte Dissertation, Université de Liège.

Chagas, Paulo C. (2003b). „Virtualität und Metadesign. Die Klangkunst im Zeitalter ihrer Vernetzbarkeit.“ In: G. Schmedes / H. U. Werner (Hrsg.), *VirtuReal Soundscapes Teil 1: Variationen auf Virtual Audio. Massenmedien und Kommunikation*, Bd. 147/148, (84-114). Siegen: Universität Siegen. [Englische Version: Vgl. Chagas 2006b]

Vgl. Paulo C. Chagas: Virtualität und Metadesign. Die Klangkunst im Zeitalter ihrer Vernetzbarkeit, in: *Zwischen Klängen und Apparaten: Zur Theorie und Praxis der elektronischen Musik*, Remscheid: Rediroma-Verlag 2021, S. 133-161.

Chagas, Paulo C. (2005). Polyphony and Embodiment: A Critical Approach to the Theory of Autopoiesis. *Trans – Revista Transcultural de Musica* 9. http://www.sibetrans.com/trans/article/179/polyphony-and-embodiment-a-critical-approach-to-the-theory-of-autopoiesis (abgerufen 01.02.2021).

Chagas, Paulo C. (2006a). Game and Dialogue: Composing with Machinery. In: E. Tarasti (Hrsg.), *Music and the Arts. Acta Semiotica Finnica XXIII. Approaches to Musical Semiotics 10*, (157-170). Helsinki: International Semiotics Institute.

Chagas, Paulo C. (2006b) „Virtuality and Metadesign: Sound Art in the Age of Connectivity.“ In: Erkki Pekkilä et al. (Hrsg.), *Music, Meaning and Media. Acta Semiotica Finnica XXV. Approaches to Musical Semiotics 11*, (131-147). Helsinki: International Semiotics Institute. [Deutsche Version: Vgl. Chagas 2003b; Chagas 2021]

Chagas, Paulo C. (2006c). The Blindness Paradigm: The Invisibility and Visibility of the Body. *Contemporary Music Review* 25(1/2), 119-130.

Chagas, Paulo C. (2008a). A Música de Câmara Telemática: A Metáfora de Flusser e o

Universo da Música Eletroacústica. *Ghrebh* 11. https://www.cisc.org.br/portal/jdownloads/Ghrebh/Ghrebh-%2011/05_chagas.pdf (abgerufen 01.02.2021).

Chagas, Paulo C. (2008b). Composition in Circular Sound Space: Migration 12-Channel Electronic Music (1995-97). *Organised Sound* 13(3), 189-198.

Chion, Michel (1983). *Guide des objets sonores*. Paris: INA Buchet/Chastel.

Chion, Michel (1998). *Le Son. Traité d'acoulogie*. Paris: Editions Nathan.

Dahlhaus, Carl (1970). „Ästhetische Probleme der elektronischen Musik." In: F. Winckel (Hrsg.), *Experimentelle Musik*, (81-90). Berlin: Mann-Verlag.

Dahlhaus, Carl (1978). *Die Idee der absoluten Musik*. Kassel: Bärenreiter.

De Kerckhove, Derrick (2001). *The Architecture of Intelligence*. Basel: Birkhäuser.

Deleuze, Gilles / Guattari, Félix (1980). *Mille plateaux. Capitalisme et schizophrénie*. Paris: Les Éditions du Minuit.

Eimert, Herbert (1958). „What is Electronic Music." In: H. Eimert / K. Stockhausen (Hrsg.), *die Reihe* 1, (1-10). Bryn Mawr, Pa.: T. Presser Co., 1958. [dt. Originalausgabe von 1955].

Flusser, Vilém (1996). *Ins Universum der technischen Bilder* (5. Aufl.). Göttingen: European Photography.

Flusser, Vilém (1997a). *Für eine Philosophie der Fotografie* (8. Aufl.). Göttingen: European Photography.

Flusser, Vilém (1997b). *Medienkultur*. Frankfurt a. M.: Fischer.

Flusser, Vilém (1997c). *Vom Stand der Dinge. Eine kleine Philosophie des Designs*. Göttingen: Steidl Verlag.

Grajetzky, Antje (2003). *Komponisten und Ingenieure*. Saarbrücken: Pfau-Verlag.

Guattari, Félix (1992). *Chaosmose*. Paris: Galilée.

Hayles, N. Katherine. 1999. *How We Became Posthuman: Virtual Bodies in Cybernetics, Literature and Informatics*. Chicago: University of Chicago Press.

Hilberg, Frank / Vogt, Harry (2002). *Musik der Zeit 1951-2001*. Hofheim: Wolke Verlag.

Luhmann, Niklas. (1997). *Die Kunst der Gesellschaft*. Frankfurt a. M.: Suhrkamp.

Lysloff, Rene / Gay, Leslie (2003). *Music and Technoculture*. Middletown, CT.: Wesleyan University Press.

Manning, Peter (2004). *Electronic and Computer Music*. Oxford: Oxford University Press.

Maturana, Humberto / Varela, Francisco (1980). *Autopoiesis and Cognition: The Realization of Living*. Boston: D. Reidel.

McClary, Susan (1985). „The Politics of Silence and Sound." In: J. Attali, *Noise. The Political Economy of Music*, (149-157). Minneapolis, MN: University of Minne-

sota Press.
McLuhan, Marshall (1994). *Understanding Media. The Extensions of Man*. Cambridge, MA: MIT Press.
Morawska-Büngeler, Marietta (1988). *Schwingende Elektronen. Eine Dokumentation über das Studio für Elektronische Musik des WDR 1951-1986*. Köln: Tonger Musikverlag.
Pousseur, Henri (1970). *Fragments théoriques I sur la musique expérimentale*. Bruxelles: Editions de l'Institut de Sociologie de l'Université Libre de Bruxelles.
Roads, Curtis / Strawn, John (Hrsg.) (1985). *Foundations of Computer Music*. Cambridge, MA: MIT Press.
Roads, Curtis (1996). *The Computer Music Tutorial*. Cambridge, MA: MIT Press.
Risset, Jean-Claude (1990). „Composer le son: expériences avec l'ordinateur, 1964-1989." *Musiques Electroniques*. Contrechamps 11, 107-126.
Schaeffer, Pierre (1966). *Traité des objects musicaux*. Paris: Seuil.
Sloterdijk, Peter (1998). *Der starke Grund, zusammen zu sein. Erinnerungen an die Erfindung des Volkes*. Frankfurt a. M.: Suhrkamp.
Smalley, Denis (1986). Spectro-morphology and Structuring Processes. In: S. Emmerson (Hrsg.), *The Language of Electroacoustic Music*, (61-93). London: Macmillan Press.
Taylor, Timothy (2001). *Strange Sounds. Music, Technology and Culture*. New York: Routledge.
Ungeheuer, Elena (1992). *Wie die elektronische Musik „erfunden" wurde. Quellenstudie zu Werner Meyer-Epplers Entwurf zwischen 1949 und 1953*. (Kölner Schriften zur Neuen Musik; Band 2). Mainz: Schott.
Ungeheuer, Elena (2002). „Elektroakustische Musik. Ansätze zu einer Klassifikation." In: E. Ungeheuer (Hrsg.), *Elektroakustische Musik. Handbuch der Musik im 20. Jahrhundert Band 5*, (21-35). Laaber: Laaber-Verlag.
Varela, Francisco J. (1989). *Autonomie et connaissance. Essai sur le vivant*. Paris: Seuil. [engl. Originaltext: Varela, F. J. (1979). *Principles of Biological Autonomy*. New York: North Holland.]
Weinbrenner, Hans-Joachim (Hrsg.) (1938). *Handbuch des Deutschen Rundfunks*. Heidelberg; Berlin: Kurt Vowinckel Verlag.
Werner, Hans U. (2005). „Pionier der Klanggestaltung. Heinrich Schütz (1921-2005)." *MusikTexte* 105, 2.
Werner, Hans U. (2009). „EinKlang, VielKlang, AllKlang. Akustische Kreativität in Klangökologie und Soundscape-Design." In: G. Spehr (Hrsg.), *Funktionale Klänge. Hörbare Daten, klingenden Geräte und gestaltete Hörerfahrung*, (19-43). Bielefeld: Transcript Verlag.

Wierner, Norbert (1948). *Cybernetics: Or Control and Communication in the Animal and the Machine*. Cambridge, MA: MIT Press.
Wishart, Trevor (1996). *On Sonic Art*. London: Routledge.

12. Die kybernetische Zirkularität in der elektronischen Komposition

Projektion 12-kanalige elektronische Musik.
Projektion 12-kanalige Klanginstallation[1]

Ich habe das Stück *Projektion* zwischen 1995 und 2000 in zwei verschiedenen Etappen im Studio für Elektronische Musik des WDR realisiert. Es war die letzte Produktion des elektronischen Studios in der Annostraße.[2] Es gibt zwei Versionen des Werkes: *Projektion 12-kanalige elektronische Musik*[3] (Dauer: 17'28'') und *Projektion 12-kanalige Klanginstallation* (Dauer 104'48''). In diesem Aufsatz werde ich die Entstehung des Stückes und die grundlegenden Aspekte der Komposition in Zusammenhang mit dem Konzept der kybernetischen Zirkularität erläutern.

Projektion setzt sich mit einigen Ideen und Visionen der Analog-Ära der elektronischen Musik auseinander, u.a. mit den Konzepten der „parametrischen" Komposition und der Klangraum-Komposition. Die parametrische Komposition ist eine Weiterentwicklung der seriellen Musik. Die elektronische Musik knüpft an das serielle Denken, das mit der Zwölftontechnik von Arnold Schönberg in den 1920er Jahren erfunden wurde. Es war vor allem die Vorstellung der Klangfarbenkomposition, welche in der Musik von Anton Webern radikal umgesetzt wurde, durch die Komponisten der Nachkriegszeit Ansätze für die Entwicklung einer Ästhetik der elektronischen Musik fanden. Das serielle Denken dient u.a. als Grundlage der Klangfarbensynthese mit dem elektronischen Material wie z.B. für der Zusammensetzung von Sinustönen zu Klangfarben in elektronischen Stücken wie *Studie I* (1953) und *Studie II* (1954) bei Karlheinz Stockhausen. Darüber hinaus werden serielle Methoden in der Gestaltung von

---

[1] Originalveröffentlichung: Paulo C. Chagas: Die kybernetische Zirkularität in der elektronischen Komposition: Projektion 12-kanalige elektronische Musik und Projektion als 12-kanalige Klanginstallation, in: H. U. Werner / P. C. Chagas (Hrsg.), *Montage Collage Komposition* MuK Bd. 195/196, Siegen: Universität Siegen 2014, S. 105-34.

[2] Im Januar 2001, 50 Jahre nach der inoffiziellen Gründung, stellte das Studio für elektronische Musik des WDR offiziell seine musikalische Produktion ein. Das gesamte Equipment wurde aus dem Haus in der Annostraße (Südstadt), wo es seit Ende der achtziger Jahre residierte, in einen Lagerraum von Ossendorf, einem Vorort von Köln, überführt. Vgl. Chagas (2009).

[3] https://soundcloud.com/paulocchagas/projektion-12-channel-electronic-music-2000 (abgerufen 01.02.2021).

formalen Elementen und Strukturen der elektronischen Komposition angewendet.[4] Die Klangraum-Komposition ergibt sich durch den Gebrauch von Lautsprechern für den musikalischen Zweck und die Notwendigkeit, elektronischen Klang räumlich zu gestalten. Die strukturelle Verbindung zwischen Klangfarbe und Klangraum in der elektronischen Komposition wurde erstmals in Stücken wie *Gesang der Jünglinge* (1955-56) und *Kontakte* (1959) von Stockhausen konsequent verfolgt. Die Klangraumkomposition zählt zu den wichtigsten Aspekten der elektronischen Musik, wobei die zunehmende Bedeutung der Medien neue Herausforderungen stellt, wie z.B. die Simulation des virtuellen Klangraums.

Projektion setzt sich auch mit der Frage der Kreativität in Bezug auf die Apparate auseinander. Das Spiel mit den Apparaten nimmt eine wichtige Rolle in der elektronischen Komposition ein. Durch die unorthodoxe Praxis mit der Apparatur entstehen neue, unvorhersehbare musikalische Ideen, die in die elektronische Komposition einfließen. Wie ich in meinen Aufsatz „Spiel und Dialog" (Chagas 2002) in Anlehnung an Flusser betont habe[5], spielt man nicht mit den Apparaten, sondern gegen sie. Man versucht, Neues herzustellen, indem man unwahrscheinliche Möglichkeiten des Apparates verwirklicht. Die analogen Apparate der frühen elektronischen Musik werden mittels Knöpfen, Tasten und Regler bedient, die mit bestimmten Funktionen der Apparateprogramme gekoppelt sind. Der Computer und die digitale Technik stellen diesbezüglich neue Herausforderungen dar. Im Gegensatz zu den analogen Apparaten, welche einen direkten Zugriff zu dem Klang ermöglichen, das Spiel mit den digitalen Apparaten ist geprägt von der Realität der Simulation. Computer sind wie Baukästen mit unterschiedlichen Elementen, die symbolische Bedeutung haben und unterschiedlich kombiniert werden können. Das Interface für die Nachbildung von Ideen und Prozessen muss noch virtuell hergestellt werden, bevor man mit dem Computer kreativ umgehen kann.

1. Klang und Zufall: die „Rotationsmühle"

Projektion entstand durch einen Zufall, als ich in Sommer 1995 mit dem Toningenieur Volker Müller Versuche für die Produktion meines Werkes *Migra-*

---

[4] Für eine Untersuchung der Ästhetik der elektronischen Musik in Zusammenhang mit der seriellen Musik vgl. Dahlhaus (1970).

[5] Vgl. Flusser (1996; 1997)

tion[6] (1995-1997) im elektronischem Studio durchgeführt habe. Ich experimentierte mit Samples von Sprachklängen und war daran interessiert, den Zusammenhang zwischen Klang und Raum „organisch" zu gestalten. Der Klang sollte durch zwöf Lautsprecher kreisförmig rotieren und die Bewegung im Raum sollte die Charakteristiken des Klangs widerspiegeln. Wir entwarfen ein Verräumlichungssystem für die Erzeugung von zwöfkanaligen Rotationen, das sich aus analoger und digitaler Technik zusammensetzt. Dazu verwendeten wir den großen analogen Synthesizer „EMS Synth 100", [7] um die Hüllkurve des Sprachklangs abzutasten und als Steuerspannung zu konvertieren. Die Steuerspannung wurde mit der Hilfe eines MIDI-Synthesizers (E-mu Emulator II) in MIDI-Information umgewandelt und im Computer mit der Software „Max"[8] weiterverarbeitet.

Für die tatsächliche Verräumlichung des Klangs haben wir zwöf Effektgeräte Lexicon PCM-70 verwendet. Aber nicht die Effektfunktionen, sondern lediglich die Stereo-Ausgänge der PCM-70 wurden genutzt und zwar als MIDI-gesteuerte VCAs (Voltage Controlled Amplifier), wobei jeder Ausgang mit einem Lautsprecher gekoppelt ist. Das Mono-Audiosignal des Computers wird zu allen zwöf VCAs geschickt; in dem Max-Patch wird die Hüllkurve erstellt, welche die zwöf VCAs über MIDI-Steurerung erzeugt; die VCAs werden nacheinander abgerufen und bilden eine Schleife, um den Klang rotieren zu lassen. Das von der Hüllkurve des Sprachklangs abgeleitete MIDI-Signal steuert die Geschwindigkeit der Rotationen.

Mit dieser Schaltung wird erreicht, was ich mir vorgenommen habe, nämlich eine „organische" Beziehung zwischen den Sprachklang und die zwöfkanalige Rotation zu gestalten. Die Eigenschaft der Rotationen hängt mit der Charakteristik der Sprache zusammen; z.B. wenn sich die Lautstärke verändert – wenn die Stimme lauter oder leise wird –, rotiert der Klang entsprechend schneller oder langsamer. Dadurch wirkt der kreisförmige Klangraum sehr lebendig. Dieses zwöfkanalige Verräumlichungssystem haben wir – Volker Müller und ich –

---

[6] https://soundcloud.com/paulocchagas/migration-12-channel-electronic-music-1997 (abgerufen 01.02.2021).

[7] Über den EMS Synth 100 vgl. Paulo C. Chagas: Ein Überblick über die wichtigsten Geräte. Studio für Elektronische Musik des Westdeutschen Rundfunks (1990), in: *Zwischen Klängen und Apparaten: Zur Theorie und Praxis der elektronischen Musik*, Remscheid: Rediroma-Verlag 2021, S. 15-47.

[8] https://cycling74.com (abgerufen 01.02.2021).

als „Rotationsmühle“ bezeichnet. Anders als bei herkömmlichen Methoden der Klangverräumlichung wie z.B. der Rotationstisch, der im elektronischen Studio für Stockhausen entwickelt wurde, entsteht hier ein formaler Zusammenhang zwischen dem Klang und der Rotation. Diese Schaltung hat sich in der Produktion von *Migration* bewährt. Ich habe sie wirkungsvoll für die Gestaltung von rotierenden zwölfkanaligen Klangräumen eingesetzt.[9]

Als ich damals das Sample einer weiblichen Stimme in den Computer laden wollte, um die „Rotationsmühle“ zu erproben, stürzte der Computer ab und spielte ein Fragment des Samples als Endloseschleife. Die Dauer der Schleife beträgt etwa 100 ms, sodass sich der Klang circa zehnmal pro Sekunde wiederholt. Der Audioausgang des Computers war mit der zwölfkanaligen „Rotationsmühle“ verbunden; statt den Computer neu zu starten, haben wir weiter probiert und das Ergebnis beobachtet. Ein sehr interessantes Phänomen tritt auf: Wenn die Schleife mit dem Sprachklang durch die zwölf Lautsprecher rotiert, verändert sich der Klang unerwartet und ständig. Es entsteht ein sehr lebendiger und vielschichtiger Klangraum dadurch, dass Klangereignisse wie Akzente, Verschiebungen und rhythmische Variationen in den zwölf Lautsprechern auftauchen und sich ständig in Raum bewegen. Ich habe mich dann entschlossen, die zwölf Ausgänge der „Rotationsmühle“ als getrennte Spuren in Pro Tools aufzunehmen.

Das Phänomen lässt sich folgendermaßen beschreiben: Die zwölf VCAs funktionieren wie *Zeitfenster*, die sich öffnen und schließen entsprechend ihrer bogenartigen Hüllkurve. Die Dauer beträgt etwa 72 ms. Die zwölf VCA-Zeitfenster bilden ebenfalls eine Schleife, wodurch der Klang durch die zwölf Lautsprecher ständig rotiert. Eine kurze Überlappung (Crossfading) zwischen die benachbarten VCAs sorgt dafür, dass der Klang sich von einem Lautsprecher zu dem anderen nicht abrupt, sondern kontinuierlich bewegt. Die Differenz zwischen der Dauer der Sprachklangschleife (100 ms) und der Zeitfenster (72 ms) produziert einen Effekt, den man als eine ständige Verschiebung der Klangwahrnehmung bezeichnen kann. Jedes Mal, wenn sich ein Zeitfenster öffnet, lässt es eine andere Stelle der Sprache erklingen. Dieser Effekt ist zwiespältig: Einerseits erzeugt die Abfolge der Zeitfenster einen regelmäßigen Rhythmus wie einen Puls; andererseits bringt die Differenz zwischen dem Zeitfenster und der Sprachklangschleife unregelmäßige Störungen hervor, die man

[9] Für eine Beschreibung des Klangraum Konzepts von Migration vgl. Chagas (2008).

als Akzente, Verschiebungen, rhythmische Variationen usw. wahrnimmt. Durch diese Wechselbeziehung zwischen Stabilität (regelmäßiger Rhythmus) und Instabilität (unregelmäßigen Störungen) entsteht eine komplexe Polyphonie, die sich von den Rotationen unterscheidet und den zwölfkanaligen Klangraum vielseitig und multidimensional gestaltet.

Dieser Effekt ist letztlich nichts anderes als Amplitudemodulation. Die VCA-Zeitfenster moduliert die Amplitude des Sprachklangs ständig und immer unterschiedlich, aber die Zwölfkanaligkeit vervielfältigt die Wirkung der Amplitudemodulation. Abbildung 1 zeigt die schematische Darstellung der zwölfkanaligen „Rotationsmühle“. Oben sehen wir die Sprachklangschleife, die durch den Computerabsturz erzeugt wurde, unten die zwölf Zeitfenster – die VCAs – mit ihrer bogenartigen Hüllkurve. Die Amplitude der Sprache wird durch die Hüllkurve der „Rotationsmühle“ moduliert. Die VCAs überlappen sich, um eine kontinuierliche Bewegung des Klangs zwischen den Lautsprecher zu simulieren.

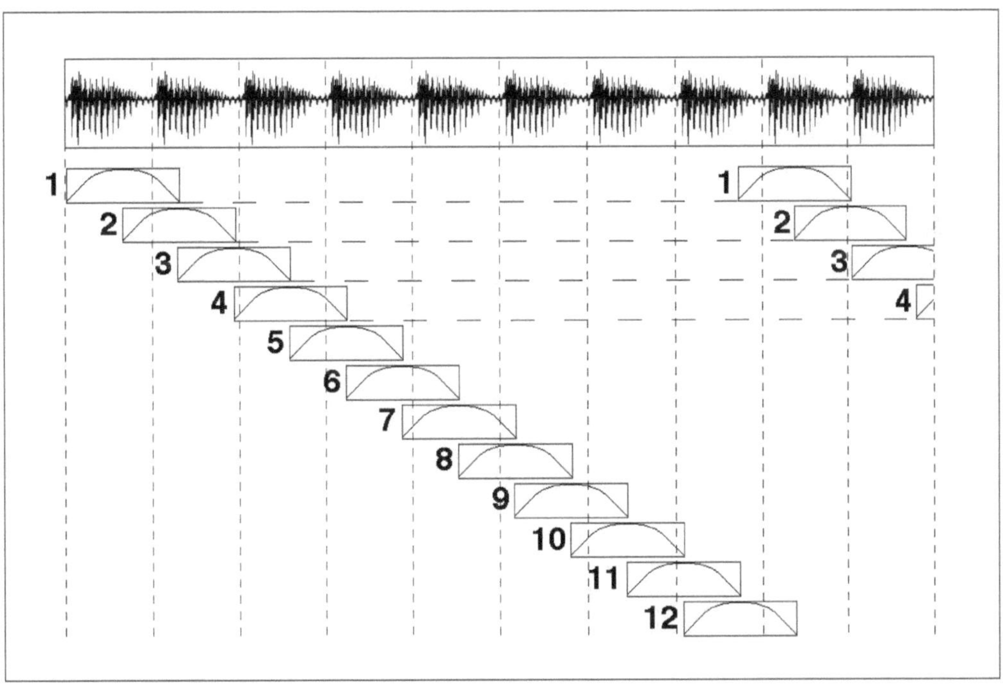

Abbildung 1: die „Rotationsmühle“ (Zeichen: Volker Müller).

Abbildung 2 stellt das Ergebnis der Amplitudemodulation auf einer einzelnen Spur dar. Die Dauer jedes Klangs entspricht der Dauer des VCA-Zeitfensters (72 ms). Da das Zeitfenster immer eine andere Stelle moduliert, ist das Klangergebnis immer unterschiedlich und unvorhersehbar. In Klangbeispiel 1 hört man die Abfolge der sieben dargestellten Klänge viermal hintereinander (28''). [10]

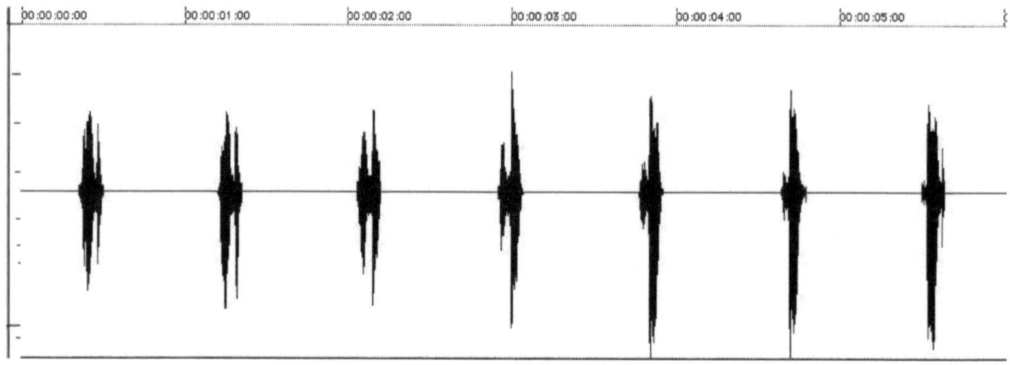

Abbildung 2: Sieben Klänge auf einer einzelnen Spur.

Das Rotationssystem wird in Abbildung 3 dargestellt. Oben sehen wir die von dem abgestürzten Computer gespielte Sprachklangschleife. Der Mono-Audioausgang des Computers wird mit allen zwölf Ausgängen der sechs Lexicon PCM 70 angeschlossen; die Dreiecke symbolisieren die digital gesteuerten VCAs. Jeder der zwölf Ausgänge der PCM 70 wird an einem Lautsprecher angeschlossen. Das Mac-Fenster links oben repräsentiert die Max-Patches, die die Rotationen erzeugen. Darunter die Schleife mit der bogenartigen Hüllkurve des VCAs. Sie überlappen sich, um eine kontinuierliche Bewegung (Crossfading) zwischen den Lautsprechern zu gestalten. Der Klang dreht sich immer im Uhrzeigersinn, es gibt keine Abweichung davon. Die Schaltung für die Steuerung der Rotationsgeschwindigkeit ist hier nicht abgebildet. Die Hüllkurve des Sprachklangs wird von dem Synth 100 abgetastet, ins MIDI-Signal konvertiert und von dem Max-Patch für die Steuerung der Rotationsgeschwindigkeit ausgenutzt. Unten sieht man die kreisförmige Anordnung der Lautsprecher um das Publikum herum.

[10] https://soundcloud.com/paulocchagas/sets/projektion-klangbeispiele (abgerufen 01.02.2021).

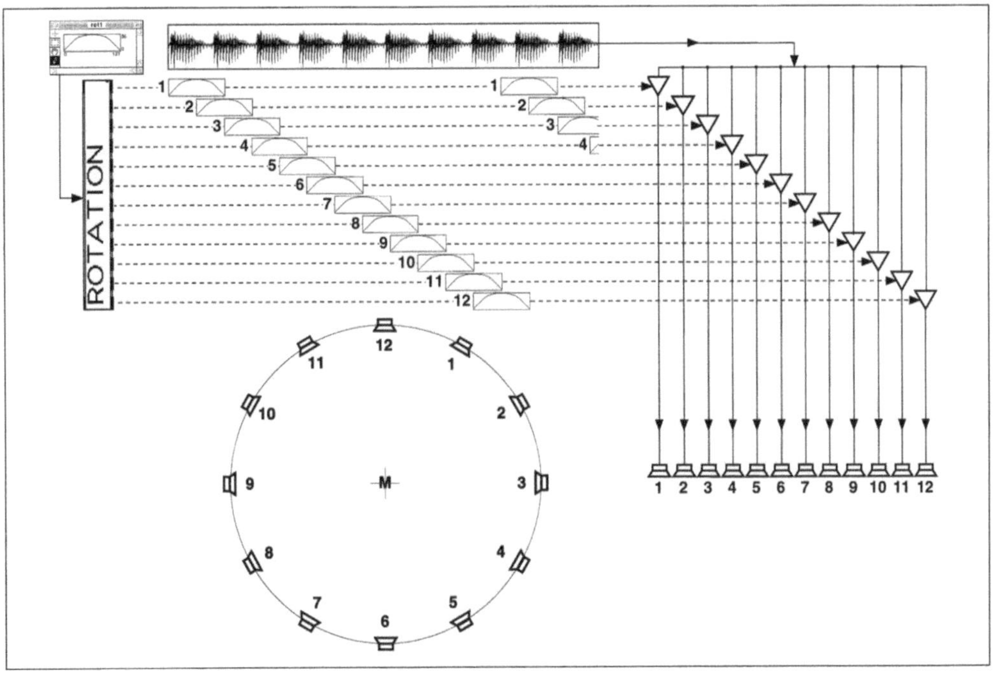

Abbildung 3: das 12-kanalige Rotationssystem (Zeichen: Volker Müller).

2. Die Gestaltung von Raum und Zeit

Die Beziehung zwischen Raum und Zeit in *Projektion* ist durch die wechselnde Besetzung von Stellen und Objekten in den zwölfkanaligen Klangraum gestaltet. Dieses Konzept entspricht Luhmanns Vorstellung, dass „Raum und Zeit dadurch erzeugt werden, dass Stellen unabhängig von den Objekten identifiziert werden können, die sie jeweils besetzen“ (Luhmann 1995: 180). Aus dieser Dialetik entwickelt sich ein Zusammenspiel zwischen *Gleichmäßigkeit* und *Diskontinuität*:

Die *Gleichmäßigkeit* von Zeit und Raum in *Projektion* entsteht durch verschiedene Faktoren wie z. B:

- die einheitliche Länge der Zeitfenster (72 ms);
- den regelmäßige Rhythmus, mit dem sich die Zeitfenster öffnen und schließen;
- die festgelegten Richtungen der Rotationen – immer im Uhrzeigersinn;
- die unveränderten Stellen des Klangraums.

Die *Diskontinuität* von Zeit und Raum ist auf die Klangvariationen zurückzuführen, die sowohl als zeitliche und räumliche Verschiebungen erkannt werden. Das Klangmaterial – die Klangspracheschleife – bleibt konstant, aber die räumlichen Stellen verändern sich durch die Amplitudemodulation der Zeitfenster. Dadurch entsteht den Eindruck, dass der Klangraum mit immer verschiedenen Klangobjekten besetzt wird, obwohl es sich immer um den gleichen Sprachklang handelt.

Abbildung 4 zeigt einen Abschnitt von 800 Millisekunden (0,8 Sekunde) von drei Spuren. Man sieht, wie sich die Klänge deutlich unterscheiden. In Abbildung 5 kann man das gleiche Phänomen in einem vier-Sekunden-Abschnitt erkennen.

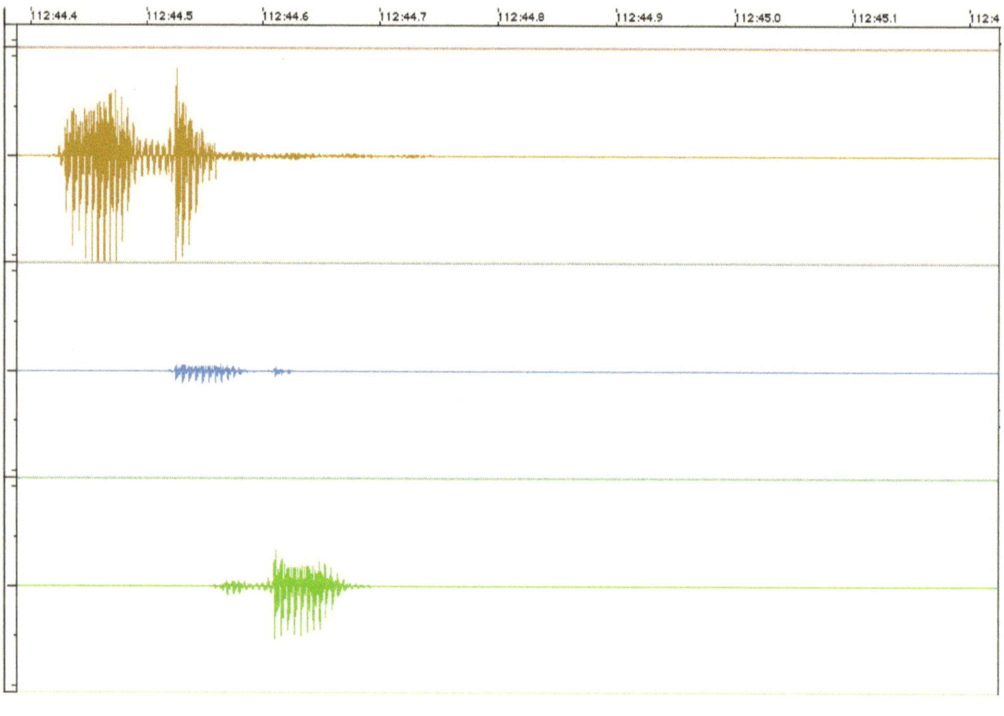

Abbildung 4: Abschnitt von 800 ms mit drei Spuren.

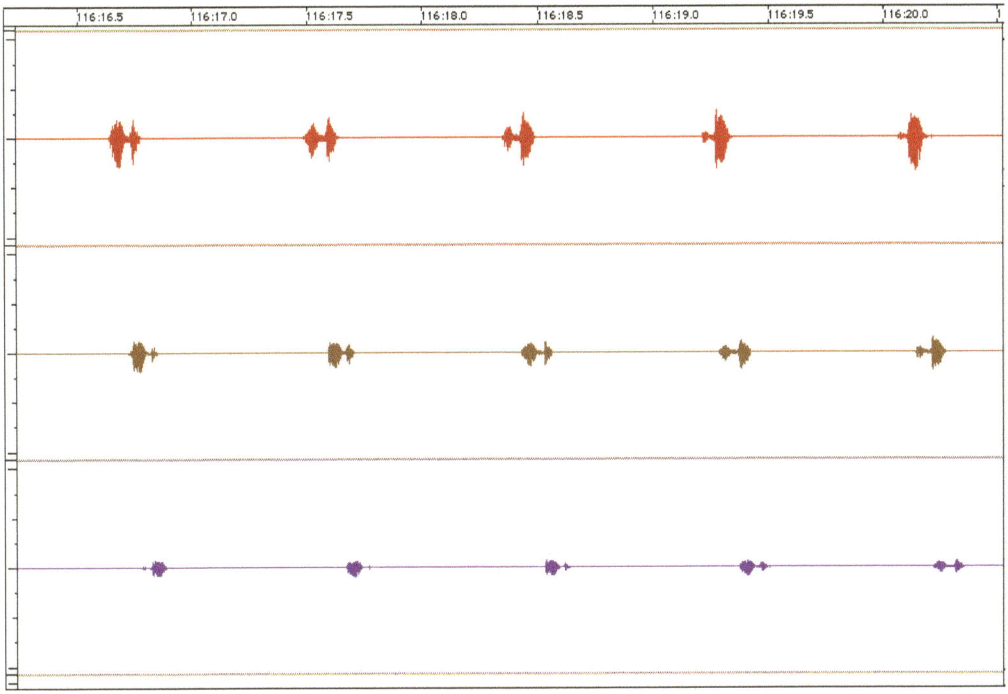

Abbildung 5: Abschnitt von 4'' mit drei Spuren.

In Klangbeispiel 2 hört man das Ergebnis der Amplitudemodulation der Sprachklangschleife durch die Rotation in einem Ausschnitt von 2 Min. von *Projektion.* [11] Es wäre selbstverständlich sinnvoller, die Musik mit zwölf Lautsprechern zu hören. Die Stereofassung ist eine virtuelle Simulation des zwölfkanaligen Klangraums, die mit dem Pro Tools Plugin „Proton" erstellt wurde.[12] Aber selbst mit nur zwei Lautsprechern ist die Wahrnehmung der Klangrotationen deutlich.

Abbildung 6 stellt einen Abschnitt mit den zwölf Spuren von 4'' dar. Man sieht, wie das Ergebnis der Amplitudemodulation ständig variiert.

[11] https://soundcloud.com/paulocchagas/sets/projektion-klangbeispiele (abgerufen 01.02.2021).

[12] Vgl. die Beschreibung der Stereofassung von *Migration* in Chagas (2008). Die Stereofassung von *Projektion* wurde mit der gleichen Methode hergestellt.

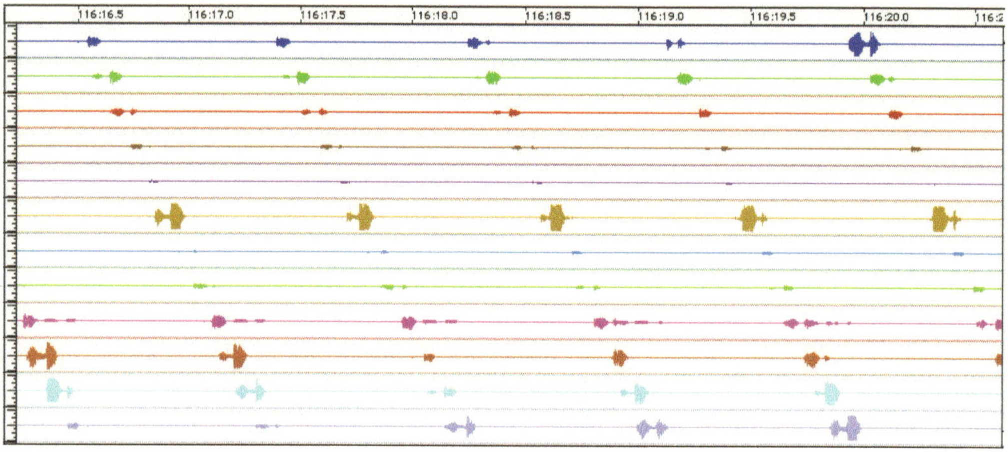

Abbildung 6: Abschnitt von 4'' mit den zwölf Spuren.

Die Gestaltung von Raum und Zeit kann man auch aus der Sicht der Beziehung zwischen *Varietät* und *Redundanz* betrachten. Luhmann zufolge: „Der Raum macht es *möglich*, dass *Objekte ihre Stellen verlassen*. Die *Zeit* macht es *notwendig*, dass die *Stellen ihre Objekte verlassen*" (Luhmann 1995: 181; Hervorhebung im Original). Die zeitlichen und räumlichen Stellen in *Projektion* werden von einem einzelnen Klangobjekt belegt: der Sprachklangschleife. Sie schafft Redundanz. Aber die Amplitudemodulation erzeugt eine Vielfalt von Klangobjekten – durch Verschiebungen, Akzenten, Interferenzen usw. – sowohl im Medium der Zeit wie auch im Medium des Raumes.

Die folgenden Abbildungen – 7, 8, 9 und 10 – zeigen Abschnitten von *Projektion* von unterschiedlichen Dauern: 17', 35'', 1:10'' und 4:00''. Man beobachtet, wie sich das Verhältnis zwischen Varietät und Redundanz mit der Dauer ändert. Bei kürzeren Abschnitten dominiert die Redundanz; je länger der Zeitraum, je größer die Varietät.

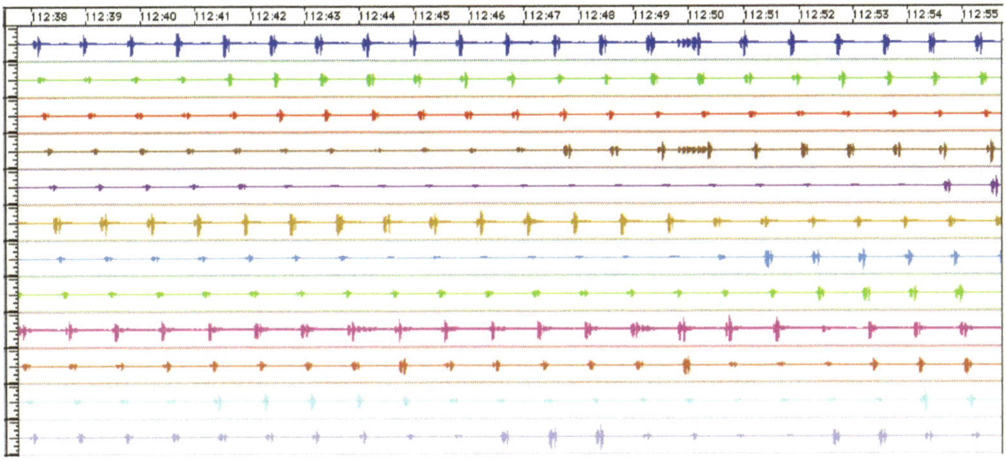

Abbildung 7: Abschnitt von 17'' mit den zwölf Spuren.

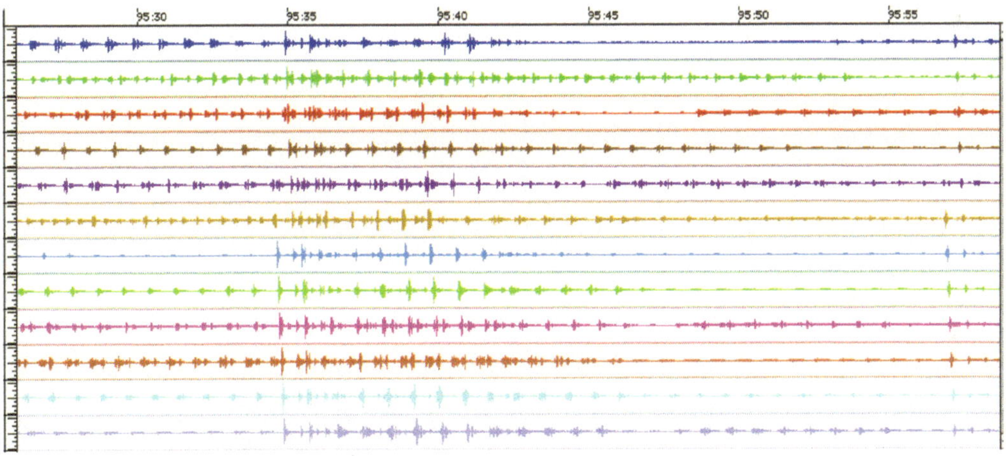

Abbildung 8: Abschnitt von 35'' mit den zwölf Spuren.

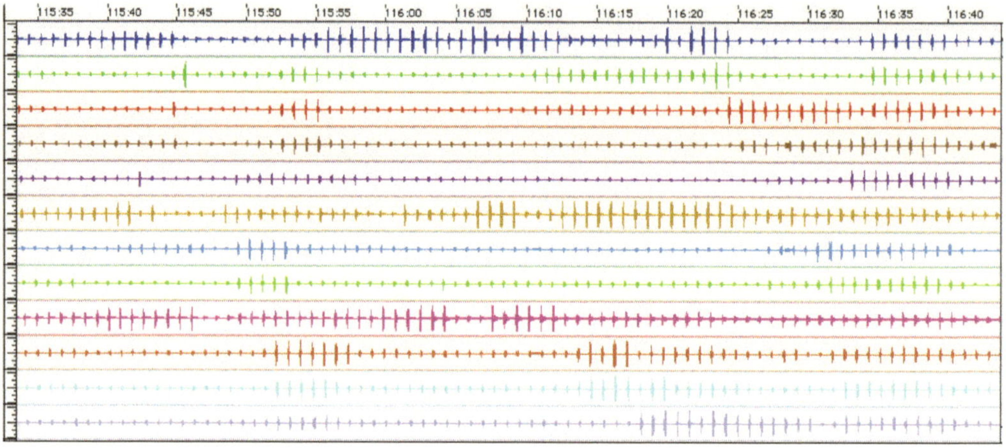

Abbildung 9: Abschnitt von 1:10'' mit den zwölf Spuren.

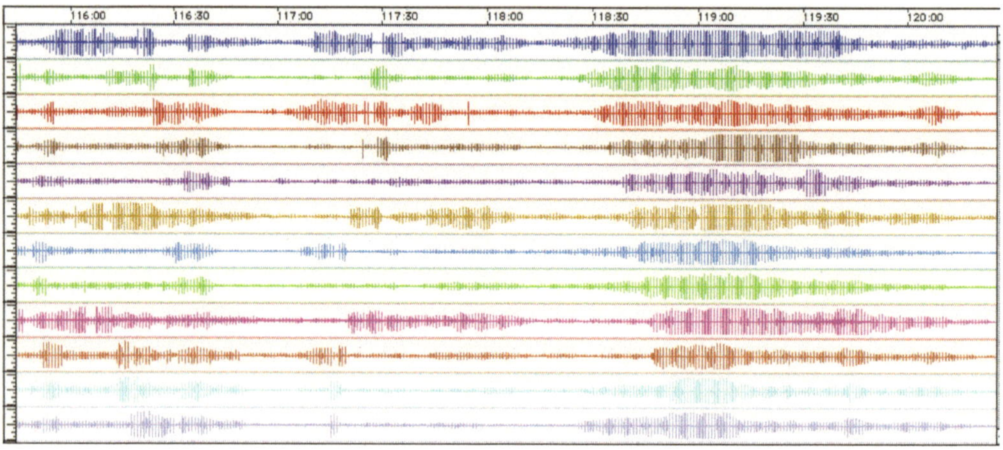

Abbildung.10: Abschnitt von 4:00'' mit den zwölf Spuren.

3. Die Zirkularität als Prinzip der Komposition: die nichttriviale Maschine

Die zwölfkanalige Pro Tools Session mit dem Klangmaterial, das mit der „Rotationsmühle" im elektronischen Studio in 1995 aufgenommen wurde, habe ich zuerst als reines Experiment betrachtet. Dennoch, die Vorstellung, eine Klangstruktur zu kreieren, die sich durch einen zirkulären Prozess von Interferenzen ständig verändert und dadurch sich selbst organisiert, hat mich seitdem fasziniert. Vier Jahre später, in Herbst 1999, habe ich mich dann entschlossen, mit diesem Klangmaterial ein neues Stück zu realisieren.

Das Konzept der Komposition ist von der Kybernetik zweiter Ordnung beeinflusst. Die fundamentalen Themen der *Selbstreferenz* und die *operative Schließung* sind ausschlaggebend für die Transformationsprozesse, die ich mit dem ursprünglichen Klangmaterial unternommen habe. Ich sah die Möglichkeit, eine Komposition nach der Idee der *nichttrivialen Maschine* zu entwerfen. Der Kybernetiker Heinz von Foerster formuliert die berühmt geworden Unterscheidung von trivialen und nichttrivialen Maschinen als folgendes:

> Eine triviale Maschine ist durch eine eineindeutige Beziehung zwischen ihrem „Input" (Stimulus, Ursache) und ihrem „Output" (Reaktion, Wirkung) charakterisiert. Diese invariante Beziehung ist „die Maschine". Da diese Beziehung ein für allemal festgelegt ist, handelt es sich hier um ein deterministisches System; und da ein einmal beobachteter Output für einen bestimmten Input für den gleichen Input zu späterer Zeit ebenfalls gleich sein wird, handelt es sich dabei auch um ein vorhersagbares System.
>
> Nicht-triviale Maschinen sind jedoch ganz andere Geschöpfe. Ihre Input-Output-Beziehung ist nicht invariant, sondern wird durch den zuvor erzeugten Output der Maschine festgelegt. Mit anderen Wörtern, ihre vorausgegangen Arbeitsgänge legen ihre gegenwärtigen Reaktion fest. Obwohl diese Maschinen auch deterministische Systeme sind, sind sie schon allein aus praktischen Gründen nicht vorhersagbar; ein einmal nach einem bestimmten Input beobachteter Output wird höchstwahrscheinlich zu späterer Zeit, auch wenn der Input gleich ist, ein anderer sein (Foerster 1999: 12).

Die Unterscheidung von trivialen und nichttrivialen Maschinen, wie von Foerster betont, ist auf die Idee der Kausalität zurückzuführen. Bei den trivialen Maschinen produziert eine Ursache immer die gleiche Wirkung. Die Ereignisse einer trivialen Maschine sind berechenbar, es gibt eine gesetzmäßige Beziehung – eine Regel – zwischen den Ereignissen. In Gegensatz produzieren die nichttrivialen Maschinen Überraschungen: „Nichttriviale Maschinen ändern ihre innere Struktur und die Transformationsregeln immer wieder" (von Foerster 1998: 56). Bei der nichttrivialen Maschinen wird die „Überraschung zum Kontinuum und die grundsätzliche Unvorhersehbarkeit zur Normalität" (Foerster 1998: 59).

Der Begriff der *organisatorischen Schließung* bezeichnet die abgeschlossene, autonome Funktion der nichttrivialen Maschinen, die auf sich selber bezogen sind. Wenn der Output einer nichttrivialen Maschine als Input benützt wird, dann entsteht ein zirkulärer Prozess. Die Idee der *Zirkularität* ist das fundamentale Prinzip des kybernetischen Denkens (Vgl. Foerster 1998: 106). Die Kybernetik wurde nach dem Zweiten Weltkrieg von Norbert Wiener erfunden, als eine Wissenschaft der Kommunikation und Kontrolle für die Beziehungen zwischen lebenden Wesen (Menschen) und Maschinen. Im Lauf der Jahre entwickelt sie sich zu einer Erkenntnistheorie im Zusammenhang mit anderen Wissenschaften wie z.B. der Informatik, der Neurobiologie und der Kognitionswissenschaft. Die erste Welle der Kybernetik in den 1950en Jahren wird als Kybernetik erster Ordnung bezeichnet. Sie trennt die Welt zwischen Subjekt und Objekt. Das Subjekt beobachtet die Welt „da draußen" und beschreibt das Geschehen als vermeintlich unabhängige Welt. Die zweite Welle der Kybernetik, die als Kybernetik zweiter Ordnung betrachtet wird, hebt die Trennung zwischen Subjekt und Objekt auf. Der Beobachter wird zum wesentlichen Teil der Beobachtung; er ist nicht mehr unabhängig davon, was er beschreibt. Dadurch wird die Beobachtung selbst zirkulär. Man akzeptiert das Paradoxon der *Selbstbezüglichkeit*: „Man redet nicht mehr von Sein eines Zustands, sondern von Werden, integriert die zeitliche Dimension" (Foerster 1998: 120).

4. Die Transformationen

Die eigentliche Komposition von *Projektion* habe ich 1999-2000 verwirklicht. Die zwölf Spuren, die 1995 mit den „Rotationsmühle" in Pro Tools aufgenommen wurden, dienen als *Urstruktur* für eine Reihe von Transformationen auf der Grundlage von drei Verfahren: Rückkopplung (Feedback), Verzögerung (Delay) und Filter. Diese herkömmlichen Methoden der elektronischen Klangverarbeitung wurden systematisch angewendet, und zwar nicht als Effekte, sondern als komponierte Prozesse. Die Urstruktur wurde nicht modifiziert; die zwölf Spuren wurden als Einheit behandelt und gleichzeitig transformiert. Ich habe prinzipiell auf jegliche Montage verzichtet; es gibt keine Zersetzung, keine Zusammensetzung des zwölfspurigen Materials und außer dem ursprünglichen Sprachfragment wurde kein neuer Klang hinzugefügt oder -gemischt.

4.1. Feedback

Die Rückkopplung (Feedback) als Methode der Klangverarbeitung ist von historischer Bedeutung in der Geschichte der elektronischen Musik. Durch Rückkopplungsprozesse lassen sich unerwartete Klänge erzeugen und es gibt mannigfaltige Vorgehensweisen dafür. Die Rückkopplungsschaltung mit Verwendung einer analogen Tonbandmaschine und einer Bandschleife wurde in der elektronischen Musik der fünfziger und sechziger Jahren systematisch eingesetzt. Sie ist auch ein Prototyp der Ästhetik des „Loop“, die heutzutage in der digitalen Musik so verbreitet ist. Die Bandschleife wurde vielseitig als Mittel zur Auslösung von Steuervorgängen oder zur Wiederholung von Klängen oder kompositorischen Strukturen verwendet. Wie Humpert schreibt:

> Das Magnetband wird in gewünschter Länger am Anfang und Ende in Kreisform zusammengeklebt und zum Abspielen über eine eigene federnde Umlenkrolle geführt ... Solche endlose Bänder erlauben auch die sukzessive Aufnahme von Klängen ohne Löschung der bereits aufgesprochenen [sic] Klänge. Das geschieht durch Vertauschung von Hörkopf und Sprechkopf in Kopfträger oder durch Abheben des Magnetbandes von Löschkopf. Durch die Hochfrequenz des Sprachkopfes wird mit jedem Umlauf der Schleife die aufgesprochene Modulation undeutlicher, bis sie, nach 10 bis 12 Umläufen, klanglich so nivelliert wird, dass das Ausgangsprodukt kaum noch erkennbar ist. (Eimert / Humpert 1973: 39-40).

Bei dieser Beschreibung wird deutlich, dass die Rückkopplungsschaltung mit der Bandschleife nach dem Prinzip der Selbstorganisation der nichttrivialen Maschine funktioniert. Die kompositorischen Möglichkeiten dieser Schaltung sind vielfältig. Zwei Faktoren spielen dabei eine entscheidende Rolle: (1) die Länge der Schleife und (2) das eigentlich Klangmaterial. Die Länge der Schleife bestimmt die Dauer der Wiederholung. Mit dem Gebrauch von Umlenkrollen hat man z.B. endlose Bänder bis zu einer Länge von 10 m abgespielt, um umfangreiche Klangstrukturen zu gestalten. Das auf der Schleife aufgenommen Klangmaterial ist ausschlaggebend für das Endergebnis. Wenn z.B. die Bandschleife aus einem kurzen Impuls besteht, dann lassen sich Dauerklänge erzeugen, deren Klangfarbe die spektrale Struktur des Impulses widerspiegeln. Bandschleifen mit rhythmischen Sequenzen von Impulsen wurden als eine Methode von Klangsynthese verwendet z. B. in Stockhausens *Kontakte*. Abbildung 11 zeigt eine Rückkopplungsschaltung mit einer sehr kurzen Bandschleife.

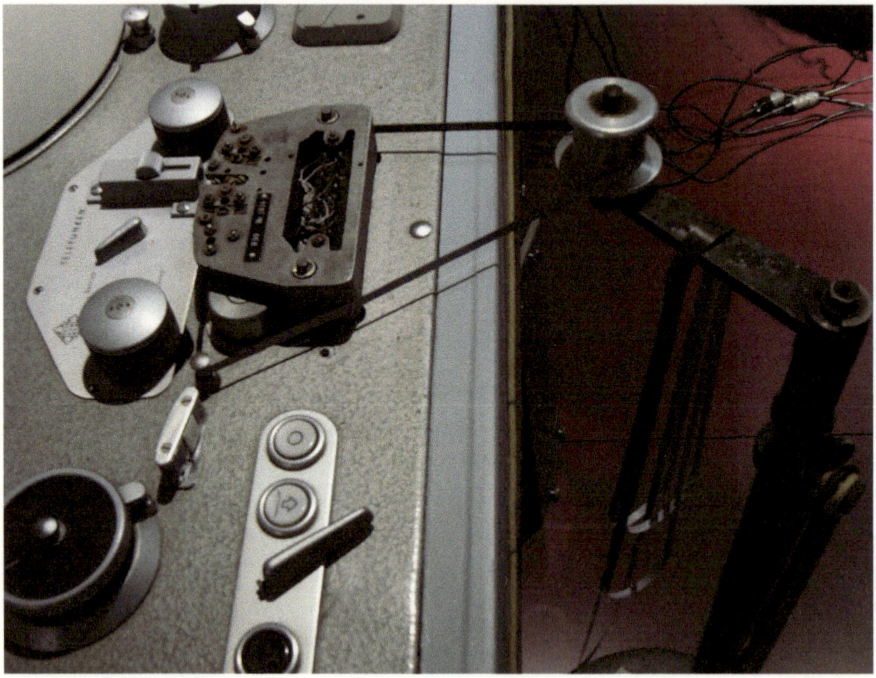

Abbildung 11: Kurze Bandschleife (Bild: Volker Müller).

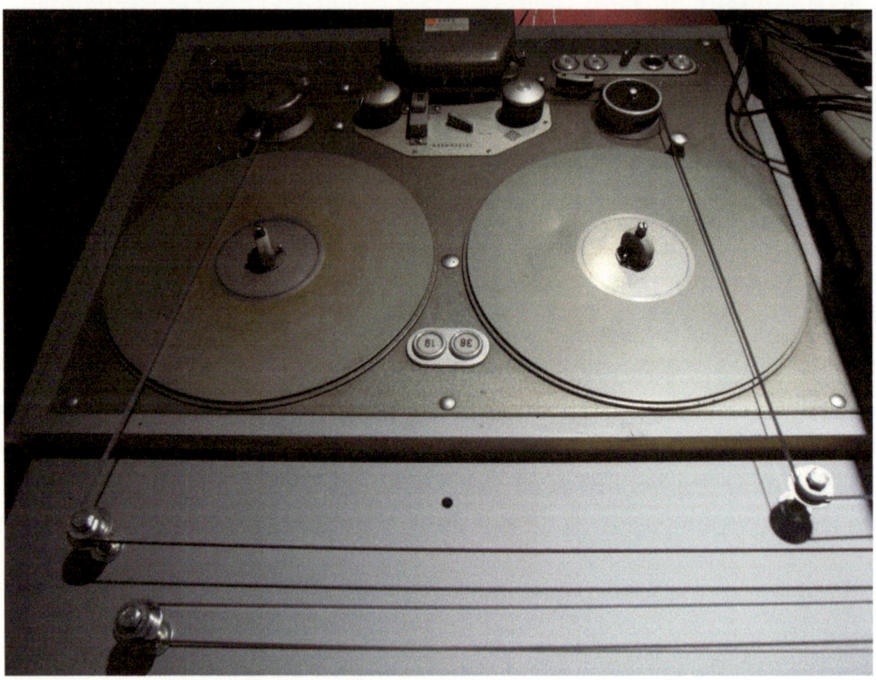

Abbildung 12: Lange Bandschleife (Bild: Volker Müller).

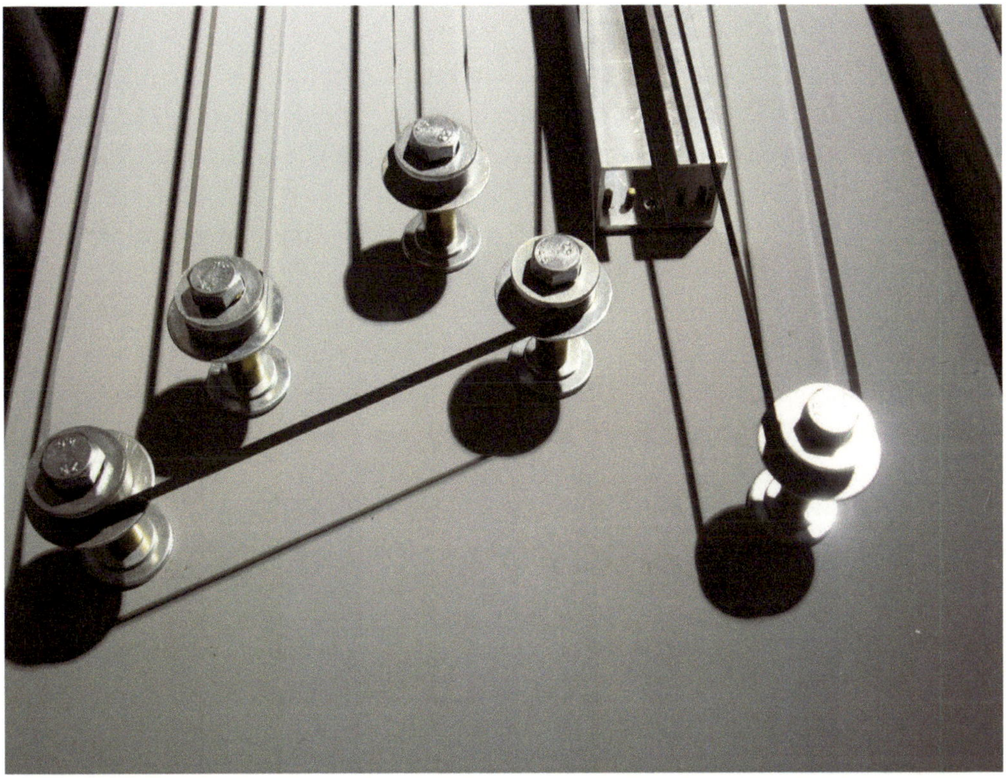

Abbildung 13: Ausschnitt lange Bandschleife (Bild: Volker Müller).

Nach dem Prinzip der Bandschleife hat der Toningenieur Volker Müller ein zwölfkanaliges Rückkopplungssystem in Pro Tools für die Komposition von *Projektion* entworfen. Es verwendet die Pro-Tools-Buskanäle, um eine Endloseschleife zu produzieren: Der Ausgang der ersten Spur wird mit dem Eingang der zweiten Spur verbunden, dann der Ausgang der zweiten Spur mit dem Eingang der dritten Spur usw., bis man den Ausgang der zwölften Spur mit der ersten verbindet, um die Schleife abzuschließen. Das Rückkopplungssystem wird aktiviert, indem man einen ganz kurzen Klangausschnitt – einen impulsartigen Klang – aus einer beliebigen Spur zum Bus sendet. Die Lautstärke des Signals innerhalb der Schleife lässt sich mit den grafischen Möglichkeiten von Pro Tools mit hervorragender Präzision programmieren. Diese Rückkopplungsschaltung mit impulsartigem Klangmaterial erzeugt sehr schnelle zwöfkanalige Rotationen mit wahrnehmbaren Tonhöhen, die sich deutlich von den ursprünglichen Rotationen der Urstruktur unterscheiden. Damit wird eine *Raumpolyphonie* gebildet.

Die neue zwölfkanalige Struktur, die aus der Transformation der Urstruktur mit Rückkopplung resultiert, wird *Feedback* genannt. Die Form der Feedback-Struktur wurde ebenfalls nach dem Prinzip des Zeitfensters gestaltet. Es gibt insgesamt 54 Zeitfenster für die Rückkopplungs-Rotationen, die auf der gesamten Länge (17:28'') des Stückes verteilt sind.[13] Die Beziehung zwischen *Redundanz* und *Varietät* spielt auch hier eine wichtige Rolle: Einerseits sorgt die eigenständige Anordnung der Zeitfenster für *Redundanz*, andererseits verschaffen die unterschiedlichen Klangmaterialien der Rückkopplungs-Rotationen *Variation.* Abbildung 12 stellt die 54 Zeitfenster der Feedback-Struktur dar. Das Ausgangsmaterial für die Rückkopplungs-Rotationen stammt aus unterschiedlichen Spuren und manchmal aus mehreren Spuren gleichzeitig. Die Länge der Zeitfenster ist variabel, aber meistens sind sie von kurzer Dauer. In Klangbeispiel 3 hört man einen Ausschnitt aus *Feedback* von 49''. [14]

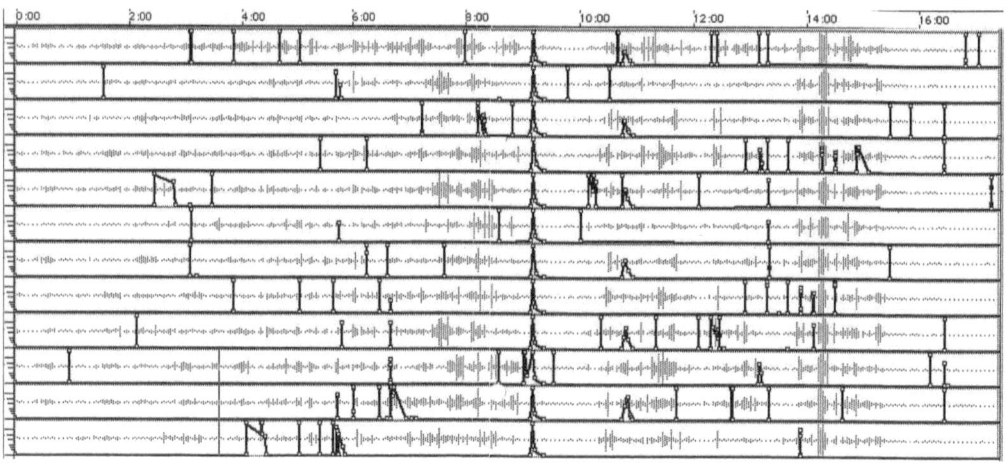

Abbildung 14: Die Form der Feedback-Struktur.

4.2. Delay

Eine weitere Transformation der Urstruktur erfolgte durch die Anwendung von Verzögerung (Delay). Mit dieser Methode wurde eine zwölfkanalige Struktur

---

[13] Die Struktur der Zeitfenster wurde mit der Software „Zeitplan" von Marcel Schmidt (Musikhochschule Köln) erstellt. Das Programm erzeugt Reihe von Zeitpunkten nach dem Prinzip des „Goldenen Schnitts".

[14] https://soundcloud.com/paulocchagas/sets/projektion-klangbeispiele (abgerufen 01.02.2021).

generiert, die mit der Urstruktur abgemischt wurde, um die „Delay-Struktur“ zu konstituieren. Das Konzept der Verzögerung setzt sich mit der Idee der Komposition im *Zeitraumkontinuum* auseinander (Vgl. Stockhausen 1963). Als Anfangs-Verzögerungszeit war eine Dauerperiode von 12,5 ms vorgesehen, was einer Frequenz von 46,51 Herz entspricht (eine etwas höher Note als Fis1 – 46,25 Herz). Die Verzögerungszeit verändert sich allmählich nach der Form einer logarithmischen Kurve, die nach und nach mit den Faktoren 2, 3, 4, 8, 16, 32 und 64 multipliziert wird. Bei 14:04’’ wird das Vierundsechzigfache des Ausgangswerts erreicht; dann fällt die Verzögerungszeitkurve abrupt zum Anfangswert zurück und bleibt konstant bis zum Ende.

Die Transformation mit Verzögerung wurde mit einem Plugin von Pro Tools erstellt und die Verzögerungszeitkurve mit der Plugin-Automation. Da das Plugin eingeschränkte Möglichkeiten für die Einstellung der Verzögerungszeit erfordert, mussten die theoretische Werte den praktischen Werten des Plugins angepasst werden. Z.B. betrug der Anfangswert 12 ms statt 21,5 ms. Aber diese Umstellung hat das Konzept nicht beeinträchtigt.

Die Angaben für die Herstellung der Verzögerungszeitkurve lassen sich aus der Tabelle 1 entnehmen: der Delay-Faktor, die theoretischen und praktischen Werten des Delay und der Anteil des Feedbacks des verzögerten Signals (in Prozent). In Abbildung 15 wird die Verzögerungszeitkurve mit den praktischen Werten dargestellt.

Zeit	00:00”	04:04”	07:17”	09:42”	11:33”	12:59”	14:04”
Delay-Faktor	1	2	4	8	16	32	64
Teoretische Werte	21,5 ms	43 ms	86 ms	176 ms	344 ms	688 ms	1376 ms
Praktische Werte	12 ms	47 ms	82 ms	176 ms	341 ms	682 ms	1376 ms
Feedback	90%	62%	43%	30%	21%	14%	10%

Tabelle 1: Werte der Verzögerungszeitkurve

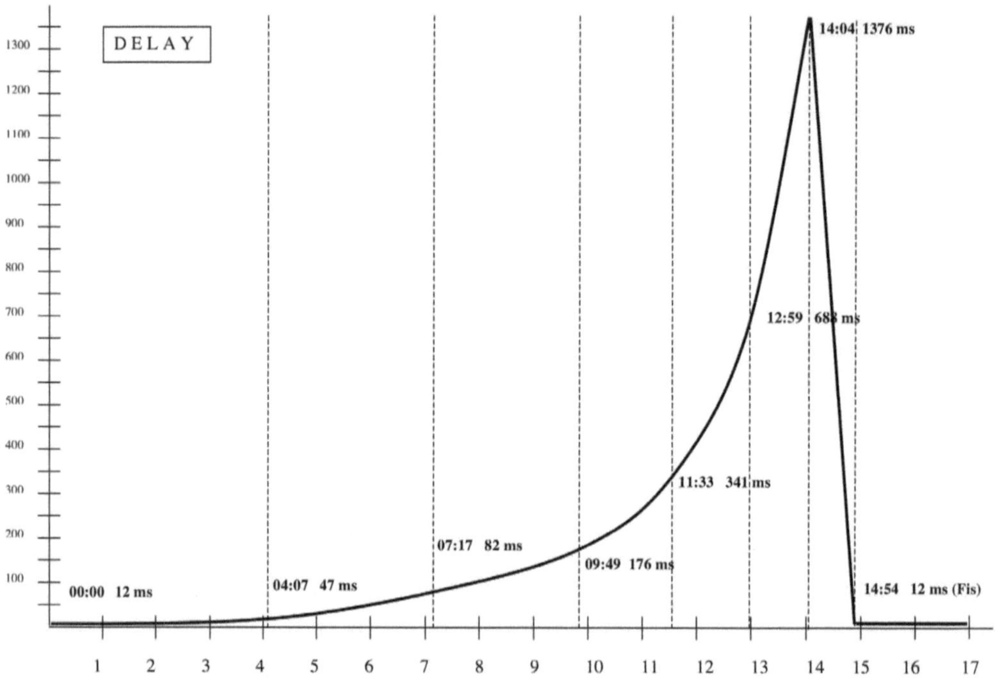

Abbildung 15: Darstellung der Verzögerungszeitkurve (Zeichen: Volker Müller).

Durch die stetige Veränderung der Verzögerungszeit entsteht eine zielgerichtete – steigende und abfallende – Bewegung. Die Steigerung erreicht den Höhepunkt bei 14:54''. Dann senkt sich die Verzögerungskurve geradlinig zum Anfangswert (12 ms), wobei sich die Tonhöhe Fis2 (circa 92,50 Hz) als ein Dauerton etabliert und bis zum Schluss nachklingt. Was vorher als Rhythmus wahrgenommen wurde, klingt jetzt als Klangfarbe. Dadurch wird das Konzept der Komposition im *Zeitraumkontinuum* deutlich, das der Komposition zugrunde liegt (Vgl. Stockhausen 1963).

Die Herstellung der Delay-Struktur durch die Mischung der Verzögerungs-Struktur mit der Urstruktur ist „wellenartig" gestaltet, sodass sich der Anteil der Verzögerung stets verändert. An Anfang haben die beiden Strukturen die gleiche Lautstärke, die Klangfarben vermischen sich. Dann wird die Lautstärke der Verzögerungs-Struktur linear ausgeblendet und danach bilden sich die sieben Wellen mit Spitzen und Tälern. Wenn die Verzögerungszeit länger wird, hört man deutliche Rhythmen. Im letzten Teil, wenn der Dauerton sich konstituiert, vermischen sich die beiden Strukturen wieder und die Musik wird leiser. Abbildung 16 zeigt die Lautstärke-Automation in Pro Tools für die Abmischung der Delay-Struktur.

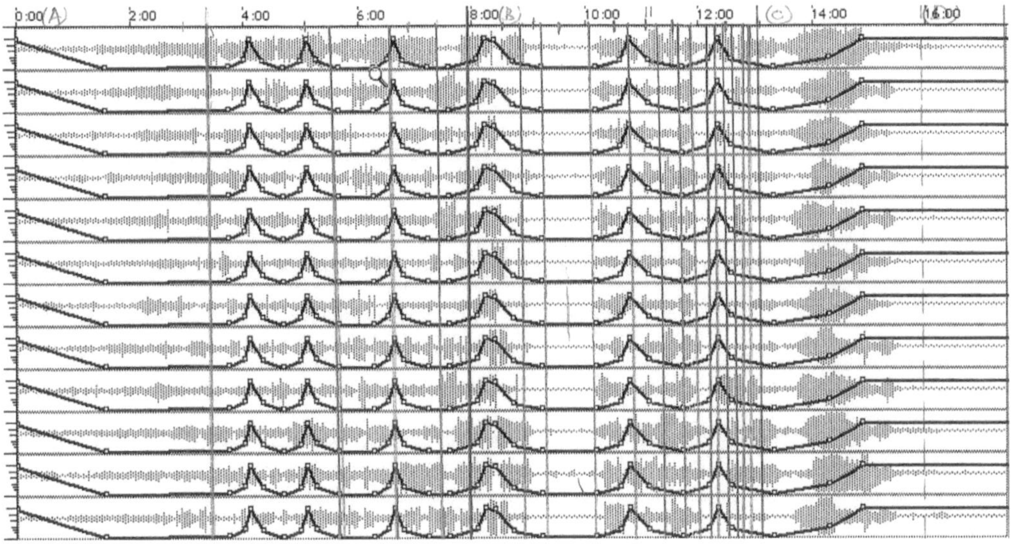

Abbildung 16: Die Abmischung der Delay-Struktur.

4.3. Filter

Für die Transformation der Urstruktur mit Filtern wurden digitale Bandpassfilter mit einer Bandbreite von einer Oktave verwendet. Die Filtermodulationen bestehen aus zwei Arten: *Sinusschwingungen* und *chaotische Schwingungen.* Die schwingenden Filter bewegen sich kontinuierlich durch das gesamte Klangspektrum, selektieren die entsprechende Oktave-Bandbreite und unterdrücken die restlichen Frequenzen. Sie erzeugen sehr dynamische und farbige Strukturen. Abbildung 17 stellt das Prinzip des Oktav-Bandfilters in der Form von Sinusschwingungen dar.

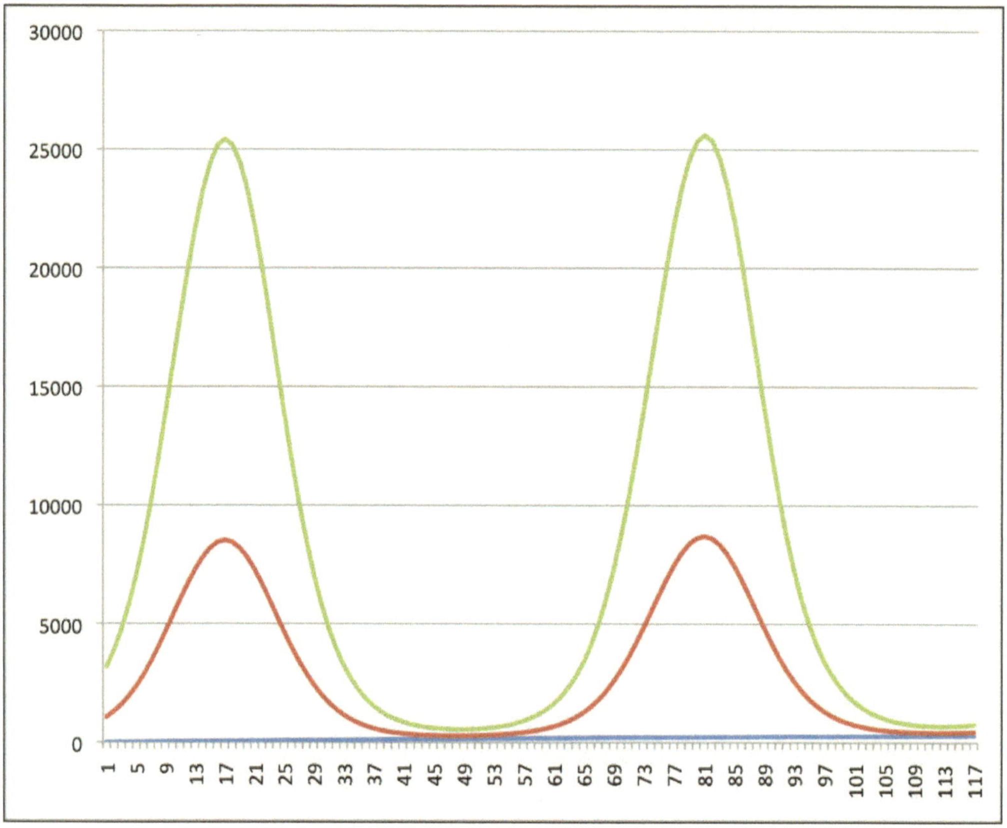

Abbildung 17: Sinusschwingungen als Oktav-Bandpassfilter.

Mit den Filtermodulationen werden drei Strukturen erstellt:[15]

4.3.1. SinusFilter: Eine Abfolge von Sinusschwingungen mit unterschiedlichen Perioden moduliert die gesamte Urstruktur (17:28''). Die Grundperiode von 860 ms wird mit verschiedenen Faktoren multipliziert für die Berechnung der Sinusschwingungen, die in vier Segmente gruppiert sind. Am Anfang sind die Perioden länger, dann werden sie allmählich kürzer und am Ende reduzieren sie sich auf der Grundperiode:

Segment 1: (233 144 89 55 34)
Segment 2: (55 34 55) (34 21 34) (21 13 21) (13 8 13) (8 5 8)

[15] Für die Herstellung der Filtermodulation wurden die Software Patchwork und AudioSculpt (Ircam) verwendet. Die Algorithmen wurden in Patchwork programmiert und die Textdateien in AudioSculpt als „Script" importiert.

Segment 3: (5 3 5 3 2 3 2 1 2 3 2 3) (2 1 2 3 2 3 2 1 2 1 2) (1 1 1 2 1 2 3 2 1 2 3 2 3 2 1 2 3 2) (3 2 3 5 3 5) (8 5) (8 5 3 5 3 2 3 2 1 2) (1 2 1 2 1 1 2 3 2 1 2 3) (2 3 2 1 2 3) (1 2 3 2 1 2 3 2 3 2)

Segment 4: (1 2 3 2 3 2 3 2 1 2) (3 2 1 1 1 2 1 1 1) (3 2 1 1 1 2 1 1 1) (3 2 1 1 1) (3 2 1 1 1 2 1 1 1) (3 2 1 1 1) (3 2 1 1 1 2 1 1 1) (3 2 1 1 1) (2 1 1 1) (1 1 1 1 1 1)

4.3.2. ChaosFilter: Die Schwingungen werden mit einem Algorithmus erzeugt, der das Verhalten eines chaotischen Systems simuliert. Die Struktur der chaotischen Schwingungen moduliert die gesamte Urstruktur (17:28''). Abbildung 18 zeigt den Anfang der ChaosFilter-Struktur:

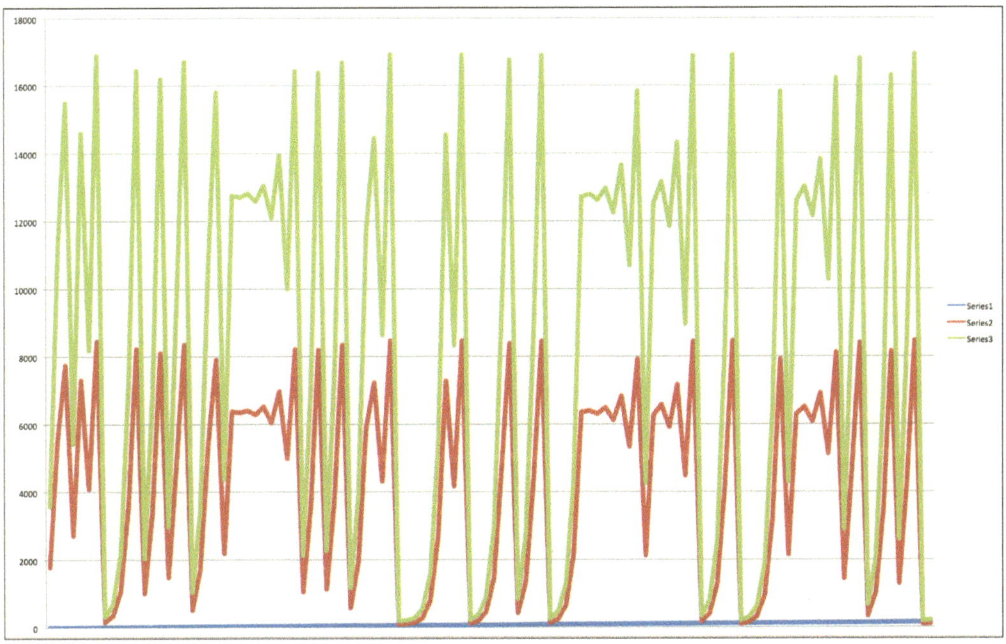

Abbildung 18: Anfang der ChaosFilter Struktur.

4.3.3. SinusFilterEnd: Diese Transformation ist eine Ausnahme in der ganzen Komposition, da sie sich nicht auf die gesamte Urstruktur, sondern nur auf einen Teil bezieht. Die Filtermodulation fängt bei 12:52'' an und erstreckt sich bis zum Schluss (17:28'') mit einer Dauer von knapp 4:36''. Der SinusFilterEnd-Algorithmus erzeugt einen Übergang von Rhythmus zur Klangfarbe. Ausgehend von einer Periode von 4300 ms, beschleunigen sich die Sinusschwingungen auf 21 ms und entschleunigen sich auf 72 ms. Damit wird das Konzept der Komposition im Zeitraumkontinuum nochmal deutlich. Die SinusFilterEnd-Struktur besteht als sechs Segmenten (Die Dauer der Segmente sind abgerundet):

Segment 1 – 2:04'':	Die Sinusschwingungen beschleunigen sich kontinuierlich nach einer logarithmischen Kurve; die Anfangsperiode ist 4300 ms und die Endperiode 72 ms.
Segment 2 – 29'':	Die Periode der Sinusschwingungen bleibt unverändert mit 72 ms.
Segment 3 – 29'':	Die Sinusschwingungen beschleunigen sich kontinuierlich nach einer logarithmischen Kurve von 72 ms bis 21 ms.
Segment 4 – 18'':	Die Periode der Sinusschwingungen bleibt unverändert mit 21 ms.
Segment 5 – 29'':	Die Sinusschwingungen entschleunigen sich kontinuierlich nach einer logarithmischern Kurve von 21 ms bis 72 ms.
Segment 6 – 44'':	Die Periode der Sinusschwingungen bleibt unverändert mit 72 ms.

Die Beziehung zwischen den drei Algorithmen der Filtermodulation – SinusFilter, ChaosFilter und SinusFilterEnd – bring ebenfalls die Dialektik zwischen *Redundanz* und *Varietät* zur Geltung. Folgende Aspekte sind u.a. relevant:

- Die periodische Form der Sinusschwingungen erzeugt rhythmische Redundanz, aber die unterschiedlichen Zeitperioden sorgen für Varietät.
- Die nicht-periodischen, unberechenbaren Formen der chaotischen Schwingungen sind als Varietätsfaktor zu verstehen, indem sie einen Kontrast zur regelmäßigen Form der Sinusschwingungen bilden. Durch die Überlagerung dieser zwei verschiedenen Schwingungen ergibt sich eine Filter-Polyphonie.
- Der variable Verlauf der Filtermodulationen der SinusFilterEnd-Struktur, der durch Beschleunigung und Entschleunigung geprägt ist, bildet einen Gegensatz zu den zwei anderen Filtermodulationen. Durch den Übergang von Rhythmus zur Klangfarbe wird noch einmal die Idee der Komposition im Zeitraumkontinuum betont, die ebenfalls mit der Delay-Struktur gestaltet ist.

5. Abmischungen: Elektronische Musik und Klanginstallation

Die fünf Transformationen der Urstruktur – Feedback, Delay, SinusFilter, ChaosFilter, SinusFilterDelay – wurden in fünf zwölfkanaligen Abmischungen zusammengesetzt. Die Urstruktur wurde ebenfalls bezüglich der Lautstärke abgemischt und als „Original" genannt. Damit entstanden sechs neue Mix-Strukturen, die als *Projektion 01* bis *06* bezeichnet sind.

In der Tabelle 2 sieht man die unterschiedlichen Zusammensetzungen der sechs zwölfkanaligen Abmischungen. *Projektion 01* verwendet eine einzelne Struktur (Original), *Projektion 02* zwei Strukturen (Sinusfilter und ChaosFilter), *Projektion 03* auch zwei Strukturen (Original und Delay), *Projektion 04* vier Strukturen (Feedback, SinusFilter, ChaosFilter und SinusFilterEnd), und *Projektion 05* ebenfalls vier Strukturen (Original, Feedback, Delay und SinusFilterEnd). *Projektion 06* verwendet alle sechs Strukturen; bei dieser Abmischung wurden insgesamt 72 Spuren (12 x 6) auf 12 reduziert.[16]

	Original	Delay	Feedback	SinusFilter	ChaosFilter	SinusEnd
Struktur 01	X					
Struktur 02				X	X	
Struktur 03	X	X				
Struktur 04			X	X	X	X
Struktur 05	X	X	X			X
Struktur 06	X	X	X	X	X	X

Tabelle 2: Die sechs Abmischungen von *Projektion.*

Nachdem die sechs Abmischungen im elektronischen Studio des WDR fertiggestellt waren, wurde es mir klar, dass jede Abmischung für sich als eigenständiges elektronisches Musikstück steht. Sowohl das Original als auch jede der fünf Transformationen bieten genug Stoff für ein musikalisches Erlebnis, nicht zuletzt durch die unterschiedliche Gestaltung des zwölfkanaligen Klangraums.

[16] https://soundcloud.com/paulocchagas/sets/projektion-2000-six-mixing-structures (abgerufen 01.02.2021).

Jedoch *Projektion* 06 erreicht den Höhepunkt hinsichtlich der Polyphonie und der Komplexität der Komposition. Deshalb habe ich diese Abmischungen als das Endergebnis des Kompositionsprozesses betrachtet. *Projektion 06* wurde dann als *Projektion 12-kanalige elektronische Musik* (Dauer: 17:28'') bezeichnet.

Danach habe ich mich entschlossen, eine neue Fassung der Komposition mit allen sechs Abmischungen zu herausbilden. Wenn *Projektion* 01 bis 06 nacheinander gespielt sind, hört man eine interessante Entwicklung: Das zwölfkanalige Klangmaterial verändert sich in einer nichtlinearen Art und Weise wie eine nichttriviale Maschine, die sich ständig selbstorganisiert, indem sie unterschiedliche Transformationsmethoden auf sich selbst anwendet. Die nichttriviale Klangmaschine ist lange dauernder Veränderungsprozess; um dies zu erleben, braucht man Raum und Zeit. Es muss die Möglichkeit bestehen, alle sechs zwölfkanaligen Abmischungen in einem Raum frei zu hören, den Raum jederzeit zu betreten und zu verlassen, um sich beliebig in Raum zu bewegen. Genau mit diesem Konzept setzt sich *Projektion 12-kanalige Klanginstallation* (Dauer 104:48'') auseinander. Die Klanginstallation besteht aus der Abfolge von *Projektion 01* bis *06* als Endlose Schleife. Die zwölf Lautsprecher sollen möglichst in Kreis im Raum aufgeteilt werden und der Betrachter soll die elektronische Musik aus verschiedenen Orten und Perspektiven wahrnehmen können.[17]

6. Zirkuläre Klangraum und Ästhetik der Immersion

Der zirkuläre zwölfkanalige Klangraum von *Projektion* nutzt das Wahrnehmungspotenzial des auditiven Sinnes für die Erfahrung eines virtuellen Raums. Die Aufstellung der zwölf Lautsprecher im Kreis ermöglicht die Klangwiedergabe aus allen Richtungen und versetzt den Zuhörer in einen umhüllenden, begehbaren Klangraum. Der Begriff Immersion wird hier für das Erlebnis des Eintauchens in den auditiven Raum gebraucht. In diesem Zusammenhang kann man *Projektion* als den Versuch verstehen, eine Ästhetik der Immersion zu entfalten.[18]

---

[17] *Projektion 12-kanalige Klanginstallation* war ein Auftrag der Stadt Witten und wurde in den „Wittener Tagen für Neue Kammermusik" im Haus Witten am 4. Mai 2001 uraufgeführt.

[18] Die immersive Ästhetik ist ein spannendes Feld der akustischen und audiovisuellen Kommunikation, die allerdings den Rahmen diesem Aufsatz sprengen würde. Vgl. u.a. Laura Bieger: *Ästhetik der Immersion: Raum-Erleben zwischen Welt und Bild: Las Vegas, Washington und*

Die elektronische Musik erzeugt einen pulsierenden, lebendigen Raum mit dynamischen zirkulären Bewegungen. Der kreisförmige Raum dient dazu, die Klangtransformationen aufzubauen und gleichzeitig verändert sich der Raum durch die Klangmetamorphosen. Die Raumpolyphonie, die durch die Interaktion der mannigfaltigen Schichten der Komposition entsteht, bietet die Grundlage für die Entfaltung realen und imaginären Raumvorstellungen.

Die Klanginstallation setzt sich noch stärker mit dem Raum auseinander. Beim Betreten des Raums, in dem die Klanginstallation aufgebaut ist, stellt sich die Frage, was wir tatsächlich hören. Die Wahrnehmung der zirkulären, kontinuierlichen Bewegung setzt die utopische Vorstellung voraus, dass wir am besten in der Mitte des Raums hören – also dass wir uns ans Zentrum des Geschehens stellen sollen. Bewegt man sich in Richtung der Peripherie des Raums – wo sich die Lautsprecher möglicherweise befinden –, verändert sich natürlich der Klangraum: Die Musik verliert an Kontinuität und die punktuelle, rhythmische Pulsierung der einzelnen Wiedergabekanälen (Lautsprecher) gewinnt an Präsenz. Aber an der Peripherie, in der die Realität aus der Ferne beobachtet wird, öffnet sich der Raum zu neuen Betrachtungsweisen und kritischen Perspektiven.

Das Hören ist untrennbar vom Objekt, auf das sich die Aufmerksamkeit des Hörers richtet. Was hören wir? Die objektiven Eigenschaften des Raumes, seine Wände, die Decke, die Tür, die Fenster? Den Schalldruck und seine unzähligen Raumreflexionen? Die Anwesenheit der Lautsprecher im Raum? Schließen wir die Augen, konzentrieren wir uns völlig auf das Hören. Verstärkt sich dann das subjektive Erlebnis der Musik? Und was passiert, wenn wir den Körper oder den Kopf bewegen? (Im Gegensatz zu den Augen bewegen sich die Ohren nicht ohne den Kopf.) Klingt die Musik anders?

Die Komposition und das gesamte Konzept von *Projektion* – sowohl die elektronische als auch die Klanginstallation – wurde in enger Zusammenarbeit mit dem Toningenieur Volker Müller entwickelt. Das Werk ist ihm in Dankbarkeit gewidmet.

---

die White City, Bielefeld: Transcript 2007; Stephan Günzel: *Topologie: Zur Raumbeschreibung in den Kultur- und Medienwissenschaften*, Bielefeld: Transcript 2007.

Literaturverzeichnis

Chagas, Paulo C. (2002). „Spiel und Dialog: das Komponieren mit Apparaten." In: E. Ungeheuer (Hrsg.) *Elektroakustische Musik. Handbuch der Musik im 20. Jahrhundert*, Band 5, (299-312). Laaber: Laaber-Verlag.

Chagas, Paulo C. (2008). „Composition in Circular Sound Space: Migration 12-channel Electronic Music 1995-97." *Organised Sound* 13(3): 189-98.

Chagas, Paulo C. (2009). „Pulsierende Knoten: Vom Studio für Elektronische Musik zu neuen Modellen musikalischer Kreativität." In: Hans-Ulrich Werner / Ralf Lankau (Hrsg.) *Medien. Kreativität. Interdisziplinarität. Massenmedien und Kommunikation*, Bd. 176/177, (53-107). Siegen: Universität Siegen. Vgl. Paulo C. Chagas: Pulsierende Knoten: Vom Studio für Elektronische Musik zu neuen Modellen musikalischer Kreativität, in: *Zwischen Klängen und Apparaten: Zur Theorie und Praxis der elektronischen Musik*, Remscheid: Rediroma-Verlag 2021, S. 171-216.

Dahlhaus, Carl (1970). „Ästhetische Probleme der elektronischen Musik." In: F. Winckel (Hrsg.). *Experimentelle Musik*, (81-90). Berlin: Mann-Verlag.

Flusser, Vilém (1996). *Ins Universum der technischen Bilder* (5. Aufl.). Göttingen: European Photography.

Flusser, Vilém (1997). *Für eine Philosophie der Fotografie* (8. Aufl.). Göttingen: European Photography.

Foerster, Heinz von / Pörksen, Bernhard (1998). *Wahrheit ist die Erfindung eines Lügners. Gespräche für Skeptiker*. Heidelberg: Carl Auer Verlag.

Foerster, Heinz von (1999). *Sicht und Einsicht. Versuche zu einer operativen Erkenntnistheorie*. Heidelberg: Carl Auer.

Eimert, Herbert / Humpert, Hans Ulrich (1973). *Das Lexikon der elektronischen Musik*. Regensburg: Gustav Bosse Verlag.

Luhmann, Niklas (1997). *Die Kunst der Gesellschaft*. Frankfurt a. M.: Suhrkamp.

Stockhausen, Karlheinz (1963). „... wie die Zeit vergeht ..." In: *Texte zur elektronischen und instrumentalen Musik*, Bd. 1, Dieter Schnebel (Hrsg.), (99-139). Köln: DuMont.

13. Segeln im Meer der Kreativität

Gilberto Mendes (1922–2016)[1]

Der brasilianische Komponist Gilberto Mendes starb am Freitag, dem 01. Januar 2016. Er war ein Komponist, der immer neue Wege in seiner Musik suchte und sich selbst immer wieder mit neuen Konzepten und Aktionen herausforderte. Mendes hatte großen Einfluss auf viele Generationen von Komponisten und Musikern aus Brasilien und anderen Ländern, darunter auch auf mich. Er lebte ein langes und glückliches Leben nahe beim Atlantik in seiner geliebten Stadt Santos, die für ihn sowohl ein sicherer Hafen als auch Sprungbrett für viele seiner Aktivitäten in Brasilien und der ganzen Welt war. Als autodidaktischer Komponist wurde er mit Hollywoodfilmen groß, die sich als eine seiner großen Leidenschaften entpuppten und einen Schlüssel zum Verständnis seiner Musik darstellen. In den frühen sechziger Jahren reiste er nach Europa und besuchte die Internationalen Ferienkurse in Darmstadt, die damals als Mekka der Nachkriegs-Avantgarde galten. Dort hatte Mendes Gelegenheit, die damals innovativen Komponisten der „Neuen Musik" wie Pierre Boulez, Henri Pousseur und Karlheinz Stockhausen kennenzulernen, die wie er nach neuen Wegen suchten, sich in Klängen und Musik auszudrücken. So integrierte er in seine Arbeit ästhetische Tendenzen der Neuen Musik, die in der zweiten Hälfte des zwanzigsten Jahrhunderts eine entscheidende Rolle spielten: integraler Serialismus, aleatorische Musik, graphische Musik, *musique concrète* und elektronische Musik.

Aber Gilberto Mendes war kein Mensch, der sich einfach das Denken anderer einverleibte; ständig entwickelte er eigene Vorstellungen und verstand es vor allem, diese in unterschiedlichen Kontexten auch in die Praxis umzusetzen. Außerdem trug seine innovative Einstellung zur Entwicklung der brasilianischen Musik wie der Gesellschaft bei. Eine bedeutsame Initiative war das „Manifesto Música Nova", das Mendes 1963 in Zusammenarbeit mit anderen Komponisten und Musikern herausgab. Sie verkündeten ein „uneingeschränktes Bekenntnis zur zeitgenössischen Welt", das heißt, die Akzeptanz der ökonomischen Realität der Massenmedien und die veränderte Stellung des Künstlers in der Gesellschaft. Das Manifest fordert die Notwendigkeit ein, die neuen Möglichkeiten der elektronischen Medien und Informationstechnologien in einer

[1] Originalveröffentlichung: Paulo C. Chagas: Segeln im Meer der Kreativität: Gilberto Mendes (1922-2016), *MusikTexte* 148 2016, S. 95-96.

globalisierten Welt zu erschließen. Neue Formen für eine neue Gesellschaft: Gilberto Mendes und seine Kollegen trugen dazu bei, die Begrenztheit der nationalistischen Denkweise zu überwinden, welche die brasilianische Musik in der ersten Hälfte des zwanzigsten Jahrhunderts so charakterisierte: Wenn Sie vorgeben, ein brasilianischer Komponist zu sein und echte brasilianische Musik zu schaffen, dann müssen Sie in die ganze Welt schauen, aber Musik komponieren, die die besondere Realität Brasiliens widerspiegelt.

Im Jahr 1962 gründete Gilberto Mendes das „Festival Música Nova", dessen künstlerischer Leiter er bis zu seinem Tod blieb. Das Festival, das als eines der ältesten seiner Art in den Amerikas betrachtet wird, ist eine wichtige Plattform für nationalen und internationalen Austausch und Zusammenarbeit, eine wirkliche Brücke, die Brasilianer und Musiker aus aller Welt miteinander verbindet. Mendes gab neue Arbeiten in Auftrag, bot angehenden Komponisten Aufführungschancen und lud renommierte Musiker aus Europa und Nordamerika ein, auf dem Festival aufzutreten. Für einen Komponisten wie mich, der seit 1980 außerhalb Brasiliens lebt, ist das Música-Nova-Festival stets eine einzigartige Gelegenheit gewesen, die Verbindung zur brasilianischen Szene zeitgenössischer Musik und ihrem Publikum zu halten. Zum Beispiel hatte ich im Jahr 2008 das Privileg, zusammen mit dem großen brasilianischen Pianisten Caio Pagano mein Werk *Orbital Studies* für Klavier und Live-Elektronik – eine achtkanalige Klangraumkomposition – im Festival zu präsentieren.[2] Gilberto Mendes' musikalische Offenheit war die Triebkraft für die pluralistische Vision, die das Festival geformt hat. Eine charismatische Persönlichkeit wie er war notwendig, um die Kontinuität dieser Veranstaltung sicherzustellen, die immer gegen finanzielle Schwierigkeiten und die mediokre Vision brasilianischer Kulturinstitutionen zu kämpfen hatte.

Es ist nicht leicht, aus der Unzahl von Gilberto Mendes' Verdiensten einige hervorzuheben. Seine Kompositionen, die ihre Inspiration aus verschiedenen Quellen schöpfen, sind weltweit aufgeführt worden. Seine Arbeiten aus den sechziger Jahren sind besonders erfolgreich gewesen, wie zum Beispiel das Orchesterstück *Santos Football Music*, das als musikalisches Happening konzipiert ist.[3] Hier äußert sich Mendes kritisch über die brasilianische Leidenschaft

---

[2] https://soundcloud.com/paulocchagas/sets/orbital-studies-2008 (abgerufen 01.02.2021).
[3] Vgl. Paulo C. Chagas: A Invenção do Jogo: 'Santos Football Music' de Gilberto Mendes, *Revista Música* Vol 3(1) 1992, S. 70-81.

für das Fußballspiel und ihre Idole wie „Pelé“, dem größten Fußballspieler aller Zeiten, der im Team seiner Heimatstadt, „Santos Futebol Clube“, gespielt hat. Seine Chorstücke, die zum großen Teil für „Madrigal Ars Viva“ aus Santos geschrieben sind und Texte konkreter Poesie von brasilianischen Dichtern verwenden, sind von erstaunlicher Originalität. Zum Beispiel das Madrigal *Beba Coca-Cola* [*Trink Coca-Cola*] auf ein Gedicht von Décio Pignatari, das den Werbespruch für das Colagetränk mit der widerwärtigen Reaktion (cloaca), die es in unserem Körper hervorruft (die Sänger rülpsen auf der Bühne) vereint.

Als Gilberto Mendes mit seiner akademischen Laufbahn begann, war er bereits fertig ausgebildeter Komponist. Von 1978 bis 1979 hatte er eine Gastprofessur an der Universität von Wisconsin-Milwaukee inne und war in den achtziger Jahren Kompositionslehrer an der Universität von São Paulo. Allerdings war er weit entfernt davon, ein typisch akademischer Komponist zu sein. Außerdem war er ein leidenschaftlicher Schriftsteller und Journalist. Zum Beispiel veröffentlichte er 2008 das Buch *Viver Sua Música* (Leben Sie Ihre Musik)[4], einen autobiographischen Bericht über sein Leben und seine Musik.

Gilberto Mendes führte ein intensives Leben, sogar noch in seinen späteren Jahren. Nie verlor er seine Neugier und seinen Unternehmergeist, was ihn zur Entdeckung neuer Kulturen und musikalischer Horizonte brachte. Er trat für die libertären Ideale von sozialer Gerechtigkeit und individuellem Ausdruck ein. Als früheres Mitglied der kommunistischen Partei Brasiliens hatte er größten Respekt vor den sozialistischen Revolutionen des zwanzigsten Jahrhunderts, aber erkannte nicht weniger kritisch die schädlichen Folgen totalitärer Ideologien. Ich besuchte Gilberto Mendes oft in seiner Wohnung in Santos und hatte das Privileg, lange Gespräche mit ihm und seiner reizenden Gattin Eliane zu führen. Natürlich redeten wir über Musik und Komposition – er war immer daran interessiert, was andere Komponisten taten –, aber auch viel über Politik, die uns beide gleichermaßen interessierte. Ich spürte seine Bewunderung für amerikanische Kultur, für den Jazz und insbesondere den Hollywoodfilm, welcher seine außergewöhnliche Phantasie anregte. Sein Denken war fest in der Wirklichkeit verankert, aber brachte stets neue Einsichten und originelle Ideen hervor. In seiner Gesellschaft zu sein, war ein wirkliches Vergnügen. Mendes

[4] Gilberto Mendes: *Viver sua Música: com Stravinsky em meus ouvidos, rumo à Avenida Nevsky*, Santos: Realejo Edições 2008. Vgl. auch Mendes’ vorheriges Buch: Gilberto Mendes: *Uma Odisséia Musical: Dos Mares do Sul à Elegância Por/Art Déco*, São Paulo: Edusp 1994.

überraschte mich immer mit seinem beeindruckenden Sinn für Humor und der Fähigkeit, die Schwierigkeiten des Lebens zu meistern. Unausgesetzt bewegte er Dinge um sich herum und legte die Inkonsistenz absoluter Wahrheiten offen; er hatte diese unglaubliche Fähigkeit, das Absurde und Komische zu erkennen, das die Essenz des Menschen ausmacht. Wie ich schon sagte, war Santos für ihn ein sicherer Hafen. Er wollte die Stadt nie verlassen. Seine kleine Wohnung in der bevölkerungsreichen Stadt war nahe am Strand gelegen. Von ihrem Balkon aus wurde die Sicht auf das Meer von den umliegenden Gebäuden fast völlig verdeckt. Aber man konnte die starke symbolische Gegenwart des Meers in Mendes' Musik und Leben spüren. Sie drang in seine Wohnung ein und regte seine Phantasie an. Jetzt segelt Gilberto weiter im Meer der Kreativität.

São Paulo, 01.01.2016

Übersetzung aus dem Englischen: Gisela Gronemeyer-Oehlschlägel

14. Revolt and Ambivalence

Music, Torture and Absurdity in the Digital Oratorio *The Refrigerator*[1]

Abstract: The digital oratorio *The Refrigerator* (2014) is a composition that reflects on my own experience of torture as a 17-year-old political prisoner during the Brazilian military dictatorship. This paper examines the existential and artistic contexts underlying the conception of the piece including the connection to my previous work. The investigation focuses on intermedia composition—electroacoustic music, live-electronics, audiovisual composition—and its relation to the subject of the torture. The paper aims, from a philosophical point of view, to build bridges between a phenomenological experience, the music, and the technology of sound synthesis. *The Refrigerator* expresses the conscious revolt struggling with the ambivalence of the torture and its acceptance as a path of illumination and transcendence. The experience of torture is approached from the perspective of Albert Camus' philosophy of absurdity and the mythical character of Sisyphus, who embraces absurdity through his passion as much as through his suffering.

Keywords: digital oratorio, intermedia, audiovisual composition, torture, absurdity, Camus, Sisyphus.

Introduction

My own experience of torture as a 17-year-old political prisoner during the Brazilian military dictatorship in 1971 is the subject of the digital oratorio *The Refrigerator* [*A Geladeira*] (2014) for two singers (mezzo-soprano and baritone), instrumental ensemble (violin, viola, cello, piano and percussion), electronic sounds, live-electronics and interactive visual projection. Commissioned by the Centro Cultural São Paulo and the ensemble "Núcleo Hespérides", the

---

[1] Originalveröffentlichung: Paulo C. Chagas: Revolt and Ambivalence: Music, Torture and Absurdity in the Digital Oratorio *The Refrigerator*, in: M. Aramaki / R. Kronland-Martinet / S. Ystad (Hrsg.), *Bridging People and Sound. CMMR 2016. Lecture Notes in Computer Science*, vol. 10525, New York: Springer 2017, S. 331-46.

work was premiered on April 8, 2014 as part of an event for the 50th anniversary of the Brazilian military coup of 1964.[2] The "refrigerator" referenced in the work was a cubicle especially designed and equipped for torturing with sound. It was an environment designed for acoustic experience meant to be physically and mentally destructive. Many years later, I described this experience as follows:

> I was arrested for collaboration with opposition groups. Arriving in the military prison, I was put in the 'refrigerator', a small room, acoustically isolated, and completely dark and cold. Various noises and sounds (hauling oscillators, rumbling generators, distorted radio signals, motorcycles, etc.) shot from loudspeakers, hidden behind the walls. Incessantly, the electronic sounds filled the dark space and overwhelmed my body for three long days. After a [certain] time, I lost consciousness. This auditory and acoustic torture was then a recent development, partially replacing traditional methods of physical coercion that killed thousands in Latin American prisons between the 1960s and 1990s. Such sounds injure the body without leaving any visible trace of damage. The immersive space of the torture cell, soundproofed and deprived of light, resonates in my memory as the perfect environment for experiencing the power of sound embodiment (Chagas 2008, 120-1).

Being tortured as a political prisoner was an absurd experience. It occurred at a time when I became interested in music and, soon after, I began to study music composition formally. After graduating from the University of São Paulo (1979), I travelled to Europe to pursue a Ph.D. in Musicology with the composer Henry Pousseur in Liège, Belgium and to study electroacoustic music composition at the Music Academy in Cologne, Germany. It seems a paradox that I devoted myself to electronic music, which draws its artistic potential from *noise*: electroacoustic music has extended the awareness of noise to the whole musical experience. The feeling of absurdity emerges from the ambivalent role of noise as both instrument of political pressure as well as subversive creation. As Attali claims, "noise is the source of purpose and power" (1985, 6). Noise represents disorder and music is a tool used to rationalize noise and exert political pressure in order to consolidate a society. Attali describes musical evolution in terms of the relationship between music and noise. Music controls noise, but at the same time gives birth to other forms of noise that are incorporated in the

---

[2] The video documentation of the first performance of *The* Refrigerator is available at: https://youtu.be/KH_EnKIttHM (accessed on February 01, 2021).

political economy of music to become music themselves, which, when established, reveal other forms of noise, and so on. Noise is absurd violence and music is absurd revolt, "a constant confrontation between man and his own obscurity" (Camus 1955, 54). Listening to music is accepting the presence of noise in our lives: it "is listening to all noise, realizing that its appropriation and control is a reflection of power, that it is essentially political" (Attali 1985, 6).

Suffering and violence—and the ambivalent feelings we experience towards these things—have been a constant thematic of my work, especially my audiovisual and multimedia compositions. For example, in *Francis Bacon* (1993), work inspired by the life and work of the British painter Francis Bacon (1909-92), I composed music that acknowledges the feelings of desperation and unhappiness and the role of affliction in his creative expression. The piece is written for three singers (soprano, countertenor and baritone), string quartet, percussion and electronic music and was commissioned by the Theaterhaus Stuttgart for the choreographic theater by Johannes Kresnik and Ismael Ivo.[3] Another example that addresses the ambivalence toward and fascination with war, power and violence is the techno-opera *RAW* (1999).[4] *RAW* has no plot in the traditional sense. The libretto combines excerpts from Ernst Jünger's autobiographic books describing his experiences as a soldier fighting in World War I, with quotations form the theoretical work "On War" by the Prussian General and philosopher Carl von Clausewitz, and poetic texts on the Yoruba deity Ogun, the African and Afro-American god of iron worshiped as warrior, builder and destructor. The Yoruba is one of the ethnic groups in today's Nigeria, whose ancestors were deported in large number as slaves to the American continent. Their religious and philosophical traditions are kept alive today in West Africa and Latin America. The opera is written for five singers and a reduced orchestra of three percussions and three keyboards playing live-electronic music inspired by techno and Afro-Brazilian religious music. The work was commissioned by the Opera Bonn.

These two projects and many others devoted to similar subjects laid the groundwork for me to be able to back and make sense of my own experience of torture. It seems that the requisite level of maturity needed to deal with such a

[3] The audio recording of *Francis Bacon* is available at https://soundcloud.com/paulocchagas/sets/francis-bacon-1993 (accessed on February 01, 2021).
[4] The video documentation of *RAW* is available at: https://youtu.be/JkQK1FMP-ts (accessed on February 01, 2021).

sensitive theme had to be gradually acquired. The transition period between the last years living in Germany and the first years relocating to California (2003-5) provided the opportunity to grasp the absurdity of torture from an artistic perspective. The first experiments were made in the international workshop *Interaktionslabor*[5] conceived and organized by the German choreographer and director Johannes Birringer. It was held in the site of the abandoned coalmine of Göttelborn (Saarland) and attracted artists, musicians, dancers and engineers. The works produced in the workshop explored interdisciplinary connections between art, digital technology and the deprived environment of the mine. The site, with its imposing buildings, machines and equipment remaining virtually intact, was a silent witness of the fading industrial landscape and emerging post-industrial society. We felt as strangers living in a sort of exile, "deprived of the memory of a lost home or the hope of a promise land. This divorce between man and his life, the actor and his setting, is properly the feeling of absurdity" (Camus 1955, 6).

In 2004, the second year I attended the Interaktionslabor, I begun a collaboration project with Birringer inspired by the novel *Blindness* by the Portuguese author and Nobel Prize winner José Saramago (1997). The book tells the story of a city hit by an unexplained epidemic of blindness afflicting all of its inhabitants with the exception of one woman, who was left with sight in order to help the others to deal with their despair and suffering. The government tried to take control of the epidemic by incarcerating the blind individuals in an asylum that became like a concentration camp. But as the blindness epidemic spread in the outside world and affected the whole population, social life turned into disorder, violence, and chaos. In the deprived landscape of the mine, we found a suitable setting for interpreting Saramago's novel. The interactive installation *Blind City* (2004) explores the relationship between sound, gesture and movement through the use of sensors for actors and singers representing characters affected by the mysterious blindness. In the following year, the dancer Veronica Endo joined us for the creation of *Canções dos Olhos/Augenlieder* (2005), a work that combines electronic music with a digital video-choreography exploring the sensory deprivation of a woman who suddenly finds herself in an imaginary city where people have become blind and disappeared.[6] The dancer in the

[5] https://www.interaktionslabor.de (accessed on February 01, 2021).

[6] *Canções dos Olhos/Augenlieder* is available at: https://youtu.be/e68oPnEdh4g (accessed on February 01, 2021).

silent landscape of the mine reveals the absurd confrontation of this irrational world with the "wild longing for clarity whose call echoes in the human heart" (Camus 1955, 21).

Blindness, Technology and Interactivity

Saramago's *Blindness* is an allegory for not being able to see. The novel is the metaphor of the feeling of absurdity that springs from recognizing the irrational fragility and vulnerability of society. As much as we try to control ourselves—and the imperialistic powers try to take hold of world—we become aware that society provides no unlimited guarantee of stability. We live on the verge of collapsing and chaos, under the threat of collective blindness that can quickly lead to barbarity. Having lived through dictatorship and revolution, Saramago fears the obscure forces that free the beast within us, reinforcing selfishness and ignorance, unleashing violence and cruelty.

Reading *Blindness* allowed me to relate it to my personal experience of torture. For 21 years, Brazilians have lived in a state of collective blindness of a brutal military dictatorship and learned to survive the mechanisms of oppression, fear and violence. Yet the Brazilian dictatorship is not an isolated incident in human history, and the blind absurdity is not restricted to the spheres of power and politics. Currently, we experience a dramatic change of our existential feelings driven by technology. The digital machines of information and communication take hold of our body and deterritorialize our cognitive functions, affecting our sensory experience—auditory, visual, spatial, and tactile—and transforming the way we live and relate. Yet we also experience the ambivalent dimension of technology: on the one side, it reveals a new kind freedom based on networking dialog (e.g. social media); on the other side, it presents the potential to reinforce authoritarian tendencies of individual and collective control. This paradox unveils techno-absurdity.

Ambivalence lies at the core of the relation between man and machine, which is framed by the notion of interactivity. The so-called "interactive art" tries to achieve a more "organic" relationship between bodies and digital media in the artistic performance through the use of computers, interfaces and sensors, and even involving the spectator in the work (e.g. interactive installations). However, the interactive forms do not necessarily accomplish the dialog in the creation process. In opposition to the dominant discourse of interactivity, focused on the physicality and materiality of the relationship between body and technology, I have defined interactivity as the "embodiment of the collaborative experience that materializes the creation process in the form of the work itself" (Chagas 2006, 126). This view of interactivity embraces both the set of heterogeneous media and the dynamics of personal relationships involved in the artistic process. Beyond dealing with systems of devices, interactive art has to find a meaning and depth in it, a being-in-the-world that goes beyond technological stunning and illusion. The interactive model of communication should bring about the ethical understanding of the relation of man/machine that critically reflects on the formal structures of power in society.

The digital oratory *Corpo, Carne e Espírito* [*Body, Flesh and Spirit*] (2008), another collaboration with Johannes Birringer, is an example of the dialogical approach to interactivity in digital art. The work was commissioned by and premiered in the International Festival of Theater FIT in Belo Horizonte, Brazil.[7] Based on the music I composed in 1993 for the choreographic theater *Francis Bacon*, the vision of the piece is an intermedia translation of Francis Bacon's paintings. According to Deleuze (2004), they constitute "a *zone of indiscernibility or undecidability* between man and animal", where the body appears as mediation between the flesh and the spirit (2004, 20). Birringer develops the concept of "choreographic scenarios": sequences of digital images projected onto three screens hung beside each other on the back of the stage above and behind the performers. The main motive of the visual composition is "soundless" bodies that interact with the music, not as visualization of the music, but as independent and asynchronous objects and events. Birringer explores the spatiality of the image projection by treating the digital triptych as a cinematographic video sculpture, "a kind of orchestral spatialization of images" controlled in real time (Birringer 2009, 245). The music develops an "aesthetic of distortion" that explores extended techniques for the string quartet such as strongly pressing the bow against the string in order to produce noise, or phonetic distortions with the voices by articulating vowels and consonants in an unusual way. The composition operates with figures and their deformations that give birth to abstract forms that turn into complex *zones of indiscernibility*. The deformations contract and extend the figures, activate rhythms, gestures, reso-

[7] The video documentation of *Corpo, Carne e Espírito* is available at: https://youtu.be/Tc77BiRCskw (5:44 min) and at: https://youtu.be/-EWfu5W2XO8 (12:11 min) (accessed on February 01, 2021).

nances, and create contrasts as well as contrasts within contrasts (Chagas 2014, 239-47). Music and visual projection are treated as two separated yet integrated levels. *Corpo, Carne e Espírito* constitutes an emblematic example of *intermedia* polyphony, an aesthetic orientation driving my audiovisual composition (see below).

The Refrigerator: Libretto

The composition of *The Refrigerator* (length: 39 min) was accomplished in a very short time—less than two months—in the beginning of 2014. The first step was to write a libretto that was thought to be both a poem to be interpreted by the mezzo-soprano and the baritone, as well as a script for the whole composition. The libretto elaborates a multi-layered narrative offering multiple perspectives for observing my personal experience of torture and the reality of torture more generally. Torture is associated with the darkness of ignorance, with pain and suffering; the "refrigerator" is presented as a torture machine that stands for the logistics of violence and cruelty in society. The piece takes explicit distance from a political interpretation of torture, such as denouncing the torture as a form of oppression and abuse of power, or drawing attention to the torture in the context of the Brazilian military dictatorship. Beyond acknowledging the inhuman and degrading reality of torture, *The Refrigerator* reflects on my evolution as human being and my own path of commitment with human values. More than a political action, the journey emerges as a movement of transcendence, an aspiration of elevation aiming to illuminate darkness and overcome ignorance.

The Refrigerator brings back memories of the torture I suffered—impressions, situations, emotions and feelings—but at the same time invites us to look into the reality of torture that exists in the world outside the refrigerator. Torture is not a privilege of dictatorships or oppressing regimes, it is not practiced exclusively by abject individuals. The cruelty of torture does not occur only in extreme situations, it is widespread in normal prisons— for example in Brazil—and is also a tool of imperialism, such as the torture practiced by the US military forces and intelligence services against international "terrorists". Physical torture, psychological torture and other forms of torture were incorporated into "the banality of evil" to use an well-known expression introduced by Hannah Arendt in the context of the Holocaust. Torture is not an isolated act; it is something that exists within us, a universal feature of the human race, which reinforces the limitation of our selfish life. We need a large-scale movement, a transcendent aspiration to transform our consciousness and nature, free ourselves from the darkness of ignorance, inertia, obscurity, confusion and disorder. The barbarity of torture is not the darkness of our origin as vital being, but an intermediate stage of human evolution. The path I propose in *The Refrigerator* is a journey of sacrifice ascending to the transcendence of the ineffable. The eight scenes represent the steps of this journey. Here is an overview of the large formal structure:[8]

Prolog:	Personal Statement
Scene 1:	Introduction: The Darkness of Ignorance
Scene 2:	Electricity: The Machine of Fear
Scene 3:	Noises: Immersion into Chaotic Vibrations
Scene 4:	Cold: The Breath of Death
Scene 5:	Guilt: Witnessing the Torture of a Loved One
Scene 6:	Pain: The Feeling of Finitude
Scene 7:	Forms of Torture: The Invisible Torture
Scene 8:	Peace: Music that Lives Un-Sung

Prolog: Personal Statement and Soundscape

> In June 1971, I was seventeen and would turn eighteen in August. They got me at my house while I was sleeping, and I was taken to the Military Police headquarter at the "Barão de Mesquita" street in the neighborhood of "Tijuca". I was brought there, and put in the refrigerator, which was a new thing. I know it was new because I could smell the fresh paint. It was a very small cubicle, must have been about two meters by two meters or so, dark and soundproofed, with air conditioning, quite cold. I stayed there a long time, which I believe was about three days. The main particularity of this refrigerator is that it had speakers built behind the walls, and there was communication between the captive and the torturers. Then the torturers were outside and they were talking to you and threatening you, they kept making jokes and being grotesque. Then, at a certain moment they began to play sounds, noises. This was in 1971, when the recording technology was something still very much incipient, and we didn't have the kind of noises that we have today. But there was, for example, one thing I remember well, which was a then common noise of an AM radio receiv-

[8] For a detailed analysis of the structure and the scenes of *The Refrigerator* see Chagas (2016).

> er when the station was changed —few people today know that, right? In the past you had that kind of noise [*hissing phonemes*] when you were searching for a station, tuning—so this was one of the main noise, trying to tune in a radio station and not being able to do so and it made this mess. It was a very big noise, which is the noise of the ether, the radio waves that live in the ether. The radio receivers decode these modulations: AM, which is amplitude modulation and FM, which is frequency modulation. So AM makes [*imitating amplitude modulation*], and FM makes [*imitating frequency modulation*]. And this was very loud. Imagine yourself in space that is totally acoustically isolated and being subjected to such radio noises that are extremely loud. In addition there were other noises: motorcycle noise, engine noise, saw noise, and other things that they had there and they were having fun [*laughing*], they were laughing and making these noises. But it was too loud, too loud, loud to the point that you got really hurt. Because being subjected to sounds, to sound vibrations, your whole body might collapse. Not only do you become deaf, but it turns you into a state that affects and transforms your consciousness. So this sound torture was something that was quite sophisticated and few people knew about it. The peculiar thing is that it does not leave the slightest mark. It means, sound is unique in that it invades your body, it gets hold of your body and puts the body in motion, and if you apply noise the movements will be chaotic. You start feeling destroyed physically and psychically.

The prolog was not originally conceived for the composition but added afterwards. A couple of days before the premiere, I gave an interview to the web radio of the Cultural Center São Paulo (CCSP). In a very informal conversation with Angela Voicov Rimoli, I talked, among others, about how I was tortured in the refrigerator. The concert curator, Dante Pignarati, decided to play an excerpt of interview as a personal statement before the piece, in order to introduce the subject to the audience. When I heard it for the first time in the dress rehearsal, I was very surprised with the result: it was not just a statement, but a kind of soundscape made of my voice and other sounds. The author of this radio composition, Marta de Oliveira Fonterrada, designed a playful narrative evoking the sounds I heard in the cabin of torture, especially the radio tuning sounds that kept resonating in my memory. Radio is the sound of electromagnetic energy transformed into acoustic energy, which, as Kahn says, "was heard before it was invented" (Kahn 2013, 1). The turbulence of electromagnetic waves, captured by the analog radio receptors and heard as disturbance noise, was part of the radio listening culture. Digital technology has almost eliminated the radio noise as it has also suppressed the noise of vinyl records. The scratching and other noises of old records reappeared as material for loops and rhythms in the DJ-culture of sampling and remix. But radio noise has virtually disappeared from the contemporary soundscape. In the torture sessions inside the refrigerator, the analog radio receiver turned into an instrument of torture; by manipulating the tuning button, the torturer produced noise not just to be heard but also to inflict pain and suffering. The concept of soundscape introduced by Murray Shafer (1994) accounts for the ethical implication of the relationship between man and the acoustic environment. From the point of view of soundscape studies, the refrigerator can be viewed as an absurd soundscape designed to create a disruptive connection between man and sound in order to make the individual vulnerable.

The radio piece of the prolog is a playful commentary of my statement aiming to provide clues for understanding the piece. Form a cybernetic point of view, it can be analyzed as an "observation of second order", an observation that observes the narrative of my personal experience of torture. The sounds added to the speech regard what the observer is saying.[9] The radio piece provides stereotypes or redundant sounds that reinforce the linguistic message, as in the case of the sounds of amplitude modulation and frequency modulation for illustrating the radio tuning noise. Sometimes, however, the soundtrack creates its own meanings, commenting or opposing the linguistic message. The radio soundscape observes the personal experience of torture and at the same time, prepares the listener to dive into the immersive audiovisual environment of *The Refrigerator*.

Electroacoustic Music: Gunshot Degradation

After the prologue, the digital oratorio begins with an acousmatic piece (5 min) made of a single material, the sound of a gunshot, or the detonation of a bullet. It is an explosive sound with a length of approximately 900 ms (milliseconds). Like a percussive sound, it has a very short attack, a fast decay, a sustaining segment and a long release starting at 600 ms that gradually fades out into silence. The sound envelope evokes the shape of an arrow tip (see Fig. 1). Just as with an arrow, the bullet of a gun is an object with a blunt tip that enters the body in order to cause damage or destruction. The gunshot sound has a strong

[9] For an application of the concepts of observation of first order and observation of second order in the system of art, see Luhmann (1997; 2000).

symbolic character; it is actually a cliché. We are used to hearing (and seeing) a variety of guns in war movies, westerns, thrillers and video games. The detonation of a revolver also belongs to the aesthetics of electronic music. It is part of a family of explosive and penetrating sounds, distortions and overdrive effects, obsessive rhythms, and other sonic representations of violence in the audiovisual media culture.

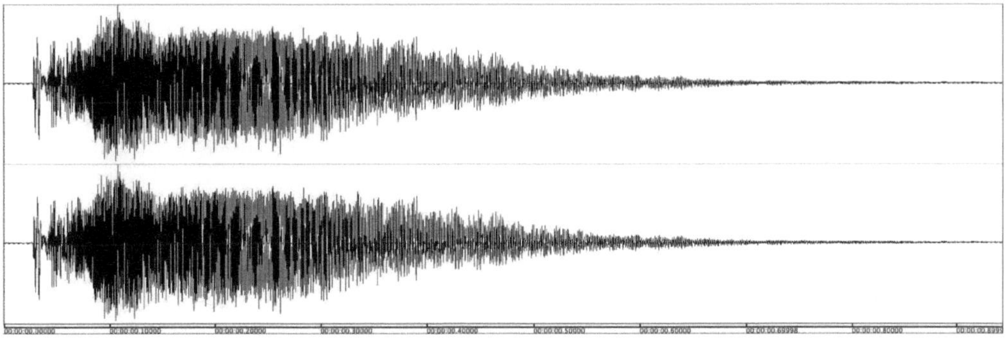

Figure 1: Visual representation of the gunshot sound.

The electroacoustic composition develops temporal expansions— *time stretching*—of the gunshot sound. This technique is an application of the Fast Fourier Transformation (FFT), an algorithm that describes any sound as a system of periodic vibrations defined as multiples of a fundamental frequency. The *Discrete Fourier Transformation* (DFT) is a digital implementation of the FFT algorithm. Digital sounds may be transformed by means of DFT in either the time domain or frequency domain. It is a process of analysis and synthesis, in which the sound is broken down into a sequence of sinusoidal periodic signals and later reassembled. It allows changing the duration of the sound while maintaining the relations of frequency and amplitude of its partials that determine the spectrum. The quality of the time stretching depends on the parameters of analysis and synthesis such as the FFT window size that determines the fundamental frequency of the spectrum. A typical window size consists on 4096 samples, which in a sampling rate of 44.1 kHz allows a fundamental frequency of 53 Hz.

In this specific case, the FFT algorithm was used in an unconventional, "subversive" manner: I sought to obtain a sound of low quality. The goal was to *degrade* the gunshot sound. For this purpose, I use very small FFT windows for the time stretching algorithm—such as 128 and 64 samples allowing fundamental frequencies of 1772 Hz and 3445 Hz respectively—so that the analysis eliminated the low frequencies and the synthesis processed the higher register of the spectrum, producing a variety of digital artifacts that significantly changed the gunshot timbre. The result was a distorted and degraded sound, which is thought of as a metaphor for the torture, a sonic representation of humiliation and dishonor of human dignity driven by the practice of torture. The gunshot remains a symbol of violence and destruction of the human being, which is accomplished by a single movement, the gesture of pulling the trigger. However, from a spectral point of view, the sound of the gunshot has the quality of the noise, which is a "rich" sound consisting of all virtual frequencies of the audible spectrum. But the time stretching accomplished with small window sizes changed the quality of the timbre and destroyed the virtual richness of the noise. The sound of the bullet coming out of the barrel of the revolver lost its imposing quality of firearm; it was depraved, perverted and corrupted. The gunshot noise was stripped of its "dignity"; the explosive and percussive quality of its attack and the richness of its noisy spectrum were lost; it remained a residue of sinusoidal waves, a monotone and amorphous vibration sounding like a banal background noise.

The temporal expansions of the gunshot sound *also* evoke the noise of the analog radio receiver tuning a station. As mentioned above, the radio disturbance became the symbol of the sound torture I suffered inside the refrigerator. The electronic music thus anticipates a leitmotif of the digital oratory: the "station that is never tuned" (see libretto). Moreover, the electronic monotony provokes a psychoacoustic irritation due to preponderance of high frequencies and repetition. Torture, as a gradual corruption of the physical and moral integrity of the human being, is a repetitive process.

Figure 2 shows the different segments of the acousmatic composition: the first temporal expansion of the gunshot has a low amplitude and a short duration, 1:28 "(0"–1:28"); the second time-expansion, is much more louder and longer, 2:50"(1:28"– 4:18"); finally, the third expansion is shorter and softer, 47" (4:18"– 5:05"); we hear it as a moaning sound, evoking a fading voice. The predominance of high frequencies hurts the ears and causes monotony; the repetition of the same type of sound is irritating and painful, especially because the second expansion has a long decay and doesn't introduce any novelty. The sense of boredom and discomfort are intentional. The electroacoustic music immerses the listener in an unpleasant acoustic environment evoking the noise of the torture chamber; one should feel annoyed and injured listening to it.

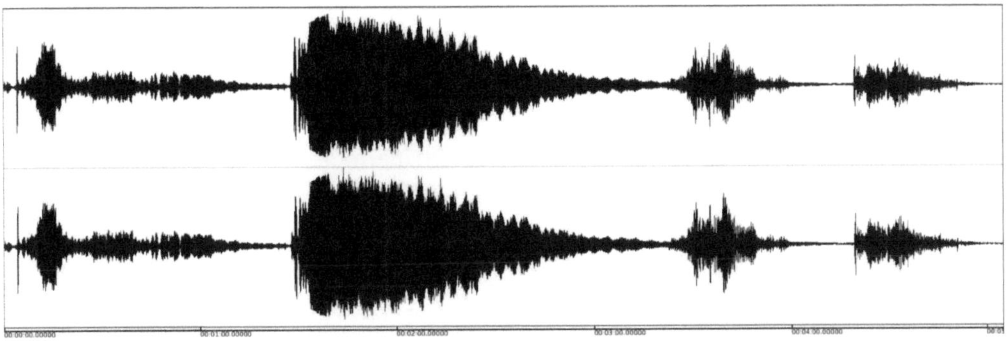

Figure 2: Visual representation of the electronic music.

Intermedia Composition: Live-Electronics and Visual Projection

The oratory is a hybrid genre combining vocal and instrumental music. Though it is not a genuine theatrical genre like opera, it has a scenic dimension resulting from the live performance of singers and instrumentalists. Bach's oratorios and passions, for example, are stage interpretations of the stories of the Bible; the performance of soloists, choir and orchestra evokes visual representations of Christianity strongly influenced by Baroque painting. The digital oratory is a contemporary genre that extends the hybrid principle of oratory to the digital media. It is thus an *intermedia* form. The concept of *intermedia* arises from the extension of polyphony to other domains of perception and experience. While polyphony articulates plurality and identity within the acoustic media—vocal and instrumental, "intermedia composition explores artistic connections between different media such as sound, image, speech, movement, gesture, and space while interacting with technical and media apparatuses" (Chagas 2014, 211). Intermedia art is also linked with the concepts of *plurality* and *heterogeneity*. Guattari proposes a polyphonic analysis of subjectivity on the basis of the "ethic-aesthetic paradigm", which emphasizes the relations of *alterity* between individual and collective units and offers an alternative to scientific and philosophical models. Guattari's *polyphonic subjectivity* embraces the idea that subjectivity is not restricted to human consciousness, but is at the crossroads of "heterogeneous machinic universes" framing the interaction between human beings and technology. In Guattari's terms, subjectivity shifts from the human consciousness to the "machinic assemblages" of contemporary society.[10]

The foundation of the *The Refrigerator* is the music written on the basis of the libretto for the two soloists (mezzo-soprano and baritone) and the instrumental ensemble (violin, viola, cello, piano and percussion). The live-electronics and visual projection create additional layers of intermedia composition. In opposition to the vocal and instrumental music, which is determined by a notated, "fixed" score, the live-electronics and visual projection execute computer algorithms programmed with Max software,[11] which introduces layers of randomness in the work. The random processes of the intermedia composition are manually controlled by an "interpreter" that manipulates a MIDI interface (Behringer BCF2000) for changing the parameters of the electronic music and visual projection. The interpreter of the intermedia composition acts like an improviser and plays a decisive role in the performance. *The Refrigerator* articulates thus the opposition between the determination of the vocal/instrumental "score" and the indeterminacy of the intermedia (sound/image) "program". This opposition is a space of *freedom* that makes each performance of the work unique and differentiated.

The material of the electronic music consists of sound impulses. The impulse is basically a noise with a very short duration, a condensation of acoustic energy with a broad spectrum of frequencies. The Max patch program uses a single impulse processed through a feedback-loop circuit consisting of five delays, which generates rhythmic and granular sound structures. The rhythm and texture of these structures depends on the individual frequencies of the delays. For example, applying a frequency of 1000 ms (milliseconds) to all five delays results in a pulsing and regular rhythm beating with the rate of 1 s (second); a frequency of less than 20 ms applied to all five delays generates a continuous sound, perceived as a timbre. By applying different frequencies for each of the five delays, we obtain an irregular rhythm or a colorful timbre depending on the values of the frequencies. The feedback-loop circuit can generate an infinite variety of rhythms and timbres, from which only few were used.

---

[10] For an account of "machinic heterogenesis" and "machinic assemblage" see Guattari (1992; 1993); see also my article "Polyphony and Technology in Interdisciplinary Composition" (Chagas 2007).

[11] https://cycling74.com (accessed on February 01, 2021).

After the feedback-loop of delays, the impulses are further processed by resonance filters that transform the noises in pitched sounds ("notes"). Each of the five delays is connected to a different filter, resulting in a sequence of five different pitches. The sequences of impulses acquire thus a harmony quality that depends on the speed of the individual delays; they can be perceived either as arpeggios or as chords. Finally, after being processed by delays and filters, the impulses are modulated by oscillators that change the sampling rate of the digital signal. Reducing the bandwidth of the impulses—a process known as *downsampling*—affects the quality of the impulses: they turn into distorted and degenerated sounds. The idea of “degradation", associated with torture, is projected into the core of digital signal processing. The sampling rate determines the quality of the sound; downsampling a digital signal generates a "low quality" creating connotations such as "crude" and "inferior". This depreciation translates the idea of torture as depravation and corruption of human dignity. The performer of the live-electronics manipulates the faders and interface buttons of the interface (Behringer BCF2000) to adjust mix between the "normal" sounds (delay + filter) and the “degraded” sounds (downsampling).

The material of the visual projection contains low quality images of prison, torture and people taken from the internet, which have a "negative" connotation. The pictures of people are original high quality photos taken by Paula Sachetta, which have a “positive” connotation. The pictures were assembled thematically into three different videos, whereby each photo represents a frame of the video: the first video has 48 images of prison, the second 26 images of torture, and the third 59 images of people. In the visual composition, the pictures (frames) of each video are randomly selected and processed by three types of digital effects: (1) *rotations* in the vertical and horizontal axes that create fluid textures in constant motion; (2) *pixelations* that create granular textures by changing the size of the individual pixels; and (3) *zoom* movements that create pulsating rhythmic and textures. The Max patch uses a single image to generate three simultaneous and independent effects, so that the visual composition is conceived as a triptych with three different transformations of the same material.

The concept of a visual triptych is inspired by *Corpo, Carne e Espírito* (see above). Ideally, the images are to be projected on three screens hanging in the back of the stage behind and above the singers and musicians. However, for the premiere of *The Refrigerator*, there was only one screen available, so the three images were combined into one single image with three columns and projected in one screen. As for the live-electronics, the "interpreter" controls the visual projection operating the Behringer BCF2000, and has the choice between the three videos, mixing the different effects and modifying the parameters of the effects of pixelation and zoom. The visual composition oscillates between the categories of *concrete* and *abstract*. Within the category of the concrete are the perceived motifs of the pictures of prison, torture and people such as objects, bodies, faces and places. Within the category of the abstract are digital processes that alienate the motives of prison, torture and people. Abstract elements such as forms, colors, movements and pulses predominate the visual composition, while the concrete elements emerge as flashes of motives. The sequence of the three videos in the digital oratorio—first the video with pictures of prison, second the video with pictures of torture, and finally the video with pictures of people—supports the path of elevation: it emerges from ignorance, darkness and suffering symbolized by prison and torture and moves into transcendence, enlightenment and happiness symbolized by human beings.

The Max patch provides a kind of “macro-pulse” for synchronizing the electronic music with the visual projection. The pulse consists of 8 different durations ranging from 5 to 40 s that are randomly permuted in the course of the piece. With each new pulse, the patch modifies the parameters of the electronic music and selects a new image to be processed by the visual effects. In addition, the Max patch provides another tool for synchronizing sound and image, inversely correlating the amplitude of the audio signal to the feedback effect of the three images combined in three columns: whereas the amplitude of the audio signal decreases the visual feedback increases, so that the absence of audio signal—silence—corresponds to the maximum feedback—white image. The effect depends on the duration of the pulse: after the attack the sound decays proportionally to the duration and eventually fades out while the colors and shapes become blurred and lose their definition until the image eventually turns into white color. With short durations the effect may be almost imperceptible. Indeed, this correlation amplitude/feedback emphasizes the multimodal perception of auditory and visual stimuli, which is a significant principle of intermedia composition.

Figure 3 shows the screenshot of the main window of the Max patch used for the intermedia composition. Each of the three objects named “4MIXR”, mixes the three different visual effects (rotation, pixelation and zoom); the object named “FEEDR” processes the feedback of the three images combined. The electronic music is programmed inside the sub-patch "music" (left bottom), which is not displayed. In truth, the main window provides a very limited insight on the programing features of the patch.

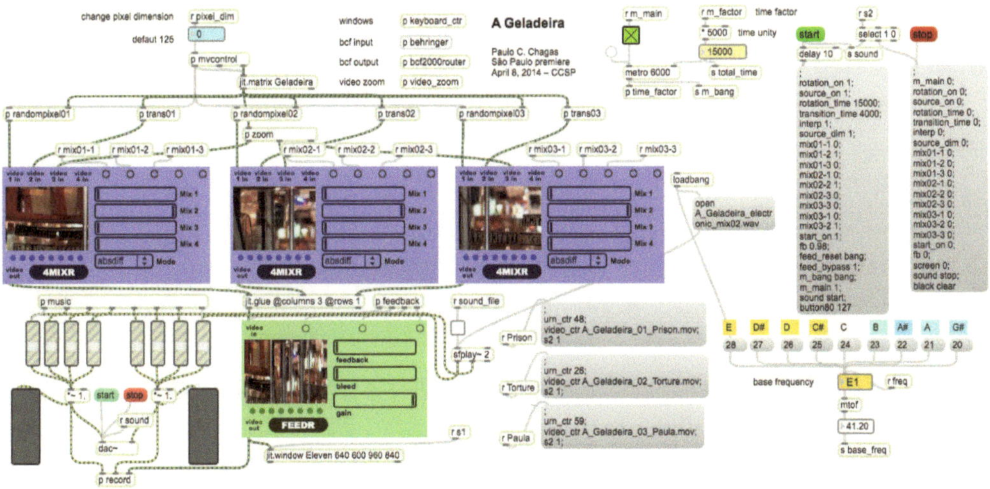

Figure 3: Main window of the Max patch of *The Refrigerator*.

The Myth of Sisyphus

Camus' classic definition of the absurd in the *Myth of Sisyphus* is that which is born of the "confrontation between the human need and the unreasonable silence of the world" (Camus 1955, 28). In Camus' philosophy, absurdity is a conflict that emerges from the relationship between humanity and the world, from the "impossibility of constituting the world as a unity" (1955, 9). The nostalgia for unity and the absolute, he claims, is "the essential impulse of the human drama" (1955, 17). The absurd is "that divorce between the mind that desires and the world that disappoints, my nostalgia for unity, this fragmented universe and the contradiction that binds them together" (1955, 50). Camus criticizes the existential attitude of philosophers such as Chestov, Jasper Kiekergaard and Husserl who, recognizing the world's lack of meaning, tries to find a meaning and depth in it. It is impossible to know if the world has a meaning that transcends it, and it is impossible to reduce the world to a rational and reasonable principle: "Living is keeping the absurd alive" (1955, 54).

From the consciousness of the absurd, Camus draws three lessons for life: *revolt*, *freedom*, and *passion*. The *revolt* is a "perpetual confrontation between man and his own obscurity" (1955, 54), the insistence of an impossible transparency that questions the world at every instant. Camus frames the question of *freedom* in the realm of the individual experience. He criticizes the link between freedom and God as he denies the idea of eternal freedom and the belief of any life after death. In opposition, the absurd celebrates the freedom of action and increases man's availability to live fully in the present. The absurd freedom is an inner freedom, resulting from the attitude of acceptance that means to see and feel what is happening in the present moment and accept things just as they are. One has to give up certainty and be indifferent to everything except the "pure flame of life"—no illusion, no hope, no future and no consolation:

> The absurd man thus catches sight of a burning and frigid, transparent and limited universe in which nothing is possible but everything is given, and beyond which all is collapse and nothingness. He can then decide to accept such a universe and draw from it his strength, his refuse to hope, and the unyielding evidence of a life without consolation (Camus 1955, 60).

Accepting the absurd means that one lives in a perpetual opposition between the conscious revolt and the darkness in which it struggles. Man's individual freedom is what life has given to him, it is life's destiny: "what counts is not the best living but the most living" (1955, 61). Man has to plunge into the dark, impenetrable night while remaining lucid and perhaps it will arise "that white and virginal brightness which outlines every object in the light of the intelligence" (1955, 65). The absurd world requires not a logical, but an emotional understanding of the world driven by *passion*.

For Camus, Sisyphus is the absurd hero, the mythical character who embraces absurdity through his passion as much as through his suffering. The gods condemned Sisyphus "to ceaselessly rolling a rock to the top of a mountain, whence the stone would fall back of its own weight" (1955, 119). He was punished for daring to scorn the gods, challenging death and for his passion for life. According to Camus, Sisyphus' fate, his futile and hopeless labor, is not different from today's workers who work every day of their lives doing the same tasks. Sisyphus, the "proletarian of the gods, powerless and rebellious" (1955, 121), symbolizes the attitude of conscious revolt: "he knows the whole extent of his wretched condition" but, instead of despair, he accomplishes his job with joy. Camus concludes: "One must imagine Sisyphus happy" (1955, 123). Happiness and the absurd are inseparable: the absurd man's life, when he contemplates his affliction, is fulfilled by a silent joy.

Thinking of Sisyphus as a happy man, according to the philosopher Sage (2002), reiterates the notion that happiness is a matter of *self-realization*. The person who embraces the absurd attains self-acceptance as it resolves the paradox of the convergence between the sense of alienation and the aspiration of unity: "The individual who lives the absurd realizes human existence to the full, and is therefore happy" (Sage 2002, 2). Camus' absurd rebellion, for Bower (2014), should not the understood as a rational concept but as practical, psychological and emotional disposition to resist against loss and violence. Yet, the absurd has an ambivalent potential in its refusal to affront violence and its desire for innocence, which, Bowen critically argues, undermines the ability to make loss meaningful. Declaring that the world is absurd perpetuates "a condition in which meaningful assimilation of loss is sacrificed for the sake of an innocence that the absurdist fears losing even more" (Bowen 2014, 19).

Conclusion

The digital oratorio *The Refrigerator* recalls a series of tensions and dilemmas of my own life. My experience in adolescence was marked by the political activism fighting the authoritarian and oppressive regime of the Brazilian military dictatorship. In my high school days in Rio de Janeiro, I developed an intense political activity, participating in protests, demonstrations and actions organized by Marxist movements advocating ideas of socialist revolution and supporting the armed struggle against the dictatorial regime. Repression and torture reached their heights in Brazil in the beginning of the 1970s, when a growing number of activists were arrested. Hundreds of people were killed or disappeared by actions of the military repressive apparatus. Torture was a common practice and many political prisoners died or were badly injured because of the brutal practices of torture. Facing international pressure, the regime introduced "clean" torture methods that leave no marks, such as the 'refrigerator'. Being tortured inside the refrigerator in 1971 was a frightening and terrifying experience, though not so destructive of human life as other torture techniques. The torture has impacted my life in the sense that it brought me into a whole new sphere of existence. The refrigerator didn't destroy me, though it may have claimed from me the nostalgia for innocence from the adolescent feelings of revolt.

An amazing excitement and energy propelling these feelings came from the cultural changes of the 1960s and its demands for greater individual freedom. The revolt provided unique perspectives for exploring new horizons in society and the passion for visual arts, cinema, and literature. It sparked a creative potential that seemed inexhaustible. Aside from political activism, I was particularly interested in drawing, painting and sculpture. I considered studying design or architecture initially, but wound up on a different path. At the time when I was put inside the refrigerator and absurdly tortured with noise, I had already been listening to Brazilian and international pop music—Beatles, Rolling Stones, Pink Floyd, and others—and was learning to play guitar. Very soon, music became a focus of my existential revolt. In 1972, I moved with my family from Rio de Janeiro to Londrina—my father found a new job in the industry of pesticides and fertilizers—and I found myself learning basic music skills and practicing with piano books for beginners. Despite being 19-years-old, I went to the local conservatory daily to take piano lessons together with the much younger children. In the following year, I moved to São Paulo to study music composition at the University of São Paulo. The rest of the story is contained in my résumé.

Looking back on the journey, it seems that music composition has become increasingly a channel to express the existential feelings of revolt, giving it a voice—a sound—that could convey the full acceptance of the inner struggle. The revolt, as Camus says, is a coherent attitude with which to accept the absurd. No matter what one chooses for his life, one has to confront himself with his own obscurity while seeking an impossible transparency. One has to find balance in the opposition between the "conscious revolt and the darkness in which it struggles" (Camus 1955, 61). The revolt "challenges the world anew every second" and "extends awareness to the whole of experience." But revolt "is not an aspiration, for it is devoid of hope" (1955, 54). In other words, we do what we have to do but we cannot expect to be rewarded for our efforts. The revolt is a constant solitary effort charged with extreme tension of conflicting desires. It is a mature and creative response to embrace the absurd, resist the desire of unity, and accept the tragic ambivalence, for which "Sisyphus straining, fully alive, and happy" (Aronson 2012, 19) is the suitable image. At this point of my life, after living in many different countries and cultures, it has become clear that absurdity is both an existential attitude for accepting loss, and a way to avoid melancholy.

The Refrigerator expresses the conscious revolt struggling within the darkness of torture: it is both the conscious revolt of what this particular fate represents in my life and the acceptance of torture as a path to illumination and transcendence. The digital oratorio makes the sound of torture reverberate through the polyphony of voices, instruments, electroacoustic music and live-electronics and the audiovisual forms of intermedia. It offers a multilayered, heterogenic perspective to enlighten the experience of torture against a background of darkness and silence. It introduces turbulent noise—disturbance from both sound and image—for channeling the qualities of oppression, violence and suffering attached to the reality of torture. The piece traces the contours of the invisible torture inside and outside the refrigerator. It makes torture meaningful while rendering it meaningless. It exposes the tensions emerging from my particular experience of torture and the ambivalent character of torture as a whole: the tortured and torturers are "neither victims nor executioners"[12] The composition of *The Refrigerator* occurred in a time of losses caused by illness and death of close family members. Living with loss means giving loss a meaning in reality. But we should not let loss turn into melancholy or take refuge in the narcissistic self. The absurd revolt accepts the tensions of the self and allows us to give up one's attachments to self-boundaries. It urges us to give up nostalgia for unity and narcissistic identification with the self. We must acknowledge that the experience is beyond one's comprehension and surrender the desire to understand the world and ourselves.

[12] *Neither Victims nor Executioners* [*Ni victimes, ni bourreaux*], was a series of essays by Camus published in *Combat*, the newspaper of the French Resistance, in 1946. As an intellectual and journalist, Camus fought for justice and human dignity

References

Aronson, Ronald. 2017. "Albert Camus." *The Stanford Encyclopedia of Philosophy*, edited by Edward N. Zalta. <http://plato.stanford.edu/archives/spr2012/entries/camus/> (accessed on February 01, 2021).

Attali, Jacques. 1985. *Noise: The Political Economy of Music*. Translated by Brian Massumi. Minneapolis: University of Minnesota Press.

Birringer, Johannes. 2009. "*Corpo, Carne e Espírito*: Musical Visuality of the Body." In *Blood, Sweat & Theory: Research through Practice in Performance*, edited by John Freeman, 240-61. Faringdon: Libri Publishing.

Bowker, Matthew H. 2014. *Rethinking the Politics of Absurdity: Albert Camus, Post-modernity, and the Survival of Innocence.* New York: Routledge.

Camus, Albert. 1996 [1942]. *Le mythe de Sisyphe: Essai sur l'absurde*. Paris: Gallimard.

Camus, Albert. 1955. *The Myth of Sisyphus and Other Essays.* Translated by J. O'Brien. New York: Vintage.

Chagas, Paulo C. 2006. "The Blindness Paradigm: The Visibility and Invisibility of the Body". *Contemporary Review*, 25:1/2, 119-30.

Chagas, Paulo C. 2007. "Polyphony and Technology in Interdisciplinary Composition." *Proceedings of the 11th Brazilian Symposium on Computer Music*, 47-58. São Paulo: IME/ECA.

Chagas, Paulo C. 2014. *Unsayable Music: Six Reflections on Musical Semiotics, Electroacoustic and Digital Music*. Leuven: University of Leuven Press.

Chagas, Paulo C. 2016. "Observar o inobservável: Música e tortura no oratório digital A Geladeira." In *Com som. Sem som ... Liberdades políticas, liberdades poéticas*, edited by Heloísa Duarte Valente e Simone Luci Pereira, 251-81. São Paulo: Letra e Voz.

Deleuze, Gilles. 2004. *Francis Bacon: The Logic of Sensation*. Translated by Daniel W. Smith. Minneapolis: University of Minnesota Press.

Guattari, Félix. 1992. *Chaosmose*. Paris: Galilée.

Guattari, Félix. 1993. "Machinic Heterogenesis." In *Rethinking Technologies*, edited by V. A. Conley, 13-17. Minneapolis: University of Minnesota Press.

Kahn, Douglas. 2013. *Earth Sound Earth Signal: Energies and Earth Magnitude in the Arts.* Berkeley: University of California Press.

Luhmann, Niklas. 1997. *Die Kunst der Gesellschaft.* Frankfurt am Main: Suhrkamp.

Luhmann, Niklas. 2000. *Art as Social System*. Translated by Eva M. Knodt. Stanford, CA: Stanford University Press. [English translation of Luhmann 1997]

Sagi, Avi. 2002. *Albert Camus and the Philosophy of the Absurd.* Translated by B. Stein. Amsterdam; New York: Rodopi.

Saramago, José. 1997. *Blindness*. Translated by G. Pontiero. San Diego, CA: Harcourt.

Schafer, Murray. 1994. *The Soundscape: Our Sonic Environment and the Tuning of the World*. Rochester, VT: International Distribution Corp.